# 영유아 안전교육

허혜경 · 임진경 공저

# 영유아 안전교육

# INFANT SAFETY EDUCATION

동 문 사

# 서 문

현대사회는 의학의 발달 등으로 인하여 수명이 연장되며 질병에 의한 사망률은 감소하고 있다. 하지만 생활이 복잡다단해지고 편의를 증진시키는 각종 문명의 이기들이 많아지면서 재해 및 재난, 사건, 사고의 위험성이 높아졌다. 오늘날 영유아를 둘러싼 생활환경은 안전사고의 위험이 잠재되어 있고 산업화로 인해 이전에는 없었던 새로운 위험요소들이 등장하면서 안전사고의 위험성은 더욱 커지고 있다. 영유아는 생활 주변의 상해유발 요인들에 대한 인식과 안전사고 발생 위험에 대한 예측 능력이 부족하다. 반면 호기심과 탐구심이 왕성한 발달 특성으로 인하여 영유아는 안전사고를 당할 개연성이 높으며 안전사고로 인해 치명적인 상해를 입거나 생명을 잃기도 한다. 영유아기 안전사고로 인한 사망률은 다른 원인으로 인한 사망률보다 높다는 연구결과도 있고, 영유아기의 안전사고로 인해 일생동안 사고의 후유증을 안고 살아가야 하는 경우도 많다. 또한 안전사고로 인해 가정 및 사회가 부담해야 할 시간적, 경제적 비용은 안전사고 예방 비용에 비해 훨씬 크므로 안전사고에 관하여는 무엇보다 예방이 중요하다.

영유아 안전사고의 예방에는 영유아를 관리하는 성인의 안전사고 대처 능력이 중요하다. 영유아에게 일어나는 대부분의 안전사고는 주로 성인의 관리소홀로 인해 일어난다. 영유아교사는 영유아 안전사고를 예방하고자 노력하는 핵심 인력으로, 영유아 안전과 관련한 영유아교사의 역할과 책임은 더욱 커지고 있다. 영유아교사 또한 자신의 직무 중 건강, 영양 및 안전지도를 가장 중요하게 인식하는 것으로 나타났다. 영유아교사가 안전사고를 예방가능하다고 여기고 안전사고를 예방하고자 노력하는 경우 영유아는 안전사고를 경험하고 안전사고를 입더라도 그 피해가 경미하게 된다. 그러므로 영유아교사는 영유아의 연령별 사고위험과 각종의 상황별 사고위험을 인지하여 안전사고를 예방하고 응급상황이 발생할 경우 적절하게 대응하는 안전 역량을 갖추어 영유아를 안전사고로부터 보호할 수 있어야 한다.

영유아교사가 안전사고 대처 능력을 갖추는 것과 함께 영유아 자신으로 하여금 안전사고를 피할 수 있는 능력을 길러주는 것이 안전사고 예방의 핵심요소이다. 외부의 위험으로부터 영유아 스스로가 자신을 보호할 수 있는 안전 능력, 즉 안전에 대한 태도, 기술, 지식 등을 습관화시키도록 돕는 교육이 영유아 안전교육이다. 다시 말하면 영유아 안전교육은 영유아의 안전을 위협하는 다양한 요소들로부터 사고의 위험을 사전에 예방하고 방지함으로써 사고율을 줄이고, 사고에 대한 대책을 마련하여 그 피해를 줄이기 위한 방법을 주된 내용으로 하는 교육이다. 따라서 영유아 안전교육에는 영유아의 안전을 위해 필요한 사항을 이해시키는 지식의 교육, 위험요소를 예측하고 예방하거나 신중히 행동하는 태도의 교육, 안전하게 행동할 수 있는 기능의 교육이 포함되어야 한다.

이 책은 영유아 안전사고 예방의 필수요소인 영유아교사의 안전사고 대처 능력 제고와 영유아 자신의 자기보호 능력 함양을 목표로 저술되었다. 제1장 영유아 안전교육의 기초에서는 영유아 안전교육의 중요성, 개념, 목적을 서술하였다. 제2장 영유아의 발달특성과 안전사고에서는 영유아 안전사고의 동향, 연령별 발달특성과 안전사고, 영유아 안전사고를 서술하여 영유아 안전사고에 대한 인식과 안목을 높이고자 하였다. 제3장 영유아를 위한 안전교육의 내용에서는 먼저 유치원교육과정과 표준보육과정에서의 영유아 안전교육의 내용을 살펴보았다. 다음으로 학교안전교육 7대 영역을 개관하고, 각 영역별로 생활안전교육에서는 일상생활에서 소홀하게 처리된 유독성 물질의 위험성을 인식하고, 추락이나 매달림, 미끄러짐, 위험에 노출된 시설물 이용 등에 한 안전지식이나 이해를 다루었고, 교통안전교육에서는 횡단보도의 안전수칙, 교통사고 예방수칙, 자전거나 인라인 등을 탈 때의 안전규칙 등에 관한 안전 지식이나 이해를 다루었다. 폭력예방 및 신변안전교육에서는 길을 잃었을 때나 낯선 사람, 친숙한 사람으로부터의 위험 상황에 놓였을 때 문제를 해결하는 방법 등에 관한 지식이나 이해를 서술하였고, 약물·사이버 중독예방교육에서는 스마트폰, 컴퓨터 등의 과잉사용을 회피하는 지식과 이해, 재난안전교육에서는 지진, 홍수, 태풍과 같은 재난사고에 대처하는 방법 등에 관한 지식이나 이해를 다루었다. 직업안전교육에서는 영유아교사의 직장 내 안전에 관한 지식과 이해를, 응급처치교육에서는 영유아의 응급상황에 대처하는 방법에 관하여 설명하였다. 제4장 영유아교육기관의 안전한 환경에서는 영유아교육기관 내 사고발생 확률이 높은 놀이환경에서의 놀이장소와 놀이기구의 사용수칙, 놀이 규칙 등에 관한 안전지식이나 이해를 살펴보았다. 제5장 영유아를 위한 안전교육의 방법 및 평가에서는 영유아를 위한 안전교육의 원리, 방법, 평가와 교사의 역할에 관하여 서술하였다. 마지막으로 부록에서는 안전사고 예방에 관한 학교계획 작성예시안을 제시하여 교육현장에서 참고할 수 있도록 하였다.

저자들이 이 책의 집필을 시작할 때는 영유아 안전교육에 관한 이론과 실제를 망라한 영유아 안전교육의 bible적 저술을 목표로 하였으나, 시간이 가면서 목표치가 점점 내려옴을 실감하였다. 그러나 영유아 안전교육의 내용을 가능한 한 알기 쉽게 설명하려고 노력하였으므로 그만큼 현직교사나 예비교사들에게 도움이 될 것을 기대한다.

끝으로 이 책이 출간되기까지는 많은 분들의 도움이 있었다. 늘 격려와 지원을 아끼지 않는 사랑하는 가족들, 오랜 시간 학술적인 교류와 협력을 도모하는 가천대학교 유아교육학과 대학원 에듀트리 멤버들에게 진심으로 고마움을 표하고자 한다. 아울러 이 책의 출간을 맡아 주신 동문사 관계자 분들에게 심심한 감사의 인사를 드린다.

2020년 1월

저자들

# 차 례

01 Chapter

# 영유아 안전교육의 기초

# 1 안전교육의 개념 및 목적

안전은 행복하고 건강한 삶을 영위하고 싶어하는 인간의 기본적인 욕구를 충족하기 위한 전제조건이다. 또한 안전은 현세대가 추구하고 있는 '삶의 질'을 높이기 위한 기본적인 요인이다. 현재 우리 사회는 사고로 인하여 경제적 손해를 입거나 생명에 피해를 입는 위험에 노출되어 있다. 특히, 최근 발생한 여러 차례의 사고는 무수한 인명피해와 재산손실을 가져왔다. 이에 따라 사고는 매우 중요한 사회이슈로 인식되고 있으며, 안전 보장에 대한 국민의 요구도 증대되고 있다.

각종 사고로 인한 재난으로부터 안전을 보장받기 위해서는 안전한 환경조성과 안전에 관한 지식, 기능, 태도 등이 교육되어야 한다. 이러한 안전교육은 일상에서 전 생애에 걸쳐 지속되어야 하며, 이를 통하여 체계적인 안전 지식을 습득하고, 안전한 행동 습관 및 가치관을 길러야 한다.

'건강'은 우리가 보다 나은 삶을 영위하는 데 기반이 된다. 영어로 건강을 'health'라고 하는데, 이의 유래는 '안전하고 전체적'인 것을 뜻한다. 이는 우리가 건강하기 위해서는 안전해야 한다는 것을 의미한다.

'안전'이란 사전적 의미로 '위험이 생기거나 사고가 날 염려가 없는 것', '몸과 마음이 편안하고 온전한 상태'를 뜻한다. '안전'의 일반적인 의미는 '사고의 위험성을 감소시키기 위하여 인간의 행동을 수정하거나 물리적으로 안전한 환경을 조성한 상태'이다. 따라서 '안전한 사람'이란 본인이 타인에게 있어서 발생할 수 있는 사고를 사전에 예방할 수 있도록 행동습관을 기른 사람을 뜻한다.

우리 사회 곳곳에서는 아직도 안전에 대한 무관심, 부주의, 불감증 등으로 인해 각종 사고가 발생하고 있다. 이와 같은 사고를 예방하기 위하여 안전교육이 매우 중요하다. 안전사고를 예방하기 위하여 안전교육 방안을 제시하고 습득한다면, 안전하고 건강한 사회로 발전할 수 있다.

안전교육(safety education)이란 일상생활에서 일어나는 사고를 미연에 방지하고, 불의의 재해나 돌발적인 사태가 발생했을 때는 생명을 지키기 위해서 취해야 할 심신 양면의 행동을 지도할 목적으로 실시하는 교육을 일컫는다(네이버 지식백과). 즉, 재해나 사고의 예방 및 그 피해를 최소한으로 줄일 수 있도록 여러 가지 행동지침을 가르치고, 안전에 대한 지적 이해와 지도를 통하여 실천 능력을 높일 것을 목적으로 한다.

안전사고의 원인이 대부분 비안전 행동과 관련된다고 볼 때 대부분의 비안전 행동은 안전에 대한 지식, 태도 및 기술의 결핍에서부터 시작될 수 있다. 그 요인은 환경적 요인, 기계적 요인, 인적 요인으로 분류될 수 있다(Pickle, 1989; 한명옥, 2016 재인용). 그 중에서 인적 요인은 영유아의 안전사고를 예방하거나 감소시킬 수 있다는 점에서 더욱 중요한다. 즉, 가정이나 교육기관의 환경이 안전하지 않거나, 부모와 교사의 안전에 대한 안일한 태도와 지도 소홀 그리고 안전에 대한 유아의 불충분한 지식과 부적절한 태도로 인한 것이 중요한 요인이 될 수 있다(곽은복, 2000; 한명옥, 2016 재인용).

안전교육은 안전에 대한 지식(위험지역, 위험물질, 위험상황에 대한 인식 등), 태도(자기존중감, 타인존중, 준법정신 등), 기능(안전하게 사물을 다루고 다양한 위험 상황에서 자신을 보호할 수 있는 능력 등)을 길러주어야 한다(한국산업안전공단, 1996).

안전교육에 대한 이론적인 지표를 제시한 플로리오(Florio, 1982)는 '교육이라는 수단을 통하여 일상생활에서 개인 및 집단의 안전 지식에 필요한 지식, 기능, 태도 등을 이해시키고 자신과 타인의 생명을 존중하며 안전하고 건강한 생활을 영위할 수 있는 습관을 육성하는 것'이 안전교육을 하는 목적이라고 하였다. 이에 대한 목표로 첫째, 일상생활의 전 영역에서 안전을 위해 필요한 사항에 대해서 이해시키고, 안전수칙을 지키며, 안전하게 행동할 수 있는 능력이나 태도를 형성한다. 둘째, 일상생활에서 잠재되어 있는 위험 요소를 예측하여 안전상의 위험을 확인하고, 정확한 판단으로 안전하게 행동할 수 있는 능력과 태도를 형성한다. 셋째, 자신이나 타인의 안전 생활을 존중하고 학교, 가정, 지역사회 등 넓은 생활 영역에서 안전하게 역할을 수행할 수 있는 태도와 능력을 형성하는 것을 제시하였다(오효선, 2012).

곽은복(2008)은 영유아기에 형성해야 할 안전교육 목표는 안전지식, 기술, 태도의 형성이라고 제시하였다. 그리고 놀이, 운동, 자동차, 위험한 물건, 추락이나 미끄러짐, 낯선 사람, 성적 학대, 환경, 화재 등의 내용에 따라 안전교육의 목표를 다음과 같이 제시하였다(한명옥, 2016).

**표 1-1** 영유아기에 형성해야 할 안전지식, 태도, 기술

| 안전영역 | 안전지식 | 안전태도 | 안전기술 |
|---|---|---|---|
| 놀이 | • 놀이는 안전한 장소에서 해야 한다는 것을 인식한다.<br>• 놀잇감을 안전하게 사용하는 방법을 안다.<br>• 우리 주변에는 위험한 시설물들이 있다는 것을 인식한다.<br>• 안전을 위해 지켜야 할 규칙이 있음을 안다.<br>• 내가 사는 곳 주변에는 안전한 곳과 위험한 곳이 있음을 안다. | • 안전하게 놀이하는 태도를 기른다.<br>• 놀이 규칙을 지키는 태도를 기른다.<br>• 친구와 안전 규칙에 의해 놀이하면서 협동하는 태도를 기른다.<br>• 놀이 시설에서 차례를 지키고 안전에 관심을 가지는 태도를 기른다. | • 안전한 놀잇감을 선택하고 이를 바르게 사용한다.<br>• 놀이 도구를 능숙하게 사용한다.<br>• 안전한 방법으로 놀이한다.<br>• 안전 규칙을 지키면서 놀이한다. |
| 운동 | • 운동 후에는 휴식이 필요하다는 것과 휴식의 방법에는 여러 가지가 있다는 것을 안다.<br>• 자전거나 롤러스케이트를 탈 때의 안전 규칙을 인식한다.<br>• 운동 기구들의 안전한 사용 방법을 안다. | • 여러 가지 운동의 규칙이나 안전수칙을 이해하고 준수하는 태도를 기른다.<br>• 바닥이 평평하지 않거나 경사진 곳, 주차장에서는 자전거나 롤러스케이트를 타지 않기를 습관화한다.<br>• 과격한 운동은 피하고 운동 후에는 휴식하는 습관을 기른다. | • 다양한 기구를 이용하여 운동한다.<br>• 여러 운동 기구들을 안전하게 이용한다.<br>• 운동을 즐기기 위한 기본 기능을 익힌다. |
| 자동차 | • 승용차나 지하철, 버스 등 교통 기관의 안전한 이용방법을 안다.<br>• 차 안에서의 안전한 태도가 왜 필요한지를 안다.<br>• 차 밖으로 신체나 물건을 내미는 것이 위험하다는 것을 인식한다. | • 교통수단을 안전하게 이용하는 태도를 기른다.<br>• 위험을 나타내는 소리에 관심을 갖는 태도를 기른다.<br>• 위험 상황에서 자신을 보호하려는 적극적인 태도를 지닌다.<br>• 교통규칙을 이해하고 지키는 태도를 기른다.<br>• 차에 타면 안전띠 매기를 습관화한다.<br>• 교통 표지판을 보고 지킬 수 있는 태도를 지닌다. | • 승용차, 지하철, 버스 등 교통 기관을 안전하게 이용한다.<br>• 차를 타고 내릴 때 옆으로 지나가는 차가 없는지 살핀 후 내릴 때 안전에 유의한다.<br>• 버스가 완전히 멈춘 뒤 차례로 오르고 내린다. |
| 보행자 | • 교통신호와 교통안전 표지를 인식한다.<br>• 횡단보도를 건널 때는 지켜야 할 안전 규칙이 있음을 안다. | • 교통규칙을 지키는 태도를 기른다.<br>• 신호등의 기능을 이해하며 보행 안전 규칙을 지키는 태도를 기른다. | • 길을 안전하게 다니는 방법을 알고 실행한다.<br>• 안전한 보행이나 도로 횡단 등의 보행 안전 규칙을 지킨다. |

(계속)

| 안전영역 | 안전지식 | 안전태도 | 안전기술 |
|---|---|---|---|
| | • 차의 뒤편으로 보행하는 것은 위험하다는 것을 안다.<br>• 보행자가 알고 있어야 할 안전 표지판을 인식한다. | • 안전 표지판의 기능을 알고 비키는 태도를 기른다. | • 좁은 골목길에서 차도로 나올 때는 잘 살펴보며 걸어 나온다.<br>• 찻길을 안전하게 보행하는 방법을 익힌다. |
| 위험한 물건 | • 안전한 놀잇감과 위험한 물건을 구별할 줄 안다. | • 주변 시설물들의 특성을 알고 안전하게 이용하는 태도를 지닌다. | • 놀이 도구를 안전하고 올바른 방법으로 사용한다. |
| 추락이나 미끄러짐 | • 높은 곳, 미끄러운 곳, 다른 위험한 장소의 위험성을 안다. | • 미끄러져 넘어지지 않도록 놀이 후에는 반드시 정리하는 습관을 갖는다. | • 위험한 장소에서 안전하게 행동한다. |
| 낯선 사람 | • 유괴의 가능성을 인식하고 대처 방법을 안다. | • 낯선 사람이 호의적으로 대할 때 쉽게 따라 나서지 않는다. | • 유괴로부터 대처하는 방법을 익힌다. |
| 성적 학대 | • 어떠한 것이 성적 학대인지를 인식한다. | • 자신의 몸이나 다른 사람의 몸을 소중하게 여긴다. | • 위험 상황으로부터 도움을 청하는 방법을 알고 바르게 대처한다. |
| 환경 | • 주위 환경에 대해 관심을 지니며 아름다운 환경의 소중함을 안다. | • 주위 환경에 관심을 가지며 아름다운 환경을 소중히 보호하는 태도를 가진다. | • 환경 보호의 소중함을 알고 실천한다. |
| 화재 | • 불의 유익함과 위험성을 인식한다. | • 화기는 건드리지 않고 조심히 다루는 태도를 지닌다. | • 비상시를 대비하여 화재 대피훈련을 몸에 익힌다. |

출처: 곽은복(2008). 교사를 위한 아동안전교육.

안전교육은 그 목적을 충분히 달성하도록 하는 4단계가 있다(최상복, 2004). 1단계는 영유아가 안전에 관한 효과적인 학습을 하기 위해 필요한 경험이나 기초적인 지식을 교육하는 것이다. 2단계로 안전지식교육, 3단계로는 안전기능교육, 4단계는 안전태도교육이라고 할 수 있다(오효선, 2012 재인용).

영유아교육기관에서 실시하는 안전교육의 내용으로는 교통 안전, 환경 안전, 지진·풍수해와 같은 자연재해가 발생했을 때의 행동지침 등이다. 그 밖에 가정에서의 안전교육, 전기, 약품, 화재 등 안전을 위협하는 모든 것에 대한 내용을 다룬다. 영유아 안전교육은 안전지식, 태도, 문제해결 능력을 형성할 수 있는 내용과 방법이 포함되어야 하고, 다양한 교수-학습의 이론적 접근이 요구된다(곽은복, 2000).

영유아기의 안전이 요구되는 상황과 관련된 여러 측면에서 영유아의 안전상황을 올바르게 실행하고 바람직한 안전 습관과 태도를 형성하며 실생활에서 안전한 행동을 실천하기 위해서는 보다 체계적인 안전교육이 실시되어야 한다. 또한 교사와 성인이 안전에 대한 올바른 의식을 가지고 주변에서 발생할 수 있는 잠재적 위험요인을 인식하고 영유아의 자신과 타인을 보호하기 위한 행동양식과 태도를 형성할 수 있는 구체적이고 현실적인 안전교육을 실시한다면 영유아기 안전사고는 예방이 가능할 것이다(한명옥, 2016).

## 2 안전교육의 중요성

안전과 건강은 이를 상실하지 않으면 가치를 실감하기 어렵다. 질병에 걸려 아프거나 사고로 인하여 위험해 지고 나서야 중요성을 인식하고 이를 대처하려는 경향이 있다. 따라서 안전에 관한 지식이나 행동요령은 어렸을 때부터 일상생활 속에서 학습되는 것이 중요하다. 왜냐하면 영유아기에 실시되는 안전교육은 안전에 대한 올바른 가치관 확립에 도움이 되기 때문이다.

안전에 대한 의식은 주변으로 전파되는 특성이 있다. 안전의식을 가진 사람이 각종 안전 질서를 바로 지키기 시작하면 그가 속한 사회의 사람들이 질서를 지키게 되고, 이는 사회 전체로 퍼져나간다. 반대로 안전의식을 지키지 않는 사람이 증가하여 질서를 위반하고, 이에 따른 이득을 취하게 되면 이 부적절한 행동은 주변으로 전파된다. 그러므로 안전문화가 형성되어 있는 사회에서는 각종 사고로 인한 사망률이 낮고, 그렇지 않은 사회에서는 사망률이 높은 특성이 있다. 따라서, 각종 사고를 예방하려면 안전교육이 실시되어야 하며, 이는 안전하고 건강한 사회로 발전할 수 있는 기본단계라고 할 수 있다.

인간은 태어나서 얼마 동안은 스스로 생명을 유지할 수 없는 안전에 대한 능력이 미약한 존재이다. 따라서 영유아가 건강하고, 튼튼하게 자라기 위한 영유아가 흔히 겪을 수 있는 안전사고와 그 대비책을 마련해야 한다. 이러한 안전교육이 영유아기에서 청소년기, 성인기까지 평생 지속적으로 이루어진다면 안전한 삶을 영위할 수 있다.

종합해 보면, 안전에 대한 올바른 의식을 가지고, 사고의 원인이 되는 가능성을 충분히 파악하고 대처한다면, 사고는 미연에 예방할 수 있을 뿐 아니라 그 피해도 최소화할 수 있을 것이다. 더불어 사고는 안전교육으로 예방이 가능하므로 영유아뿐만 아니라 교사와 학부모도 안전교육의 필요성을 확고히 인식해야 한다.

### [안전교육의 중요성]

**4분의 기적, 심폐소생술이 생명 살려**

지난 7일 오전 11시쯤, 제주시 조천읍 한 운동장에서 41살 부 모씨가 갑자기 쓰러졌습니다. 심정지로 생명이 위험했던 부 씨를 되살린건 심폐소생술이었습니다. "119에 신고를 했고 구급상황팀에서 심폐소생술을 하라고 해서 구급대원이 올때까지 했다" 신고 후 3분만에 현장에 도착한 대원들도 심폐소생술을 실시했고 부씨는 다행히 의식을 회복해 병원에서 치료를 받고 있습니다. "심폐소생술로 의식을 회복하게 하고 구급차 안에서도 상태가 좋지 않아 응급처치를 했습니다" 심정지 환자가 응급처치로 의식을 회복하는 경우는 매해 늘고 있습니다. 심폐소생술로 의식을 회복한 비율은 지난 2017년 6.7%에서 지난해 9.7%로 늘었고, 올들어선 벌써 9.4%에 이릅니다. 최근 5년동안 110명이 심폐소생술로 꺼져가는 생명을 되찾은 겁니다. "심폐소생술은 누구나 조금의 지도만 따르면 할 수 있는 상황이어서 현장에서 가장 중요한 부분이라고 생각이됩니다" 4분의 기적으로 불리는 심폐소생술. 119구급대원과 시민의 재빠른 대처가또 하나의 생명을 살렸습니다.

보도일자 2019-04-09
JIBS 구혜희 기자

안전한 생활을 영위할 수 있도록 사고를 예방하는 것은 매우 중요하다. 영유아 대상 실종유괴 등 안전이 위협받는 사례로부터 예방 차원에서 안전교육의 필요성이 증대되었다. 따라서 안전교육을 함으로써 영유아 및 교직원의 안전 감수성을 고취시켜 안전사고를 예방하고, 위기 상황 시 대처 능력 향상을 통해 영유아의 안전관리에 기여하여야 한다. 또한 영유아 및 교직원이 교육활동 중 스스로 안전을 관리하도록 하여 행복하고 안전한 학교 생활을 영위할 수 있도록 노력해야 한다.

02

Chapter

# 영유아의 발달특성과 안전사고

# 1 영유아 안전사고 동향

2018년 통계청에서 발표한 「사망원인통계」에 따르면, 우리나라 아동 안전사고 사망자수는 2013년부터 매년 287명, 215명, 225명, 196명, 196명으로 감소 추세에 있으나, 매년 평균 200명이 넘는 아동이 안전사고로 희생되고 있다. 사망 유형별로는 '교통사고'로 인한 사망사고가 최근 5년 평균 93.2명으로 가장 많았고, '추락' 30명, '익사' 29.6명, '화재' 8.4명, '중독' 1.4명 순으로 나타났다.

**표 2-1** 아동 안전사고 사망 유형별 현황 (단위: 명)

| 구분 | 2013년 | 2014년 | 2015년 | 2016년 | 2017년 | 평균 |
|---|---|---|---|---|---|---|
| 교통사고 | 121 | 80 | 103 | 87 | 75 | 93.2 |
| 추락 | 37 | 31 | 28 | 28 | 26 | 30.0 |
| 익사 | 41 | 36 | 28 | 19 | 24 | 29.6 |
| 화재 | 15 | 5 | 10 | 5 | 7 | 8.4 |
| 중독 | 2 | 2 | 0 | 1 | 2 | 1.4 |
| 기타 | 71 | 61 | 56 | 56 | 62 | 61.2 |
| 합계 | 287 | 215 | 225 | 196 | 196 | 223.8 |

출처: 통계청. 사망원인통계.

2018년 우리원 소비자위해감시시스템(CISS)을 통해 접수된 어린이 안전사고 건수는 24,097건으로 전체 안전사고 건수의 33.5%를 차지하며, 전년도(25,699건)보다 6.2% 소폭 감소하였다. 최근 5년간 어린이 안전사고 비율은 매년 30% 이상으로 우리나라 총 인구 대비 어린이 인구 비중(12.8%)에 비해 매우 높아 안전사고에 취약한 계층임을 알 수 있다.

어린이는 안전취약계층으로서 우리원 위해저감 프로세스 관리 대상 중 하나이며, 어린이 안전사고는 발달단계에 따라 일정한 경향을 보이므로 보호자의 주의·감독 강화를 통해 예방할 수 있다.

2018년 어린이 안전사고 건수와 5년 전(2014년) 건수를 비교한 결과, '전라북도' 3360.0%, '부산광역시' 467.3%, '세종특별자치시' 352.4%순으로 큰 폭으로 증가하였고, '충청북도'는 49.9% 감소하여 가장 큰 감소율을 보였다.

**표 2-2** 지역별 어린이 안전사고 현황

(단위: 건, %)

| 구분 | 2014년 | 2015년 | 2016년 | 2017년 | 2018년 | 증감률 |
|---|---|---|---|---|---|---|
| 서울특별시 | 9,603 | 6,127 | 5,829 | 6,861 | 5,697 | △40.7 |
| 부산광역시 | 333 | 749 | 555 | 1,384 | 1,889 | 467.3 |
| 대구광역시 | 1,453 | 2,175 | 1,074 | 1,409 | 1,268 | △12.7 |
| 인천광역시 | 2,985 | 3,363 | 2,714 | 3,487 | 3,053 | 2.3 |
| 광주광역시 | 1,668 | 1,371 | 738 | 991 | 1,002 | △39.9 |
| 대전광역시 | 807 | 973 | 652 | 1,222 | 968 | 20.0 |
| 울산광역시 | 1,073 | 1,045 | 982 | 1,110 | 1,084 | 1.0 |
| 세종특별자치시 | – | 21 | 31 | 74 | 95 | 352.4 |
| 경기도 | 4,100 | 3,742 | 2,657 | 1,993 | 2,494 | △39.2 |
| 강원도 | 546 | 698 | 330 | 949 | 822 | 50.5 |
| 충청북도 | 461 | 888 | 751 | 742 | 231 | △49.9 |
| 충청남도 | 1,810 | 1,241 | 2,043 | 1,348 | 1,160 | △35.9 |
| 경상북도 | 678 | 854 | 586 | 631 | 829 | 22.3 |
| 경상남도 | 56 | 63 | 17 | 45 | 148 | 164.3 |
| 전라북도 | 20 | 39 | 463 | 551 | 692 | 3360.0 |
| 전라남도 | 362 | 500 | 434 | 584 | 700 | 93.4 |
| 제주특별자치도 | 1,336 | 1,279 | 1,090 | 1,600 | 1,378 | 3.1 |
| 해당없음·미상 | 90 | 24 | 1,599 | 718 | 587 | 552.2 |
| 전국 | 27,381 | 25,152 | 22,545 | 25,699 | 24,097 | △12.0 |

2018년 '남아'의 안전사고는 14,704건으로 전체의 61.0%를 차지하였고 '여아'는 9,388건으로 39.0%를 차지하여 매년 '남아'와 '여아'의 비율은 6:4의 비슷한 양상을 보였다. 여아에 비해 상대적으로 활동적인 남아의 특성 때문에 남아의 안전사고 건수가 여아보다 많은 것으로 분석된다.

**표 2-3 성별 현황** (단위: 건, %)

| 구분 | 2014년 | 2015년 | 2016년 | 2017년 | 2018년 |
|---|---|---|---|---|---|
| 남아 | 16,755 (61.2) | 15,585(62.0) | 13,929 (61.8) | 15,706 (61.1) | 14,704 (61.0) |
| 여아 | 10,608 (38.7) | 9,565 (38.0) | 8,613 (38.2) | 9,990 (38.9) | 9,388 (39.0) |
| 미상 | 18 (0.1) | 2 (0.0) | 3 (0.0) | 3 (0.0) | 5 (0.0) |
| 합계 | 27,381 (100.0) | 25,152 (100.0) | 22,545 (100.0) | 25,699 (100.0) | 24,097 (100.0) |

어린이 발달단계 중 '걸음마기'가 11,678건으로 48.5%를 차지해 사고가 가장 많았고, '유아기'는 5,586건(23.2%), '학령기'는 4,847건(20.1%), '영아기' 1,986건(8.2%) 순으로 나타나 최근 5년간 매년 비슷한 양상을 보였다. 특히 '걸음마기'는 활동범위가 넓어지는 시기이나 균형 감각 및 신체민첩성이 완전하지 못해 안전사고에 가장 취약한 것으로 분석된다.

**표 2-4 발달단계별 현황** (단위: 건, %)

| 구분 | | 2014년 | 2015년 | 2016년 | 2017년 | 2018년 |
|---|---|---|---|---|---|---|
| 취학전 | 영아기 (0세) | 2,322 (8.5) | 2,237 (8.9) | 2,219 (9.8) | 2,340 (9.1) | 1,986 (8.2) |
| | 걸음마기 (1~3세) | 13,804 (50.4) | 12,534 (49.8) | 11,081 (49.2) | 12,186 (47.4) | 11,678 (48.5) |
| | 유아기 (4~6세) | 5,839 (21.3) | 5,482 (21.8) | 4,924 (21.8) | 5,907 (23.0) | 5,586(23.2) |
| | 소계 | 21,965 (80.2) | 20,253 (80.5) | 18,224 (80.8) | 20,433 (79.5) | 19,250 (79.9) |
| 학령기(7~14세) | | 5,416 (19.8) | 4,899 (19.5) | 4,321 (19.2) | 5,266 (20.5) | 4,847 (20.1) |
| 합계 | | 27,381 (100.0) | 25,152 (100.0) | 22,545 (100.0) | 25,699 (100.0) | 24,097 (100.0) |

어린이 안전사고가 주로 발생한 장소는 '주택'으로 16,343건(67.8%)이며, 이어 '교육시설' 1,474건(6.1%), '여가 문화 및 놀이시설' 1,309건(5.4%), '숙박 및 음식점' 827건(3.4%)으로 나타났다. '주택'의 비중이 매년 약 69%로 전연령(50%)과 비교해 높게 나타났으며, 어린이가 가정 내에서 보내는 시간이 많아 비중이 높은 것으로 분석된다. 어린이 이용률이 높은 '교육시설', '여가문화 및 놀이시설'의 경우에도 전연령

보다 더 높은 비중을 차지하였다.

**표 2-5** 위해발생장소별 현황(어린이)

(단위: 건, %)

| 장소(대분류) | 2014년 | 2015년 | 2016년 | 2017년 | 2018년 |
|---|---|---|---|---|---|
| 주택 | 18,745 (68.5) | 17,763 (70.6) | 15,836 (70.2) | 17,605 (68.5) | 16,343 (67.8) |
| 교육시설 | 2,099 (7.7) | 1,433 (5.7) | 1,157 (5.1) | 1,492 (5.8) | 1,474 (6.1) |
| 여가문화 및 놀이시설 | 2,243 (8.2) | 1,479 (5.9) | 1,177 (5.2) | 1,395 (5.4) | 1,309 (5.4) |
| 도로 및 인도 | 958 (3.5) | 1,146 (4.6) | 868 (3.9) | 1,132 (4.4) | 789 (3.3) |
| 숙박 및 음식점 | 708 (2.6) | 558 (2.2) | 530 (2.4) | 812 (3.2) | 827 (3.4) |
| 스포츠/레저시설 | 600 (2.2) | 499 (2.0) | 440(2.0) | 540 (2.1) | 428 (1.8) |
| 쇼핑시설 | 358 (1.3) | 360 (1.4) | 277 (1.2) | 302 (1.2) | 265 (1.1) |
| 기타 상업시설* | 389 (1.4) | 136 (0.6) | 123 (0.6) | 103 (0.4) | 98 (0.4) |
| 교통시설 | 150 (0.5) | 111 (0.4) | 95 (0.4) | 105 (0.4) | 125 (0.5) |
| 의료서비스시설 | 140 (0.5) | 70 (0.3) | 65 (0.3) | 87 (0.3) | 87 (0.4) |
| 종교 및 문화시설 | 85 (0.3) | 79 (0.3) | 40 (0.2) | 62 (0.2) | 55 (0.2) |
| 자연 및 관련시설 | 57 (0.2) | 43 (0.2) | 49 (0.2) | 24 (0.1) | 30 (0.1) |
| 복지 및 노인요양시설 | 5 (0.0) | 10 (0.0) | 2 (0.0) | 10 (0.1) | 10 (0.1) |
| 농 · 수 · 축산업지역 | 5 (0.0) | 7 (0.0) | 2 (0.0) | 4 (0.0) | 1 (0.0) |
| 공공시설 | 18 (0.1) | 2 (0.0) | 5 (0.0) | 2 (0.0) | 5 (0.0) |
| 그 외 또는 미상 | 821 (3.0) | 1,456 (5.8) | 1,879 (8.3) | 2,024 (7.9) | 2,251 (9.4) |
| 합계 | 27,381 (100.0) | 25,152 (100.0) | 22,545 (100.0) | 25,699 (100.0) | 24,097 (100.0) |

*주유소, 세차장, 편의점, 제과점, 이·미용실 등

위해품목별로 살펴보면, 최근 5년간 어린이 안전사고의 유발 품목으로는 '가구 및 가구설비', '건축/인테리어 자재 및 작업공구', '스포츠 및 취미용품'이 매번 상위 품목에 해당하였다.

**표 2-6** 위해품목별 현황 (단위: 건, %)

| 구분(대분류) | 2014년 | 2015년 | 2016년 | 2017년 | 2018년 |
|---|---|---|---|---|---|
| 가구 및 가구설비 | 8,170 (29.8) | 8,237 (32.7) | 7,427 (33.0) | 8,216 (32.0) | 7,547 (31.3) |
| 건축/인테리어 자재 및 작업공구 | 5,161 (18.8) | 4,651 (18.5) | 4,232 (18.8) | 4,495 (17.5) | 4,389 (18.2) |
| 스포츠 및 취미용품 | 3,730 (13.6) | 3,391 (13.5) | 2,689 (11.9) | 3,093 (12.0) | 2,680 (11.1) |
| 건물, 시설 및 서비스 | 2,686 (9.8) | 2,186 (8.7) | 1,780 (7.9) | 2,228 (8.7) | 2,026 (8.4) |
| 완구 및 게임용품 | 1,575 (5.8) | 1,405 (5.6) | 1,356 (6.0) | 1,881 (7.3) | 1,937 (8.0) |
| 가공식품 | 600 (2.2) | 524 (2.1) | 692 (3.1) | 1,122 (4.4) | 1,244 (5.2) |
| 가전제품 및 정보통신기기 | 806 (2.9) | 820 (3.3) | 836 (3.7) | 776 (3.0) | 734 (3.0) |
| 주방기기 및 용품 | 802 (2.9) | 664 (2.6) | 828 (3.7) | 657 (2.6) | 480 (2.0) |
| 도서, 음반 및 문구용품 | 754 (2.8) | 629 (2.5) | 500 (2.2) | 671(2.6) | 426 (1.8) |
| 자동차 및 관련 용품 | 554 (2.0) | 526 (2.1) | 438 (1.9) | 453 (1.8) | 479 (2.0) |
| 생활용품 | 530 (1.9) | 398 (1.6) | 342 (1.5) | 368 (1.4) | 356 (1.5) |
| 애완 동 · 식물 및 용품 | 227 (0.8) | 447 (1.8) | 239 (1.1) | 375 (1.5) | 507 (2.1) |
| 의약(외)품 및 의료용구 | 299 (1.1) | 232 (0.9) | 206 (0.9) | 228 (0.9) | 276 (1.1) |
| 화장품 및 화장용품 | 317 (1.2) | 229 (0.9) | 233 (1.0) | 226 (0.9) | 156 (0.6) |
| 축산 · 수산물 식품 | 381 (1.4) | 116 (0.5) | 147 (0.7) | 163 (0.6) | 184 (0.8) |
| 식물 식품 | 234 (0.9) | 220 (0.9) | 147 (0.7) | 189 (0.7) | 189 (0.8) |
| 의류, 신발, 가방, 보석 및 시계 | 210 (0.8) | 161 (0.6) | 163 (0.7) | 243 (0.9) | 196 (0.8) |
| 조명기구 및 전기 부품 · 용품 | 104 (0.4) | 95 (0.4) | 93 (0.4) | 93 (0.4) | 67 (0.3) |
| 연료 및 전지 | 71 (0.3) | 87 (0.3) | 68 (0.3) | 75 (0.3) | 76 (0.3) |
| 기타 장비 및 제품 | 55 (0.2) | 60 (0.2) | 69 (0.3) | 86 (0.3) | 86 (0.4) |
| 화재, 안전 및 보안 장비 | 76 (0.3) | 61 (0.2) | 49 (0.2) | 52 (0.2) | 48 (0.2) |
| 농 · 임 · 어업용 기계 및 관련용품 | 39 (0.1) | 13 (0.1) | 11 (0.0) | 9 (0.0) | 14 (0.1) |
| 합계 | 27,381 (100.0) | 25,152 (100.0) | 22,545 (100.0) | 25,699 (100.0) | 24,097 (100.0) |

위해원인별로 살펴보면, '미끄러짐 · 넘어짐'이 6,487건(26.9%), '부딪힘'은 5,562건(23.1%), '추락' 4,182건(17.4%) 순으로 많았으며, 최근 5년간 비슷한 양상을 보였다. 다음으로는 '눌림 · 끼임' 1,613건(6.7%), '식품 섭취에 의한 위해' 1,479건(6.1%), '예리함 · 마감처리 불량' 759건(3.1%) 순이었다.

**표 2-7 위해원인 상위 15개 현황** (단위: 건, %)

| 구분(소분류) | 2014년 | 2015년 | 2016년 | 2017년 | 2018년 |
|---|---|---|---|---|---|
| 미끄러짐 · 넘어짐 | 8,250 (30.1) | 6,877 (27.3) | 5,629 (25.0) | 6,859 (26.7) | 6,487 (26.9) |
| 부딪힘 | 5,698 (20.8) | 6,143 (24.4) | 5,722 (25.4) | 6,021 (23.4) | 5,562 (23.1) |
| 추락 | 5,408 (19.8) | 4,464 (17.7) | 3,746 (16.6) | 4,550 (17.7) | 4,182 (17.4) |
| 눌림 · 끼임 | 1,843 (6.7) | 1,840 (7.3) | 1,836 (8.1) | 1,804 (7.0) | 1,613 (6.7) |
| 예리함 · 마감처리 불량 | 1,656 (6.0) | 1,204 (4.8) | 1,262 (5.6) | 1,301 (5.1) | 759 (3.1) |
| 식품 섭취에 의한 위해 | 634 (2.3) | 558 (2.2) | 844 (3.7) | 1,315 (5.1) | 1,479 (6.1) |
| 이물질(기타) | 1,201 (4.4) | 845 (3.4) | 530 (2.4) | 618 (2.4) | 640 (2.7) |
| 고온물질 | 747 (2.7) | 765 (3.0) | 870 (3.9) | 753 (2.9) | 661 (2.7) |
| 충돌 · 추돌 등 물리적 충격 | 431 (1.6) | 782 (3.1) | 559 (2.5) | 705 (2.7) | 757 (3.1) |
| 이물질(플라스틱) | 248 (0.9) | 449 (1.8) | 447 (2.0) | 561 (2.2) | 570 (2.4) |
| 동물에 의한 상해 | 213 (0.8) | 402 (1.6) | 213 (0.9) | 348 (1.4) | 480 (2.0) |
| 이물질(금속) | 309 (1.1) | 202 (0.8) | 149 (0.7) | 189 (0.7) | 195 (0.8) |
| 파열 · 파손 · 꺾어짐 | 2 (0.0) | 167 (0.7) | 275 (1.2) | 251 (1.0) | 226 (0.9) |
| 이물질(액체류) | 418 (1.5) | 96 (0.4) | 100 (0.4) | 72 (0.3) | 4 (0.0) |
| 약물 부작용 | 13 (0.0) | 48 (0.2) | 42 (0.2) | 66 (0.3) | 77 (0.3) |

**주요사례**

최근 5년간 사망 사고로 접수된 위해정보는 총 4건이었으며, 블라인드 줄에 목이 묶여 사망한 사례, 베란다에서 추락사한 사례, 가스보일러 누출로 일산화탄소 중독으로 인한 사망 사례가 있었다.

**표 2-8** 사망사고 내용

| 구분 | 내용 |
|---|---|
| 블라인드로 인한 질식 | 블라인드 줄에 목이 묶여 산소결핍으로 사망함(2015. 8. 21, 만 7세, 남) |
| 베란다 추락 | 아파트 베란다 책상에서 놀다 창문 밖으로 떨어져 사망함(2015. 9. 18, 만 2세, 남) |
| 일산화탄소 중독 | 만 6세, 만 8세 형제가 가스보일러의 가스를 마셔 일산화탄소 중독으로 사망함(2018. 2. 7) |

# 2 연령별 발달특성과 안전사고

영유아기는 발달특성상 안전사고의 위험성이 높은 시기이다. 이러한 이유는 영유아는 주변 환경에 대한 호기심과 탐구하려는 욕구가 강한 반면, 신체적 기능의 발달이 미숙하고 상황판단 능력과 자기조절 및 상황 인식 능력이 부족하여 안전사고의 위험성이 높기 때문이다(곽은복, 2008; Morrison, 1998). 또한 인지발달 측면에서 영유아는 주변 환경의 위험과 안전 여부에 대한 합리적인 판단이 어렵고, 자신이 한 행동이 어떤 결과를 초래할지에 대한 인과 관계를 예측해내기 어렵다. 따라서 영유아기에는 스스로 주변 생활 환경의 위험요소를 인지, 통제, 조절하는 능력이 부족할 수밖에 없다. 더불어 자신의 감정과 정서를 통제하고 관리하는 능력이 미숙하기 때문에 영유아기의 안전사고 위험은 더 높으며, 항상 사고의 가능성을 안고 있다(곽은복, 2000; 김성희, 2000; 이기숙 외, 2004; 한명옥, 2015).

영유아의 전인적 발달은 안전과 건강이 보장될 때 가능하다. 욕구위계설(hierarchy

of needs)을 제시한 매슬로우(Maslow, 1954)에 의하면, 안전의 욕구는 인간의 가장 기본적인 욕구 중 하나이다. 안전의 욕구는 생리적 욕구와 함께 기본적인 결핍 욕구의 하나로서, 충족 시에는 긴장을 해소하고 안도감을 주며, 연령이 어릴수록 주로 다른 사람에 의해 충족되는 경향이 강하다(신명희 외, 2011). 특히, 영유아기는 안전의 욕구에 대한 필요성이 증가하는 시기이다.

영유아는 안전을 보장받을 권리가 있으며, 보호자는 이에 대한 책무를 지닌다. 유엔 아동권리협약 제1부 '아동의 권리'에서는 모든 아동은 안전과 자유의 주체로서 생존과 발달을 보장받을 권리가 있음을 명시하였다. 「아동복지법」 제4조 제3항에서는 모든 국민은 아동의 권익과 안전을 존중하여야 하며, 아동을 건강하게 양육하여야 한다고 명시하였다.

영유아 안전교육은 개인이 사고의 위험성이 높은 행동이나 상황에서 사고를 미연에 방지한다는 점에서 효과적이다. 영유아기는 영유아의 발달특성상 안전교육을 실시하는 데 있어서 가장 효과적인 시기이다(양진희, 2005). 영유아기부터 올바른 안전교육을 통해 적절한 안전 지식, 위험인식 능력 및 이에 대처할 수 있는 태도를 확립할 수 있다.

따라서 이 장에서는 영아기와 유아기 발달특성을 신체 및 운동, 사회성, 정서, 인지발달로 구분하여 영유아기 발달특성에 따른 안전교육을 살펴보겠다.

## 1) 영아기 발달특성과 안전사고

### (1) 신체 및 운동발달

영아기는 신체와 운동발달이 빠른 속도로 이루어진다. 더불어 신체를 조절하는 발달을 하게 되어 더욱 유연해지고 안정되는 시기이다(문병환 · 이상미, 2017). 영아의 경우 신체발달의 속도와 변화는 빠르지만 세부 능력 및 기술은 아직 미분화되어 여러 신체활동에서 불안정한 모습을 띤다(이명순 · 곽승주 · 전영희, 2014). 이와 함께 심리적으로도 낯선 장소 및 사람에 대한 불안감이 크고 양육자와의 사회 · 정서적 긴밀함 속에서 학습과 성장이 이루어진다(Berk, 2015).

영아의 운동발달은 양육자에게 아직은 의존적이지만 스스로 자유롭게 신체를 조절하고 행동하기를 원한다. 스스로 걷고, 신체의 균형을 유지하면서 달릴 수 있게 된다. 계단을 오르내릴 때도 처음에는 난간을 두 손으로 잡고 한발씩 걷다가, 점차 한 손으로 잡고 발을 교차하며 걸으며, 눈과 발의 협응력이 좋아지면서 뛰어 내리는 등 이동동작이 발달하게 된다.

또한 영아는 손, 어깨와 팔꿈치를 조절하는 근육이 발달하여 물체를 잡고, 쌓거나, 집어넣거나, 돌리는 행동이 가능해지게 된다. 그리고 구슬 꿰기, 그림그리기, 블록 쌓기 및 끼우기 등의 활동이 가능해지게 된다(이기숙 · 장영희 · 정미라 · 윤선화, 2014). 더불어 신체, 공간, 방향지각과 달리고 조작하는 기본운동 능력이 발달되는 시기이다(문병환 · 이상미, 2017). 이처럼 영아의 신체 및 운동 능력이 발달하는 시기이므로 독립심을 가지고 서서히 자율적인 행동을 할 수 있도록 지지해 주어야 하며, 동시에 자신의 행동 및 욕구를 제어할 수 있도록 격려해 주어야 한다(서영임, 2019).

### (2) 언어 및 인지발달

영아는 어휘가 급격히 발달하는 시기이며 함께 생활하는 또래와의 상호작용이 활발해지고 언어를 사용하려고 노력하는 시기이다(이기숙 · 장영희 · 정미라 · 엄정애, 2014). 특히 상대방의 언어를 주의 깊게 듣고 이해할 수 있는 능력이 된다. 또한, 영아기에 듣고 말하는 기술을 이용한 상호작용이 가능해지기 시작한다. 영아는 이전에 비해 복잡한 문장 구조를 사용하며 타인과의 의사소통이 가능해진다(김달이, 2017).

영아는 '나 놀이터 놀아', '나 밥 먹어'와 같이 조동사나 조사가 생략되고, 명사와 동사로 나열되고 전보식 표현이 가장 많이 나타난다. 또한 '엄마 쉬', '엄마 물' 등 '엄마'와 같은 주축 단어를 중심으로 문장을 여러 가지로 표현하는 주축 문장이 나타난다(정남미, 2005). 그리고 타인이 이해할 수 있는 방법으로 자신의 생각을 표현하기 위해 사물을 지적하며 '이 공', '여기 숟가락' 등 문법적으로 불완전하나 언어를 구조화하여 사용하는 시기이다(이차숙, 2004).

이와 같이 만 2세 초기에는 약 300단어의 어휘를 알고 있으며, 만 2세 후기에는 2~4개 단어로 이루어진 문장을 사용하여 900개의 단어를 사용하고 명사와 동사 외에 형용사와 전치사를 사용하기 시작한다(김미예 외, 2014). 과거, 현재, 미래를 알고 구분하여 사용하며, 접속사를 사용하여 문장을 연결하는 등 다양한 표현이 가능해지는 시기이다(이수영, 2019 재인용). 18~24개월 사이에는 단어를 습득하는 '어휘 폭발기(vocabulary burst)'가 나타나며(Owens, 2013), 만 2세경 뇌의 크기가 성인의 80%에 도달하고, 어휘력이 향상되어 3~5개 정도의 단어를 연결할 수 있게 된다(권혜진 외, 2011; Weisleder & Fernald, 2013). 사고와 학습이 언어라는 매체를 통해 효과적으로 영향을 미치는(이차숙, 2004) 영아기에는 일상생활에서 일어날 수 있는 여러 가지 위험한 상황을 알고 대처할 수 있는 안전교육을 실시하여야 한다.

영아는 태어나면서부터 주변과의 끊임없는 상호작용을 통해 발달한다. 만 2세 영아는 주변 세계에 대한 끊임없는 호기심을 감각 기관을 통해 충족해 나가며 지식을 형성한다. 만 2세 영아는 정신적으로 사물을 분류할 수 있고 실제로 경험하지 않아도 정신적 상징을 하며 외형의 속성에 따라 분류가 가능한 시기이다(박정란, 2017). 그리고 주변세계에 대한 지식을 조직하고 구조화하여 물건이 보이지 않아도 대상영속성 개념을 획득하여 구체적인 표상을 할 수 있는 시기이다(오효선, 2012). 이처럼 주변 환경들과의 상호작용을 통해 스스로 탐색하고, 사고하고, 경험하며, 학습한다. 더불어 영아의 인지는 다른 발달영역과의 밀접한 관계를 통해 더욱 정교하게 발달이 이뤄진다(강경미 외, 2003).

또한 피아제(Piaget, 1962)는 만 2세 영아의 특징으로 상징적 사고가 출현하여 정신적 표상, 지연 모방, 상징놀이가 나타나기 시작한다고 하였다. 즉, 만 2세 영아는 가상의 상황을 실제의 상황으로 상징화하는 놀이를 하며, 언어의 확장과 상상력이 풍부해져 실제적인 사물의 지원 없이도 상황을 가작화할 수 있다는 것이다.

더불어 만 2세 때는 가정에서 금지된 물건을 탐색하는 것을 멈추지 않고 주변 환경을 자유롭게 탐색 놀이하며(문병환 · 이상미, 2017), 만 2세 영아는 친숙한 물체를 그리기보다는 끄적거리고, 그것을 보거나 가리키면서 명명하며, 영아가 무엇을 그렸다고 생각하는 것은 보이는 것을 그대로 그린 것이 아니라 본 것에 대한 머릿속의 심상을 그리는 시기이다(김은아, 2008). 이러한 활동을 통해 사물의 크기에서 오는 차이를 인식할 수 있고, 사물들의 형태와 색에 따라 사물을 대응시킬 수 있으며, 적극적인 호기심을 보이며, 끊임없이 주변 세계에 대하여 관찰하고, 질문하며 인지를 발달해 간다. 따라서 영아의 발달 수준을 고려한 안전교육을 일과운영 상황에 맞게 제시하여 안전한 행동을 할 수 있도록 해야 한다(서영임, 2019).

### (3) 사회 · 정서발달

영아의 사회성 발달은 초기에는 혼자놀이에 익숙하지만 점차 주변 사람과 사물로 관심이 향한다. 이후 한두 명의 친구를 사귀기 시작하지만 여전히 놀잇감을 나누는 것에는 어려움이 있어 종종 다투며, 신체적인 다툼이 자주 일어난다(양옥승, 1999). 이러한 과정에서 사회적 놀이에 요구되는 능력을 터득하게 되고, 자신의 사회적 행동을 점차 발달하기 시작한다.

특히 만 2세 영아는 자기에게 도움이 필요하다는 것을 인식하면서도 동시에 독립성을 보이는 시기이다(이수영, 2019). 이 시기는 영아가 '자기' 개념을 가지고 자신과 주변과의 관계를 조정하는 시기로서 '나'를 타인과 독립적인 존재로 인식하기 시작하여 자신의 의지를 깨달으며 자율적인 단계로 가기 위한 발달단계 특징을 가진다(양옥승 외, 2011). 이처럼 영아는 자기만의 방법으로 독특하고 일상적인 행동 양식을 형성하며 자율성을 갖고 행동하면서 사회적 행동으로 발달해 간다(서영임, 2019).

따라서 영아의 안전교육 활동은 놀이 영역에서 안전하게 놀이할 수 있도록 놀이기구나 놀잇감을 이용할 수 있는 안전지식을 이해시키고, 다른 영아와 함께하는 공동의 공간에서 지켜야 할 사회적 규칙을 알고 실천하는 태도를 길러주어, 사회성 발달과 더불어 비안전 행동이 감소되도록 지도하여야 한다.

영아는 감정을 언어로 자주 표현하고 이를 통해 정서가 발달해 간다. 영아는 흥분, 쾌감, 불쾌, 분노, 혐오, 공포의 여섯 가지 일차적인 정서와 성인에게서 볼 수 있는 거의 대부분의 정서를 표현할 줄 안다(이명순 외, 2014). 또한 자신감과 자아존중감이 발달하게 되면서 감정이입 능력이 생기게 되며, 타인의 반응을 이해하여 자신의 감정을 조절할 수 있게 된다. 영아는 자신의 사고와 행동을 스스로 조절하여 규칙을 지키려고 노력하고, 자율적으로 사회적 규범과 규칙을 따르며, 자신의 목표를 위해 자기주장을 할 수 있게 된다(김호인, 2010).

특히 영아는 긍정적 · 부정적 자아와 자기의 가치와 능력에 대한 감정, 자기수용 등 자아에 대한 감정이 지속적으로 발달해 가면서 정서가 발달해 간다(김새롬, 2018). 그렇기 때문에 주 양육자와 형성되는 안정된 애착을 기반으로 자기인식, 자기조절 및 통제, 자아개념 등이 발달하는 시기이다. 영아마다 개인차는 있을 수 있으나 신체적 · 정신적 발달 수준이 유사하고 한 문화권 내에 있는 영아는 비슷한 학습 경험을 하므로 사회 · 정서발달 수준은 유사하게 나타난다(조순옥 외, 2002).

따라서 영아의 안전교육은 영아의 개인차와 전형적인 행동 양상을 이해하고, 영아 자신에서부터 점차 주변으로 관심이 향하는 사회 · 정서발달특성을 고려하여 실시하여야 한다(서영임, 2019).

## 2) 유아기 발달특성과 안전사고

### (1) 신체 및 운동발달

유아기는 영아기에 비해 양적인 성장률은 감소하지만 다리와 몸통 부분이 머리 부분보다 빠른 속도로 성장하면서, 신체의 무게중심이 점차 아래로 이동하여 균형이 잡히는 시기이다. 신체적 성숙과 더불어 운동 능력은 보다 정교하게 분화되고 통합된다. 일반적으로 운동발달은 운동형태(motor pattern)의 발달과 운동기능(motor skills)의 발달로 구분할 수 있다. 운동형태란 걷기나 달리기와 같이 어떤 행위를 수행할 때, 형성되는 일련의 기본적인 움직임을 말하며, 운동기능이란 운동 형태를 보다 정밀하고 정확하게 하는 능력이다(김성희 · 허혜경, 2002).

영아와 달리 유아는 운동형태뿐만 아니라 자전거 타기, 정교하게 블록 쌓기, 젓가락 사용하기 등과 같은 운동기능을 획득한다. 또한 유아는 서있는 자세가 훨씬 안정되고 이동 능력도 발달하여 속도와 방향을 변화시킬 수 있으며, 뛰거나 점프하기 등 다양한 공간이동이 가능해진다. 또한 협응력과 균형감이 발달하면서 모험놀이와 적극적인 대근육 운동 등을 즐기며, 혼자보다는 친구와 함께 놀기를 좋아한다. 이 과정에서 몸을 빠르게 움직이다가 사람이나 사물에 충돌한다든지 높은 놀이시설에서 추락하는 등의 놀이안전사고가 일어날 수 있다.

유아기 연령 중, 특히 만 3~4세 유아는 끊임없이 주변을 탐색하려 하고, 움직이려 하고, 자신의 신체 기술을 연습하려 하며, 숙달하려고 노력한다. 유아는 사물에 대한 흥미와 탐색이 행동의 실천으로 이루어지므로 넘어져 추락하는 사고나 골절, 탈구, 출혈과 같은 사태를 유발할 수 있다. 집단놀이에서 싸움이나 경쟁으로 인한 사고가 일어날 수 있다. 또한 유아는 뛰면서 속도를 조절할 수 있고, 던지기 능력이 점차 발달하며 눈과 손의 협응력이 증진되어 단추 잠그기나 구슬 꿰기, 가위질도 가능하나 기술적으로는 아직 서툴다. 이 시기에는 친구와의 다툼상황에서 친구를 꼬집거나 위험한 물건을 던지고 내리치는 위험한 행위를 할 수 있다.

만 4~5세 유아는 대 · 소근육 기술이 정교하게 발달하면서 가위질의 기술이 점차 향상되기 시작한다. 특히 만 5세 유아는 능숙하게 가위질을 할 수 있으나 부주의하게 사용하여 자신의 손을 베는 사고가 발생할 수 있다. 또한 안정되게 달리기, 기어오르기, 균형 잡기를 할 수 있을 정도로 운동 능력이 잘 발달되어 있어, 킥보드나 두발자전거타기가 가능하다. 그러나 모험적이면서 집단놀이에서 영웅심리가 작용하는 시기이므로 자신이 가지고 있는 능력 이상의 것을 시도하려다가 사고를 당할 수 있다. 이렇듯 유아기는 영아기나 걸음마기보다 신체적 안정성, 이동 능력, 조작 능력의 신체발달이 급속히 진행되고, 이에 따른 놀잇감이 새롭게 주어지는 시기이나 적극성과 미성숙을 동시에 갖고 있는 시기이므로 놀이안전사고를 당할 가능성이 높다. 따라서 교사는 유아가 보다 적극적으로 자신의 신체를 움직여 보고 조절해 볼 수 있는 흥미있는 활동을 제공해 주면서 동시에 유아의 신체적 미숙함을 고려한 환경적 배려와 보호가 뒷받침되어야 한다. 그리고 유아기는 규칙을 이해하고 따를 수 있는 시기이므로 유아에게 놀이안전규칙을 적용하고 안전기술을 익히게 하여 사고를 미연에 예방하도록 한다.

### (2) 인지 및 언어발달

피아제는 인지발달단계의 두 번째 단계로서 전조작기(약 2~7세)의 인지발달 특징으로 상징적 기능의 증가, 자기중심적 사고, 미숙한 보존개념, 변환적 추론, 비가역성, 미숙한 유목화 등을 들었다(허혜경 · 김성희, 2003). 이 시기 아동들은 상징적 표상을 통해 실제 행동을 취하지 않고서도 사물을 이해할 수 있는 인지 능력을 보인다. 하지만 이들은 사물의 모든 면을 고려하지 못하며 지각적으로 두드러진 하나의 특징에만 집중하여 사고하는 중심화의 경향성을 보이기도 한다. 이러한 경향성은 자아 중심적 사고로 연결되어 타인의 인지적 조망을 수용하지 못하는 한계를 보여 주며, 보존 개념 과제 해결의 실패, 타율적 도덕성의 발달, 물활론의 발달 등 이 시기의 특징적인 행동들로 관찰된다(심리학용어사전, 2014). 이러한 유아기 인지발달 특징으로 인해 유아는 놀이상황에서 사고를 예측하지 못하고, 이에 대한 예방과 대처에 미숙하여 사고를 당하기 쉽다.

유아기는 '~인 척' 행동하는 상징적 기능이 증가하는 시기로, 특히 만 3세 유아는 자아중심성이 강하고 논리적 사고력이 부족한 반면, 상상력이 풍부하여 역할놀이(상징놀이, 상상놀이, 가장놀이, 극화놀이, 환상놀이, 사회적 역할놀이 등)를 즐긴다. 그래서 자신이 마치 날 수 있는 것처럼 행동하다가 높은 곳에서 뛰어내려 추락 사고를 당할 수 있다.

또한 유아기는 모든 사물과 상황을 자신의 관점에서만 파악하려는 자기중심적인 특징을 갖는 시기이다. 이것은 유아가 이기적인 존재여서가 아니라 단순히 자신과 다른 관점이 존재한다는 사실을 알지 못하는 것이다. 즉, 모든 사람이 자신이 보는 방식대로 세상을 보고 있다고 생각하기에, 유아는 자신이 만든 상황이 곧 자신에게 해가 될 수도 있다는 사실을 인지하기 어렵다. 예를 들어, 그네를 타고 있는 친구의 앞에 가면 그네를 멈출 거라는 생각을 하다가 그네와 충돌하는 사고를 당하는 경우이다.

유아기는 인과관계와 추론과 같은 논리적 사고력이 부족한 시기이므로 동시에 일어난 두 사건을 보고 한 사건이 다른 사건의 원인이 된다고 생각(변환적 추론)하여 놀이 안전사고를 당할 수 있다. 예를 들면, 모래가 바람에 날려 자신의 눈에 들어갔을 때 가까이 있는 친구가 모래를 뿌렸을 거라고 추측하여 보복 행동을 할 수 있다.

유아기는 내적으로 자신이 인지하는 것과 느끼는 것 간의 관계를 파악하는 것이 어려운데(김계숙, 1992), 예를 들어 높은 곳에서 뛰어내리면 안 된다는 것을 알면서도 성공할 것이라고 느껴 뛰어내리다가 사고를 당하는 경우이다. 그리고 유아는 정보에 대하여 표면에 나타난 것에 의해서만 생각하고 그 내면에 포함된 것을 이해하지 못하는 이관적 사고(intuition)를 가지고 있는데(한국아동안전관리교육협회, 2003), 친구를 밀쳐 부상을 입혔으나 피가 나지 않았기 때문에 다치지 않았다고 생각하기도 한다(이화영, 2008).

사고 능력이 향상되는 만 4~5세 유아는 만 3세 유아보다 여러 가지 인지개념을 다루고, 언어적 표현 능력이 발달한다. 따라서 놀이에 대한 흥미가 지속적으로 변화하고 놀이수준이 발달하기 때문에 만 3세보다 풍부한 놀잇감이 요구되며 장시간 놀이에 집중할 수 있다. 이들은 놀잇감을 이용하여 여러 사람과 함께 규칙이 있는 게임을 즐기는데 점수에 집착하다가 규칙을 어기는 행동을 하여 다툼이 발생할 수 있다. 따라서 교사는 규칙이 있는 게임을 할 때, 게임규칙과 공정성을 강조하여 지도하여야 한다(이화영, 2008).

요컨대, 유아기는 인지발달특성상 위험한 상황에 대한 예측 능력이 부족하며, 유사한 상황에 대한 사고와 행동의 유연성을 기대하기 어렵다. 따라서 유아가 경험하였던 다양한 놀이사고 상황과 관련된 자료를 제시하면서, 유아의 사전경험과 연결된 교육활동을 전개하는 것이 바람직하다. 또한 교사는 유아의 발달을 고려하여 놀이자료의 종류와 수, 크기, 복잡성 등을 고려하여 제공한다(이화영, 2008).

유아기는 언어발달이 이루어짐에 따라 울음, 공격적 행동으로 타인에게 부정적인 정서 표출을 언어로 표현하는 능력이 향상됨으로써 차츰 사회적으로 인식되는 방법을 터득할 수 있는 시기이다(BabyTimes, 2019).

따라서 언어적 방법에 의해 자신의 감정을 표현할 수 있도록 지도함으로써 또래 간의 공격적인 행동으로 인한 부상이 발생하지 않도록 주의해야 한다. 특히 안전사고에 대한 교육 시 언어적 발달이 미숙한 어린이들을 위해 시각적인 사진 자료 등 영상물을 함께 제시함으로써 위험요인과 이에 대한 대처 능력을 향상시킬 필요가 있다(BabyTimes, 2019).

### (3) 사회성 및 정서발달

유아기의 사회성 발달은 원만한 대인관계를 형성하여 건강하고 안전감 있는 사회생활을 하도록 돕는다. 유아기에 발달하는 사회성으로는 자아개념, 친사회적 행동, 반사회적 행동, 성역할 등이 있다. 이러한 사회성의 요소가 형성되는 과정에서 유아는 사회적으로 바른 가치관과 개념, 태도와 사회적 기술, 문제해결 능력 등을 발달시켜야 한다. 왜냐하면 유아는 잘못된 사회성 발달로 인하여 자신뿐만 아니라 타인의 안전에 해가 되는 행위를 할 수 있기 때문이다(이화영, 2008).

유아의 사회성 발달은 가장 가까운 가족 관계부터 출발하여, 만 3세 이후에 본격적으로 이루어지고, 부모의 모델링이나 또래와의 놀이 경험 등을 통해 성장해 나간다. 만 3세경부터 친구를 찾는 경향이 강해지고, 교육기관과 같은 집단생활의 환경이 부여되면 비슷한 또래와 관계를 형성하여 여러 가지 사회적 교섭을 가지게 된다. 처음에는 또래와의 놀이를 방관하거나, 병행하게 되지만, 아직 상호 간의 활발한 교섭 등은 부족하다. 그 후 만 4, 5세경에는 또래와 어느 정도의 조직적 놀이가 가능하게 되고, 다른 친구와 차례로 놀잇감을 사용한다든가, 일정한 역할을 해내는 규칙이 있는 놀이, 협동 놀이를 즐겨 하게 되면서 유아의 사회성 발달이 증가된다.

만 3~4세 유아는 주위 물건이나 사람에 대해서 소유 개념을 형성함으로써 소유물에 대한 집착과 고집을 보이기도 한다. 그래서 자신의 물건을 허락 없이 가져가거나 자신의 친구가 괴롭힘을 당하는 걸 보고 공격적인 행동을 하여 상해사고가 발생할 수 있다. 따라서 교사는 유아에게 자기감정을 조절하고 바른 사회적 기술을 사용하여 문제를 해결하도록 지도하여야 한다(이화영, 2008).

유아는 돕기, 나누기, 협동하기, 위로하기 등의 친사회적 행동을 형성하기도 하고 이기적 행동, 훔치기, 거짓말하기, 타인에 대한 교묘한 공격, 언어적 모욕, 파괴행동과 같은 반사회적 행동을 형성한다. 교사는 유아의 반사회적 행동이 안전에 미치는 영향을 고려하여 친사회적 행동을 형성하도록 돕고 유아가 이를 놀이상황에서 활용하도록 지도한다. 특히 유아기는 놀이상황에서 자신이 먼저 하기 위해 또래를 밀거나 때리는 위협적 행동이 때때로 나타나므로 교사는 안전감독과 함께 사회성 교육을 강화하여야 한다(이화영, 2008).

유아기는 성역할이 발달하고 성역할 고정관념이 증가되는 시기인 만큼 유아의 성에 따라 양육태도를 달리하고, 이에 따른 성역할을 기대하면 안 된다. 예를 들어, 남아의 경우 여아에 비해 공격적인 무기 장난감을 많이 사주거나 행동을 거칠게 하는 것을 간과하거나 오히려 이를 기대한다면 남아의 공격성과 거친행동은 증가하게 되어 여아보다 더 많은 놀이안전사고를 유발시킬 수 있다. 실제로 우리나라에서 발생하는 유아 안전사고는 남아가 여아보다 1.5배 이상의 비율로 사고를 당하고 있다(한국소비자 보호원, 2007).

유아의 정서는 성인보다 경과시간이 짧고, 강렬하며, 변화되기 쉬운 특징을 갖고 있다. 유아의 정서표현 중 분노는 요구를 거절당하거나 원하는 것을 얻지 못하거나 하는 일을 방해받았을 때, 무엇을 강요당할 때와 같은 상황에서 이것에 저항하려는 정서표현이다. 분노가 자주 발생하는 상황은 유아가 피로한 상태이거나 배가 고플 때, 건강상태가 안 좋은 경우이다. 그러므로 교사는 유아의 상황을 고려하여 활동을 소그룹으로 진행하거나 복잡한 상황을 만들지 않아야 한다.

유아기에는 어떤 목적을 달성하기 위해 공격을 하는 도구적 공격성이 빈번히 나타난다. 유아기 공격성은 놀잇감과 공간의 통제에서 기본적으로 발생한다. 그러나 유아기 정서는 어떤 원인에 의해 위험한 행위를 하기 전 분명히 나타나므로 교사는 유아의 공격성으로 인한 사고를 미연에 방지하여야 한다. 예를 들어, 친구가 블록을 가져갔을 때, 유아는 화난 표정을 지으며 "내 거야"라고 소리를 지르거나 손을 들어 때리려고 하는 시늉을 하기도 한다. 이때 교사는 상황이 발생하는 장소로 달려가 먼저 때리려는 유아의 손을 막고 차분히 말로 지도하여야 한다(이화영, 2008).

이 시기는 특정 물체나 대상에 대해 상당히 불합리한 공포심을 갖게 된다. 때로는 공포심이 자신을 방어하는 데 도움이 되기도 하지만 진정한 의미에서 이것을 극복하는 데는 장애요인으로 작용할 수도 있다. 예를 들어, 유아가 놀이시설물에서 추락한 경험이 있은 후, 놀이기구 타기를 무서워하여 안 타려고 하는데, 이런 공포감은 유아가 기술을 익히지 못하게 하여 오히려 사고를 당할 수 있게 된다. 또한 유아가 가위나 테이프커터기 등의 도구 사용 방법을 모를 때, 교사가 위험하니 무조건 만지지 말라고 하거나 심각한 상해사고 사례를 말해서 오히려 유아의 공포심을 조장할 수 있다(이화영, 2008). 따라서 이 시기 유아의의 사회 · 정서적 특징을 이해하여 이들의 공격성과 공포를 이해하고 적절히 조절하도록 하며 보다 긍정적인 방법으로 표출할 수 있도록 돕는 것이 필요하다(BabyTimes, 2019).

유아는 새롭고 신기한 것과 궁금한 점을 탐구하려는 정서를 가지고 있다. 이러한 호기심으로 인해 위험한 물건을 가지고 놀이하면서 사고를 당하기도 한다. 따라서 교사는 안전관리를 철저히 하고 이들 물건의 위험성과 안전한 놀잇감의 선택에 대한 교육을 실시하여야 한다(이화영, 2008).

# 3 영유아 안전사고 분석

## 1) 발달단계별 안전사고 분석

### (1) 영아기(만 0세)

**영아기 발달특성**

- 기본적인 반사운동과 감각 능력이 발달하기 시작하면서 가장 극적인 성장과 발달이 이루어지며, 목 가누기, 앉기 등 기본적인 대근육과 손 뻗기, 잡기, 쥐기 등의 소근육 발달이 이루어짐
- 뼈의 조직이 연골에서 점차 경골화되어 뼈가 단단해짐에 따라 점차 골격이 발달하고 내부 기관이 보호됨

위해발생장소별 현황을 살펴보면, '주택'에서 발생한 사고가 87.4%로 대부분을 차지하였고 '도로 및 인도', '숙박 및 음식점', '의료서비스시설' 등이 약 1.0% 내외로 나타났다. 영아기는 움직임이 자유롭지 못해 활동범위가 좁고 대부분의 시간을 가정에서 보내어 '주택'의 비율이 매우 높게 나타난 것으로 분석된다.

영아기의 안전사고 다발품목은 '침실가구'가 689건(34.7%)으로 가장 많았고, 다음으로 '거실가구' 165건(8.3%), '유아용 가구' 156건(7.9%), '바닥재' 113건(5.7%) 등의 순이었다.

위해유형별로는 최근 5년간 영아기의 안전사고 총 11,104건 중 '추락' 사고가 5,400건(48.6%)으로 가장 많았으며, 주요 원인품목은 '침대', '소파', '유모차' 등이었다. 다음으로 '부딪힘' 사고가 1,451건(13.1%)이고, 주요 원인품목은 '거실장 및 TV장', '침대', '테이블' 등이었으며, 이외에 '미끄러짐 · 넘어짐' 사고 1,089건(9.8%), '고온물질에 의한 위해' 766건(6.9%) 순이었다.

위해증상별로는 '뇌진탕 및 타박상' 816건(41.1%), '피부 및 피하조직 손상' 774건(39.0%)으로 전체의 약 80%를 차지하였다.

### (2) 걸음마기(만 1~3세)

**걸음마기 발달특성**

- 영아기보다 뛰기, 계단 오르기 등 운동 능력이 향상되고 신장에서 머리의 비중이 점점 작아져 신체균형이 발달하고 안정적인 자세를 유지하는 것이 가능함
- 언어와 상징을 사용하여 사고하며, 분류 능력의 발달로 단순한 사물을 분류할 수 있고, 자아개념이 발달하기 시작함

위해발생장소별 현황을 살펴보면, '최근 5년간 '주택', '여가 문화 및 놀이시설', '교육시설' 순으로 매년 비슷한 비중으로 나타났으며, 걸음마기는 영아기보다 활동범위가 점차 실외로 넓어지면서 '주택'에서 발생한 안전사고의 비중이 소폭 감소하였다.

위해품목별로는 '바닥재'와 '침실가구'가 각각 1,821건(15.6%), 1,230건(10.5%)으로 전체의 26.1%를 차지하였고, 다음으로 '거실가구' 978건(8.4%), '완구' 737건(6.3%), '주방가구' 672건(5.8%) 순이었다.

위해유형별로는 바닥재, 계단 등에 '미끄러짐 · 넘어짐' 사고는 16,582건(27.1%)이며, 침대, 책상, 식탁 등에 '부딪힘' 사고는 16,385건(26.7%)로 미끄러지거나 부딪히는 사고가 전체의 절반 이상을 차지하였다. 다음으로 침대, 소파, 의자 등에서 '추락'하는 사고가 9,934건(16.2%)이고, 문, 승용물, 금속문 등에 '눌림 · 끼임' 사고가 4,749건(7.8%)으로 나타났다.

위해증상별로는 '피부 및 피하조직 손상'이 7,136건(61.1%), '뇌진탕 및 타박상'은 2,108건(18.1%)으로 전체의 대부분을 차지하였다.

### (3) 유아기(만 4~6세)

**유아기 발달특성**

- 신체의 균형이 잡히면서 움직임이 더욱 안정되고 유연해지며, 소근육 조절 능력이 발달하여 양손을 이용한 활동을 할 수 있음
- 보다 활동적인 놀이를 즐기고 유치원, 놀이터, 키즈카페 등 외부활동이 증가함
- 구체적 사물이나 행동이 제시되지 않아도 상상하거나 추측하여 행동하는 것이 부분적으로 가능함

유아기에 발생한 2018년 안전사고 총 5,586건 중 '주택'에서 발생한 안전사고는 3,506건(62.7%)으로 대부분을 차지하였고, 다음으로는 '여가 · 문화 및 놀이시설' 479건(8.6%), '교육시설' 385건(6.9%), '도로 및 인도' 206건(3.7%)의 순이었다. 최근 5년간 상위권을 차지한 위해발생 장소는 '주택', '여가 문화 및 놀이시설', '교육시설'이었으며, 걸음마기보다 '주택' 비중이 소폭 감소하고, 그 외 '여가 문화 및 놀이시설', '교육시설' 등의 비중이 증가하였다.

위해품목별로 살펴보면 '바닥재'가 651건(11.7%), '놀이터 시설' 508건(9.1%), '침실가구' 397건(7.1%), '문' 319건(5.7%) 순으로 나타났다.

최근 5년간 바닥재, 킥보드, 자전거 등으로 인한 '미끄러짐 · 넘어짐' 사고가 8,461건(30.5%)으로 가장 많았으며, 책상, 침대 등에 '부딪힘' 사고는 6,821건으로 24.6%를 차지하였다. 다음으로 침대, 소파 등에서 '추락'한 사고가 4,295건(15.5%), 문, 승용물 등에 '눌림 · 끼임' 사고는 2,260건(8.1%)으로 나타났다.

위해증상별로는 최근 5년간 '피부 및 피하조직 손상', '뇌진탕 및 타박상', '근육, 뼈 및 인대 손상' 순으로 상위권을 차지하였다.

**발달단계별 주요 사례**

**[영아기]**

- **(추락사고)** 7개월 남아는 50cm 높이의 침대에서 떨어져 머리 찰과상으로 치료받음
- **(부딪힘 사고)** 8개월 남아는 탁자를 잡고 일어나다 탁자에 부딪혀 입술과 구강의 열상을 입고 치료받음

**[걸음마기]**

- **(미끄러짐 · 넘어짐)** 만 1세 여아는 방에서 넘어지며 침대 모서리에 부딪혀 눈꺼풀 열상으로 치료받음
- **(이물질 삼킴/흡인사고)** 만 3세 남아는 호기심에 코에 색연필을 넣다 심이 부러져 콧구멍의 이물로 치료받음

**[유아기]**

- **(눌림 · 끼임 사고)** 만 5세 남아는 차문에 손가락이 끼여 손가락 타박상으로 치료받음
- **(베임 · 찔림 사고)** 만 4세 남아는 식칼에 베여 손가락의 열상으로 치료받음

이상에서, 아동의 연령별로 사고의 사례를 제시하여 보았는데, 이와 같은 아동의 행동은 발달단계에 따른 심리적인 특성과 밀접하게 관련되어 있다. 즉, 어떠한 사고도 아동의 신체적 · 정신적인 발달 특징이 사고 과정을 통해 그대로 반영되어 있음을 알 수 있다.

영아기는 어느 시기보다 안전사고의 위험이 높다(Morrison, 1998). 프로이트(Freud)가 제시한 발달단계 중 첫단계인 구강기에 해당하는 출생시부터 약 1세 반까지의 영아는 입, 입술, 혀, 잇몸과 같은 구강 주위의 자극으로 긴장이 해소된다. 따라서 물건을 입에 가져가 빨고, 씹고, 깨무는 행동이 자주 나타난다. 이 경우 질식에 주의해야 한다. 작은 물체는 영아에게 아주 위험하다. 리튬 버튼형 납작한 건전지도 영아가 삼킬 경우 식도 화상을 일으킬 수 있다. 해열제를 한 번에 마시는 것도 위험하다. 영아가 삼킬 수 있을 만한 크기의 단추, 구슬, 뽕뽕이 등은 영아의 손에 닿지 않는 곳에 두어야 한다. 음식의 경우도 동그란 채소나 과일(방울토마토, 포도 등), 찰기가 있는 음식

(떡) 등도 위험할 수 있다.

행동반경이 넓어진 영아의 경우 화상에 주의해야 한다. 영아가 기어다니고 걸어 다니기 시작하면서 주변의 화학 약품이나 콘센트, 그리고 뜨거운 전기제품도 조심해야 한다. 영아가 장시간 따뜻한 전기제품에 노출될 경우도 저온 화상을 입을 수 있다. 목욕물의 온도도 적정해야 한다.

영아가 스스로 몸을 가눌 수 있는 것처럼 보여도, 욕조에 빠질 경우 성인의 도움이 필요하므로 영아를 혼자 욕실에 두지 않는다. 더불어 영아가 혼자 욕실에 들어가지 않도록 문을 항상 닫아 둔다.

영아가 걷기 시작하면서 낙상을 조심해야 한다. 계단에서 떨어질 수도 있고, 무언가에 걸려 넘어질 수도 있다. 창문 주변도 위험하므로 밟고 올라설 만한 것들을 치워야 하며, 창문은 항상 안전장치로 잠궈놔야 한다.

또한 영아의 손에 닿는 곳에 날카로운 물건은 두지 않고, 영아용 놀잇감이라도 위험한 부분은 없는지 확인해야 한다. 부서지거나 파편이 생긴 놀잇감은 바로 버려주고, 특히 날카로운 주방용품도 주의해야 한다.

유아는 성인에 비해 자신의 신체를 조절하는 능력과 운동 기능이 견고하게 발달되지 않은 시기이기 때문에 일상생활 속에서 잘 넘어지고, 부딪히고, 떨어지는 등 다치기가 쉽다. 그러므로 각종 뾰족한 모서리에는 안전보호대를 붙이고, 창가에는 발 받침대가 될만한 것을 두지 않으며, 이층침대의 경우에는 낙상을 방지하기 위해 보조 난간을 설치하고, 화장실에는 미끄럼 방지 매트를 깔아두는 것이 좋다.

유아는 주변 환경의 위험과 안전 여부에 대해 합리적 판단을 내리기 어렵고, 자신이 한 행동이 어떤 결과를 초래할지에 대한 인과 관계를 예측해내기 어렵다. 따라서 유아기에는 스스로 주변 생활 환경의 위험요소를 인지, 통제, 조절하는 능력이 부족할 수밖에 없다. 더불어 자신의 감정과 정서를 통제하고 관리하는 능력이 미숙하기 때문에 유아기의 안전사고 위험은 더 높다. 주변에 비어 있는 콘센트가 있는 경우 유아가 쇠젓가락이나 뾰족하고 가는 물건을 집어넣을 수 없도록 안전 덮개를 씌워둔다. 또한 전자제품의 뒷부분은 절대로 만지지 않도록 주의시킨다. 위험한 가전제품이나 의약품, 화학제품, 주방용품 등은 유아의 손에 닿지 않는 곳에 보관한다.

'놀이'는 유아에게 본능이다. 또한 유아는 새롭게 마주한 환경과 사물에 왕성한 호기심을 바탕으로 접근하기 때문에 안전에 대한 사전 경험과 지식이 부족한 상황에서 유아는 보호자인 성인의 기준에서는 예기치 못한 여러 위험 상황에 접하게 될 수 있다. 그러므로 안전교육은 유아가 마주하게 되는 생활 반경과 발달단계를 기준으로 위험요인이라 판단되는 환경에 기반하여 이루어지는 것이 바람직하다.

이러한 안전에 대한 인식과 습관은 어릴 때부터 체득되고 습관화되어야 하기 때문에 조기안전교육은 매우 중요하다. 유아기는 건강하고 안전한 생활 습관 형성을 위한 최적의 시기이며, 이 시기에 형성된 안전한 행동들은 성인이 된 이후에도 평생 습관이 될 수 있다.

## 2) 영유아 안전사고 유형 분석

### (1) 미끄러짐 · 넘어짐 · 부딪힘

최근 5년간(2014~2018년) 어린이 안전사고 중 다발하는 사고 유형으로 살펴보면, 미끄러짐 · 넘어짐 · 부딪힘, 추락사고, 눌림 · 끼임 사고, 이물 삼킴/흡인 사고, 고온 물질에 의한 위해, 중독사고 순으로 나타났다.

연도별로 어린이가 미끄러지거나 넘어지고 부딪히는 사고는 어린이 발달단계별 다발하는 유형이며, 매년 1만 건 이상 접수되고 있다.

**표 2-9** 연도별 미끄러짐·넘어짐·부딪힘 사고 현황 (단위: 건)

| 구분 | 2014년 | 2015년 | 2016년 | 2017년 | 2018년 |
|---|---|---|---|---|---|
| 미끄러짐 · 넘어짐 · 부딪힘 | 13,948 | 13,020 | 11,351 | 12,880 | 12,049 |

발달단계별로는 '걸음마기'가 32,967건(52.1%)으로 가장 많았고, '유아기' 15,282건(24.2%), '학령기(만 7~14세)' 12,459건(19.7%), '영아기' 2,540건(4.0%) 순이었으며, '남아'가 41,291건(65.3%), '여아'는 21,954건(34.7%)으로 나타났다. '영아기'를 제외한 활동을 시작하는 시기에 다발하였으며, '남아'(65.3%)가 '여아'(34.7%)보다 많았다.

**표 2-10** 발달단계별 미끄러짐·넘어짐·부딪힘 사고 현황 (단위: 건, %)

| 구분 | 영아기 (0세) | 걸음마기 (1~3세) | 유아기 (4~6세) | 학령기 (7~14세) | 합계 |
|---|---|---|---|---|---|
| 남아 | 1,599 | 21,304 | 9,817 | 8,571 | 41,291 (65.3) |
| 여아 | 941 | 11,663 | 5,463 | 3,887 | 21,954 (34.7) |
| 미상 | – | – | 2 | 1 | 3 (0.0) |
| 합계 | 2,540 (4.0) | 32,967 (52.1) | 15,282 (24.2) | 12,459 (19.7) | 63,248 (100.0) |

위해 다발 품목을 살펴보면, '바닥재' 14,639건(23.2%), '거실가구' 5,622건(8.9%), '침실가구' 4,992건(7.9%), '학생용 및 서재용 가구' 3,052건(4.8%), '놀이터 시설' 3,035건(4.8%) 순으로 나타났다.

**주요사례**

**[바닥재]**

- 2018년 12월 박ㅇㅇ(여, 만 4세)은 화장실 바닥에서 미끄러져 턱에 열상을 입고 치료받음

**[가구]**

- 2018년 11월 송ㅇㅇ(여, 8개월)은 TV 테이블에 부딪혀 잇몸에 열상을 입고 치료받음

**[놀이터시설]**

- 2018년 11월 김ㅇㅇ(남, 만 6세)은 놀이터 미끄럼틀 계단에서 넘어져 치아의 탈구와 입술 열상, 구강의 찰과상을 입고 치료받음

그러므로 유아기 이전 어린이는 신체발달이 완전하지 않으므로 바닥 미끄럼 방지매트, 가구 모서리 보호대 등 충격 완화장치 등을 활용해 안전사고를 예방하고, 놀이터 시설에서의 안전수칙 교육이 필요하다.

### (2) 추락사고

연도별로 어린이 추락사고는 2014년 5,408건에서 2018년 4,182건으로 감소하는 추세를 보인다.

**표 2-11** 연도별 추락사고 현황 (단위: 건)

| 구분 | 2014년 | 2015년 | 2016년 | 2017년 | 2018년 |
|---|---|---|---|---|---|
| 추락사고 | 5,408 | 4,464 | 3,746 | 4,550 | 4,182 |

발달단계별로 '걸음마기'가 9,934건(44.4%)으로 가장 많았고, '영아기' 5,400건(24.2%), '유아기' 4,295건(19.2%), '학령기' 2,721건(12.2%)의 순이었다. '영아기' 어린이에게 다발하는 사고 유형 중 하나로 다른 사고 유형에 비해 영아기 비중이 높은 편으로 나타났다.

**표 2-12** 발달단계별 추락사고 현황 (단위: 건, %)

| 구분 | 영아기 (0세) | 걸음마기 (1~3세) | 유아기 (4~6세) | 학령기 (7~14세) | 합계 |
|---|---|---|---|---|---|
| 남아 | 2,964 | 5,647 | 2,468 | 1,662 | 12,741 (57.0) |
| 여아 | 2,436 | 4,286 | 1,827 | 1,059 | 9,608 (43.0) |
| 미상 | – | 1 | – | – | 1 (0.0) |
| 합계 | 5,400 (24.2) | 9,934 (44.4) | 4,295 (19.2) | 2,721 (12.2) | 22,350 (100.0) |

어린이 추락사고를 일으키는 주요 품목으로 '침실가구' 7,999건(35.8%), '놀이터 장비 및 용품' 3,572건(16.0%), '거실가구' 2,544건(11.4%), '유아용 가구' 1,936건(8.7%) 순으로 나타나 주로 가구나 놀이터 시설에서 떨어져 다치는 사례가 많았다.

표 2-13 어린이 추락사고 주요 위해품목 (단위: 건, %)

| 주요 위해품목 | 추락사고 |
|---|---|
| 침실가구 | 7,999 (35.8) |
| 놀이터 시설 | 3,572 (16.0) |
| 거실가구 | 2,544 (11.4) |
| 유아용 가구 | 1,936 (8.7) |
| 기타가구 및 가구부품 | 1,382 (6.2) |
| 주방가구 | 1,001 (4.5) |
| 학생용 및 서재용 가구 | 687 (3.1) |
| 계단 및 층계 | 360 (1.6) |
| 상품진열 및 매장용 가구 | 330 (1.5) |
| 체조 장비 | 229 (1.0) |

주요사례

**[가구]**

- 2018년 12월 노ㅇㅇ(남, 만1세)은 침대에서 떨어져 뇌진탕, 구토 증상으로 치료받음

**[놀이터 시설]**

- 2018년 12월 이ㅇㅇ(여, 만4세)은 키즈카페에서 유아용 정글짐 시설 이용 중 떨어져 머리에 열상을 입고 치료받음

**[계단 및 층계]**

- 2018년 9월 차ㅇㅇ(남, 만3세)은 아파트 계단에서 굴러 떨어져 입술에 열상과 허리에 타박상을 입고 치료받음

특히 영아기에 침대나 소파에서 추락하여 골절이나 타박상을 입는 사례가 많으므로, 침대 등에 안전가드 설치, 바닥 매트 등 충격 완화장치를 활용한 예방이 필요하다.

### (3) 눌림 · 끼임 사고

연도별로 어린이가 물건이나 시설 등에 끼이는 사고는 2014년 1,843건에서 2018년 1,613건으로 매년 감소 추세였다.

표 2-14 연도별 눌림·끼임 사고 현황 (단위: 건)

| 구분 | 2014년 | 2015년 | 2016년 | 2017년 | 2018년 |
|---|---|---|---|---|---|
| 눌림 · 끼임 | 1,843 | 1,840 | 1,836 | 1,804 | 1,613 |

발달단계별로 '걸음마기'가 4,749건(54.2%), '유아기' 2,260건(25.3%), '학령기' 1,432건(16.0%), '영아기' 495건(5.5%) 순으로 나타났다.

성별에서는 '남아'가 5,046건으로 56.5%, '여아'가 3,888건으로 43.5%를 차지하였다.

표 2-15 발달단계별 눌림·끼임 사고 현황 (단위: 건, %)

| 구분 | 영아기 (0세) | 걸음마기 (1~3세) | 유아기 (4~6세) | 학령기 (7~14세) | 합계 |
|---|---|---|---|---|---|
| 남아 | 279 | 2,706 | 1,261 | 800 | 5,046 (56.5) |
| 여아 | 216 | 2,043 | 997 | 632 | 3,888 (43.5) |
| 미상 | – | – | 2 | – | 2 (0.0 |
| 합계 | 495 (5.5) | 4,749 (53.2) | 2,260 (25.3) | 1,432 (16.0) | 8,936 (100.0) |

눌림 · 끼임 사고의 주요 위해품목은 '문' 4,035건(45.2%)으로 절반가량을 차지하였고, 차량 문 등 '기타 승용물' 1,559건(17.4%), '자전거' 582건(6.5%), 엘리베이터 또는 에스컬레이터 등 '리프트 시설' 542건(6.1%) 순이었다.

**표 2-16** 어린이 눌림·끼임 사고 주요 위해품목 (단위: 건, %)

| 주요 위해품목 | 눌림 · 끼임 사고 |
|---|---|
| 문 | 4,035 (45.2) |
| 기타 승용물 | 1,559 (17.4) |
| 자전거 | 582 (6.5) |
| 리프트 시설 | 542 (6.1) |
| 침실가구 | 352 (3.9) |
| 주방 가전 | 166 (1.9) |
| 창틀 | 165 (1.8) |
| 자물쇠 및 방범용품 | 140 (1.6) |
| 교육, 연구기관 시설 및 서비스 | 103 (1.2) |

**주요사례**

**[문]**

- 2018년 11월 이ㅇㅇ(남, 만 3세)은 아파트 현관문에 손가락이 끼어 손가락 출혈로 치료받음

**[기타 승용물]**

- 2018년 9월 이ㅇㅇ(여, 만 2세)은 주차장에서 차 트렁크에 손가락이 끼어 손가락 타박상으로 치료받음

**[자전거]**

- 2018년 10월 오ㅇㅇ(남, 만 12세)은 자전거를 타다가 페달에 다리가 끼어 다리의 열상을 입고 치료받음

**[리프트 시설]**

- 2018년 10월 백ㅇㅇ(남, 만 6세)은 쇼핑몰 내 에스컬레이터에 발가락이 끼어 발가락 박리로 치료받음

따라서 가정 내 방문에 손 끼임을 방지하는 고무나 문닫힘 방지 안전보호대를 설치하고 자동차나 주택 외 시설에서는 보호자의 감독이 필요하다.

### (4) 이물 삼킴/흡인 사고

연도별로 살펴보면 어린이가 이물질을 삼키거나 흡인한 사고는 2014년 1,828건, 2015년 1,659건, 2016년 1,293건, 2017년 1,498건, 2018년 1,548건으로 감소하다가 증가하는 추세를 보였다.

**표 2-17** 연도별 이물 삼킴/흡인 사고 현황 (단위: 건)

| 구분 | 2014년 | 2015년 | 2016년 | 2017년 | 2018년 |
|---|---|---|---|---|---|
| 이물 삼킴 · 흡인 | 1,828 | 1,659 | 1,293 | 1,498 | 1,548 |

발달단계별로는 '걸음마기'가 4,730건으로 60.4%를 차지해 이물질 삼킴/흡인 사고가 다발하였고, 다음으로 '유아기' 1,759건(22.5%), '학령기' 768건(9.8%), '영아기'는 569건(7.3%)이었다.

성별에서는 '남아'가 4,227건(54.0%), '여아'가 3,597건(46.0%)으로 큰 차이를 보이지 않았다.

**표 2-18** 발달단계별 이물 삼킴/흡인 사고 현황 (단위: 건, %)

| 구분 | 영아기 (0세) | 걸음마기 (1~3세) | 유아기 (4~6세) | 학령기 (7~14세) | 합계 |
|---|---|---|---|---|---|
| 남아 | 281 | 2,398 | 1,089 | 459 | 4,227 (54.0) |
| 여아 | 288 | 2,331 | 669 | 309 | 3,597 (46.0) |
| 미상 | – | 1 | 1 | – | 2 (0.0) |
| 합계 | 569 (7.3) | 4,730 (60.4) | 1,759 (22.5) | 768 (9.8) | 7,826 (100.0) |

어린이 이물질 삼킴/흡인의 주요 위해품목은 '완구'가 3,055건으로 39.0%를 차지해 가장 많았고, '문구용품 및 학습용품'이 430건(5.5%), 동전 등 '기타 생활용품' 391건(5.0%), '콩류' 341건(4.4%) 순으로 나타났다.

**표 2-19** 이물질 삼킴/흡인 주요 위해품목 (단위: 건, %)

| 주요 위해품목 | 이물질 삼킴 · 흡인 |
|---|---|
| 완구 | 3,055 (39.0) |
| 문구용품 및 학습용품 | 430 (5.5) |
| 기타 생활용품 | 391 (5.0) |
| 곡류-콩류 | 341 (4.4) |
| 배터리, 전지 및 액세서리 | 320 (4.1) |
| 서적 · 인쇄물 및 음반 | 309 (3.9) |
| 모조보석 제품 | 225 (2.9) |
| 가정용 청소 및 세탁용품 | 185 (2.4) |
| 빵(떡) 및 과자류-과자 | 175 (2.2) |
| 의약외품 | 157 (2.0) |

**주요사례**

**[완구]**

- 2018년 12월 손ㅇㅇ(남, 만 3세)은 장난을 치다 코에 비비탄 총알을 넣어 코의 이물로 치료받음

**[문구용품 및 학습용품]**

- 2018년 5월 이ㅇㅇ(남, 만 4세)은 어린이집 교실에서 자석 장난감을 삼켜 소화계통 이물로 치료받음

**[동전]**

- 2018년 4월 조ㅇㅇ(남, 만 3세)은 100원짜리 동전을 삼켜 소화계통 이물로 치료받음

특히 어린이가 호기심에 작은 완구, 부품, 동전, 콩 등을 삼키거나 코나 귀에 넣는 사례가 많아 어린이 주변에 크기가 작은 물건을 두지 않고 장난감 구매 시 사용 권장 연령대를 확인하여 구입하여야 한다.

### (5) 고온물질에 의한 위해

연도별로 어린이가 고온물질로 인해 화상 등을 입는 사고는 매년 약 700건씩 접수되고 있다.

**표 2-20** 연도별 고온물질에 의한 위해 현황 (단위: 건)

| 구분 | 2014년 | 2015년 | 2016년 | 2017년 | 2018년 |
|---|---|---|---|---|---|
| 고온물질 | 747 | 765 | 870 | 753 | 661 |

발달단계별로 '걸음마기'가 2,263건(59.6%), '영아기' 766건(20.2), '유아기' 413건(10.9%), '학령기'는 354건(9.3%)이었다.

성별에서는 '남아'가 2,150건(56.6%), '여아'가 1,646건(43.4%)으로 나타났다.

**표 2-21** 발달단계별 고온물질에 의한 위해 현황 (단위: 건, %)

| 구분 | 영아기 (0세) | 걸음마기 (1~3세) | 유아기 (4~6세) | 학령기 (7~14세) | 합계 |
|---|---|---|---|---|---|
| 남아 | 457 | 1,319 | 216 | 158 | 2,150 (56.6) |
| 여아 | 309 | 944 | 197 | 196 | 1,646 (43.4) |
| 합계 | 766 (20.2) | 2,263 (59.6) | 413 (10.9) | 354 (9.3) | 3,796 (100.0) |

고온물질로 인한 주요 위해품목은 '주방 가전'이 1,464건으로 38.6%, '이미용 및 생활가전'이 549건(14.5%), '식기, 접시 및 컵' 474건(12.5%)으로 이들 품목이 전체의 65.6%를 차지하였다. 다음으로 '취사도구' 358건(9.4%), '주방용구 및 용품' 211건(5.6%), '냉난방 및 계절가전' 132건(3.5%) 순이었다.

**표 2-22** 고온물질로 인한 위해 주요 위해품목 (단위: 건, %)

| 주요 위해품목 | 고온물질로 인한 위해 |
|---|---|
| 주방 가전 | 1,464 (38.6) |
| 이미용 및 생활가전 | 549 (14.5) |
| 식기, 접시 및 컵 | 474 (12.5) |

(계속)

| 주요 위해품목 | 고온물질로 인한 위해 |
|---|---|
| 취사도구 | 358 (9.4) |
| 주방용구 및 용품 | 211 (5.6) |
| 냉난방 및 계절가전 | 132 (3.5) |
| 가정용 공구 및 용품 | 89 (2.3) |
| 가정용 난방 · 환기용품 | 80 (2.1) |
| 각종 등(램프) 및 부품 | 66 (1.7) |
| 위생도기 및 욕실가구 | 52 (1.4) |

**주요사례**

**[주방 가전]**

- 2018년 11월 박ㅇㅇ(남, 만 1세)은 밥솥 증기에 데어 손가락에 화상을 입고 치료받음

**[이미용 및 생활가전]**

- 2018년 9월 이ㅇㅇ(여, 만 4세)은 달궈진 다리미에 데여 팔에 화상을 입고 치료를 받음

**[식기, 접시 및 컵]**

- 2018년 8월 배ㅇㅇ(여, 만 5세)은 커피포트 온수에 데여 손가락과 복부, 생식기, 다리에 화상을 입고 치료받음

따라서 전기압력밥솥, 정수기, 난방기구, 고데기 등 고온제품은 어린이 손이 닿지 않는 곳에 두고 고온제품의 위험에 대해 지속적으로 주의가 필요하다.

### (6) 중독사고

연도별 어린이가 약물 등에 중독 작용을 일으킨 위해사례는 2014년 264건에서 2018년 55건으로 큰 폭으로 감소하는 추세를 보인다.

**표 2-23** 연도별 어린이 중독사고 현황 (단위: 건)

| 구분 | 2014년 | 2015년 | 2016년 | 2017년 | 2018년 |
|---|---|---|---|---|---|
| 중독사고 | 264 | 89 | 62 | 59 | 55 |

발달단계별 '걸음마기'가 322건으로 60.9%를 차지하였고, 이어서 '학령기' 92건(17.4%), '영아기' 69건(13.0%), '유아기' 46건(8.7%)순으로 나타났다.

성별 '남아'가 291건(55.0%), '여아'가 238건(45.0%)으로 큰 차이를 보이지 않았다.

**표 2-24** 발달단계별 중독사고 현황 (단위: 건, %)

| 구분 | 영아기 (0세) | 걸음마기 (1~3세) | 유아기 (4~6세) | 학령기 (7~14세) | 합계 |
|---|---|---|---|---|---|
| 남아 | 32 | 182 | 22 | 55 | 291 (55.0) |
| 여아 | 37 | 140 | 24 | 37 | 238 (45.0) |
| 합계 | 69 (13.0) | 322 (60.9) | 46 (8.7) | 92 (17.4) | 529 (100.0) |

위해품목별 어린이가 '의약품'에 의해 중독증상이 발생한 사례는 188건으로 35.5%를 차지해 가장 많았고, '가정용 청소 및 세탁용품'은 61건(11.5%), '의약외품' 50건(9.5%)으로 위 세 가지 품목이 전체의 56.5%를 차지하였다. 다음으로 클렌저, 세정제 등 '인체 세정용 화장품'이 13건(2.5%), 주방세제 등 '주방용구 및 용품'이 12건(2.3%), 가스, 방향제 등 '가정용 난방 환기용품' 11건(2.1%) 등으로 나타났다.

**표 2-25** 중독사고 주요 위해품목 (단위: 건, %)

| 주요 위해품목 | 중독사고 |
|---|---|
| 의약품 | 188 (35.5) |
| 가정용 청소 및 세탁용품 | 61 (11.5) |
| 의약외품 | 50 (9.5) |
| 인체 세정용 화장품 | 13 (2.5) |
| 주방용구 및 용품 | 12 (2.3) |
| 가정용 난방 · 환기용품 | 11 (2.1) |

(계속)

| 주요 위해품목 | 중독사고 |
| --- | --- |
| 의료용구 | 11 (2.1) |
| 손발톱용 화장품 | 10 (1.9) |
| 기타 식품-기타 조리식품 | 9 (1.7) |
| 외식-양식 | 9 (1.7) |

**주요사례**

**[의약품]**

- 2018년 9월 최○○(남, 만 2세)은 할아버지의 고혈압약을 잘못 빨아 먹어 약물 오용에 의한 중독으로 치료받음

**[가정용 청소 및 세탁용품]**

- 2018년 9월 김○○(여, 만 2세 )은 락스를 삼켜 소화계통의 화학물질 중독으로 치료받음

**[의약외품]**

- 2017년 1월 권○○(여, 8개월)은 바퀴벌레약을 삼켜 소화계통의 살충제 중독으로 치료받음

따라서 의약품, 가정용 청소 및 세탁용품을 어린이가 접근하지 못하도록 별도 장소에 보관하여야 한다.

03

Chapter

# 영유아를 위한 안전교육의 내용

# 1 유치원 교육과정

정부는 2012년 제3차 위기관리대책회의에서 유아교육 및 보육에 대한 국가의 책임을 강화하기로 결정하고, 2012년 3월에 도입한 '5세 누리과정'에 이어 2012년 7월 교육과학기술부 장관과 보건복지부 장관은 유치원과 어린이집에 3~4세 누리과정 제정과 5세 누리과정 일부 개정을 포함하는 3~5세 누리과정을 고시(교육부 고시 제2015-61호)하였다. 이러한 유치원 교육과정은 현재 유치원과 어린이집으로 이원화되어 있는 교육 및 보육과정을 통합하여 유아기 단계에서 교육의 질을 제고하고, 생애 초기 출발점 평등을 보장하는 데 그 의의가 있다.

최근 국가수준 교육과정 체계 확립과 유아의 자율성과 창의성 신장, 전인발달과 행복을 추구하는 유아중심 · 놀이중심의 유아교육 본질 회복을 위한 유아교육을 질적 혁신하자는 취지로 교육과정을 개정하였다. 이 교육과정(고시 제2019-187호)은 2020년 3월 1일부터 시행한다.

'만 3~5세 연령별 누리과정'은 신체운동 · 건강, 의사소통, 사회관계, 예술경험, 자연탐구의 5개 영역별로 만 3, 4, 5세를 동일한 목표로 제시하고, 내용은 유아의 발달 수준을 고려하여 연령별로 구성하였다. 구체적 성격, 목적 및 신체운동 · 건강 영역에서 안전관련 내용은 다음과 같다.

## 1) 누리과정의 성격

누리과정은 3~5세 유아를 위한 국가 수준의 공통 교육과정이다.

① 국가 수준의 공통성과 지역, 기관 및 개인 수준의 다양성을 동시에 추구한다.

② 유아의 전인적 발달과 행복을 추구한다.

③ 유아 중심과 놀이 중심을 추구한다.

④ 유아의 자율성과 창의성 신장을 추구한다.

⑤ 유아, 교사, 원장(감), 학부모 및 지역사회가 함께 실현해가는 것을 추구한다.

## 2) 누리과정의 구성방향

### (1) 추구하는 인간상

누리과정이 추구하는 인간상은 다음과 같다.

① 건강한 사람

② 자주적인 사람

③ 창의적인 사람

④ 감성이 풍부한 사람

⑤ 더불어 사는 사람

### (2) 목적과 목표

누리과정의 목적은 유아가 놀이를 통해 심신의 건강과 조화로운 발달을 이루고 바른 인성과 민주시민의 기초를 형성하는 데 있다.

이를 실현하기 위한 목표는 다음과 같다.

① 자신의 소중함을 알고, 건강하고 안전한 생활 습관을 기른다.

② 자신의 일을 스스로 해결하는 기초 능력을 기른다.

③ 호기심과 탐구심을 가지고 상상력과 창의력을 기른다.

④ 일상에서 아름다움을 느끼고 문화적 감수성을 기른다.

⑤ 사람과 자연을 존중하고 배려하며 소통하는 태도를 기른다.

### (3) 구성의 중점

누리과정 구성의 중점은 다음과 같다.

① 3~5세 모든 유아에게 적용할 수 있도록 구성한다.

② 추구하는 인간상 구현을 위한 지식, 기능, 태도 및 가치를 반영하여 구성한다.

③ 신체운동·건강, 의사소통, 사회관계, 예술경험, 자연탐구의 5개 영역을 중심으로 구성한다.

④ 3~5세 유아가 경험해야 할 내용으로 구성한다.

⑤ 0~2세 보육과정 및 초등학교 교육과정과의 연계성을 고려하여 구성한다.

## 3) 누리과정의 운영

### (1) 편성 · 운영

다음의 사항에 따라 누리과정을 편성 · 운영한다.

① 1일 4~5시간을 기준으로 편성한다.

② 일과 운영에 따라 확장하여 편성할 수 있다.

③ 누리과정을 바탕으로 각 기관의 실정에 적합한 계획을 수립하여 운영한다.

④ 하루 일과에서 바깥 놀이를 포함하여 유아의 놀이가 충분히 이루어지도록 편성하여 운영한다.

⑤ 성, 신체적 특성, 장애, 종교, 가족 및 문화적 배경 등으로 인한 차별이 없도록 편성하여 운영한다.

⑥ 유아의 발달과 장애 정도에 따라 조정하여 운영한다.

⑦ 가정과 지역사회와의 협력과 참여에 기반하여 운영한다.

⑧ 교사 연수를 통해 누리과정의 운영이 개선되도록 한다.

### (2) 교수 · 학습

교사는 다음 사항에 따라 유아를 지원한다.

① 유아가 흥미와 관심에 따라 놀이에 자유롭게 참여하고 즐기도록 한다.

② 유아가 놀이를 통해 배우도록 한다.

③ 유아가 다양한 놀이와 활동을 경험할 수 있도록 실내외 환경을 구성한다.

④ 유아와 유아, 유아와 교사, 유아와 환경 간에 능동적인 상호작용이 이루어지도록 한다.

⑤ 5개 영역의 내용이 통합적으로 유아의 경험과 연계되도록 한다.

⑥ 개별 유아의 요구에 따라 휴식과 일상생활이 원활히 이루어지도록 한다.

⑦ 유아의 연령, 발달, 장애, 배경 등을 고려하여 개별 특성에 적합한 방식으로 배우도록 한다.

#### (3) 평가

평가는 다음 사항에 중점을 두고 실시한다.

① 누리과정 운영의 질을 진단하고 개선하기 위해 평가를 계획하고 실시한다.

② 유아의 특성 및 변화 정도와 누리과정의 운영을 평가한다.

③ 평가의 목적에 따라 적합한 방법을 사용하여 평가한다.

④ 평가의 결과는 유아에 대한 이해와 누리과정 운영 개선을 위한 자료로 활용할 수 있다.

## 신체운동·건강

### 1) 목표

실내외에서 신체활동을 즐기고, 건강하고 안전한 생활을 한다.

(1) 신체활동에 즐겁게 참여한다.

(2) 건강한 생활습관을 기른다.

(3) 안전한 생활습관을 기른다.

### 2) 내용

| 내용 범주 | 내용 |
|---|---|
| 신체활동 즐기기 | 신체를 인식하고 움직인다. |
| | 신체 움직임을 조절한다. |
| | 기초적인 이동운동, 제자리 운동, 도구를 이용한 운동을 한다. |
| | 실내외 신체활동에 자발적으로 참여한다. |
| 건강하게 생활하기 | 자신의 몸과 주변을 깨끗이 한다. |
| | 몸에 좋은 음식에 관심을 가지고 바른 태도로 즐겁게 먹는다. |
| | 하루 일과에서 적당한 휴식을 취한다. |
| | 질병을 예방하는 방법을 알고 실천한다. |
| 안전하게 생활하기 | 일상에서 안전하게 놀이하고 생활한다. |
| | TV, 컴퓨터, 스마트폰 등을 바르게 사용한다. |
| | 교통안전 규칙을 지킨다. |
| | 안전사고, 화재, 재난, 학대, 유괴 등에 대처하는 방법을 경험한다. |

### 지도상의 유의점

교사는 유아가 안전하게 놀이할 수 있도록 유의한다. 활동 공간에 따른 적절한 인원 수, 기구의 견고성, 공간 바닥 등에 대해 정기적으로 안전점검을 실시하고, 기구나 도구의 안전한 사용법을 지도하여 유아 스스로 자신의 안전을 지킬 수 있는 능력과 태도를 갖도록 한다.

유아기는 신체를 조절하거나 환경을 지각하는 능력이 부족한 시기이므로 안전사고를 예방해야 한다. 이를 위해 위험한 장소, 위험한 놀이, 여러 가지 재난에 대해 유아가 자신을 보호할 수 있는 지식, 기능, 태도를 기르도록 지속적으로 지도한다.

## 2 표준보육과정

표준보육과정(보건복지부 고시 제2013-8호)은 어린이집의 만 0~5세 영유아들에게 국가 수준에서 제공하는 보편적이고 공통적인 보육과정으로서 영유아의 전인적 발달과 우리 문화에 적합한 내용을 일관성 있고 연계적으로 실천하여, 궁극적으로 사회에서 추구하는 인간상을 구현하고 전국 어린이집의 질적 수준을 높이는 데 중점을 두고 있다. 국가 수준의 표준보육과정은 0~1세 보육과정, 2세 보육과정, 3~5세 보육과정으로 연령별 세분화되어 있으며, '0~1세 보육과정'과 '2세 보육과정'은 기본생활, 신체운동, 의사소통, 예술경험, 사회관계, 자연탐구의 6개 영역으로, '3~5세 보육과정'은 신체운동 · 건강, 의사소통, 사회관계, 예술경험, 자연탐구의 5개 영역별로 '누리과정'과 동일하다. 그러므로 '3~5세 보육과정'은 '만 3~5세 연령별 누리과정'에서 다루며, 이를 제외한 0~2세까지의 보육과정의 구체적 목적 및 내용을 살펴보면 다음과 같다.

## 1) 표준보육과정의 기초

### (1) 추구하는 인간상

① 심신이 건강하고 행복한 사람
② 자율적이고 창의적인 사람
③ 자신과 타인을 존중하고 배려하는 사람
④ 자연과 우리 문화를 사랑하는 사람
⑤ 다양성을 인정하는 민주적인 사람

### (2) 표준보육과정의 기본전제

① 영유아는 개별적인 특성을 지닌 고유한 존재이다.
② 영유아는 연령에 따라 발달적 특성이 질적으로 다르다.
③ 영유아는 그 자체로서 존중 받아야 하는 존재이다.
④ 영유아는 직접적으로 경험할 때 의미 있는 지식, 기술 및 바람직한 태도를 형성해 간다.
⑤ 영유아는 일상생활이 편안하고 학습과 경험이 놀이중심으로 이루어질 때, 최대의 능력이 발휘된다.
⑥ 영유아는 민감하고 반응적인 성인과의 신뢰로운 관계 속에서 최적의 발달을 이룬다.
⑦ 영유아가 속한 가정, 지역사회가 함께 협력할 때 영유아에게 가장 긍정적인 영향을 미친다.

### (3) 구성 방향 및 체계

#### ① 구성방향

가. 영유아의 발달특성과 개인차를 고려하여 연령 및 수준별로 구성한다.
나. 어린이집에서 편안하고 행복한 일상생활이 되도록 중점을 두어 구성한다.
다. 질서, 배려, 협력 등 기본생활습관과 바른 인성을 기르는 데 중점을 두어 구성한다.

라. 자율성과 창의성을 기르는 데 중점을 두고, 전인발달을 이루도록 구성한다.

마. 사람과 자연을 존중하고, 우리 문화를 이해하는 데 중점을 두어 구성한다.

#### ② 구성체계

가. 어린이집 표준보육과정은 0~1세 보육과정, 2세 보육과정, 3~5세 보육과정으로 구성한다.

나. 어린이집 표준보육과정은 영역, 내용범주, 내용, 세부내용으로 구분하고, 내용 간에 연계가 이루어지도록 구성한다.

다. 세부내용이라 함은 0~1세 보육과정, 2세 보육과정에서는 수준별 세부내용을 의미하고, 3~5세 보육과정에서는 연령별 세부내용을 의미한다.

라. 0~1세 보육과정은 기본생활, 신체운동, 의사소통, 사회관계, 예술경험, 자연탐구의 6개 영역을 중심으로 구성한다.

마. 2세 보육과정은 기본생활, 신체운동, 의사소통, 사회관계, 예술경험, 자연탐구의 6개 영역을 중심으로 구성한다.

바. 3~5세 보육과정은 신체운동·건강, 의사소통, 사회관계, 예술경험, 자연탐구의 5개 영역을 중심으로 구성한다.

사. 3~5세 보육과정은 초등학교 교육과정과의 연계성을 고려하여 구성한다.

## 2) 목적과 목표

### (1) 목적

영유아의 심신의 건강과 전인적 발달을 도와 행복을 도모하며 민주시민의 기초를 형성하는 것을 목적으로 한다.

### (2) 목표

#### ① 0~1세 보육과정

가. 건강하고 안전한 일상생활을 경험한다.

나. 감각 및 기본 신체운동 능력을 기른다.

다. 말소리를 구분하고 의사소통의 기초를 마련한다.

라. 친숙한 사람과 관계를 형성한다.

마. 아름다움에 관심을 가진다.

바. 보고, 듣고, 만지면서 주변 환경에 관심을 가진다.

#### ② 2세 보육과정

가. 건강하고 안전한 생활습관의 기초를 마련한다.

나. 감각, 신체조절 및 기본 운동 능력을 기른다.

다. 의사소통 능력의 기초를 기른다.

라. 나를 인식하고 다른 사람과 더불어 생활하는 경험을 한다.

마. 아름다움에 관심을 가지고 예술경험을 즐긴다.

바. 주변 환경에 호기심을 갖고 탐색하기를 즐긴다.

#### ③ 3~5세 보육과정

가. 기본 운동 능력과 건강하고 안전한 생활 습관을 기른다.

나. 일상생활에 필요한 의사소통 능력과 바른 언어 사용 습관을 기른다.

다. 자신을 존중하고 다른 사람과 더불어 생활하는 능력과 태도를 기른다.

라. 아름다움에 관심을 가지고 예술경험을 즐기며, 창의적으로 표현하는 능력을 기른다.

마. 호기심을 가지고 주변세계를 탐구하며, 일상생활에서 수학적 · 과학적으로 생각하는 능력과 태도를 기른다.

## 3) 편성과 운영

### (1) 편성

① 어린이집의 운영시간에 맞추어 편성한다.
② 표준 보육과정에 제시된 각 영역의 내용을 균형 있게 통합적으로 편성한다.
③ 영유아의 발달특성 및 개인차, 경험을 고려하여 놀이를 중심으로 편성한다.
④ 영유아의 일과 중 일상생활을 포함하여 편성한다.
⑤ 어린이집과 보육실의 특성에 따라 융통성 있게 편성한다.
⑥ 성별, 종교, 신체적 특성, 가족 및 민족 배경 등으로 인한 편견이 없도록 편성한다.

### (2) 운영

① 보육계획(연간, 월간, 주간, 일일 계획 등)에 의거하여 운영한다.
② 실내 · 외 환경을 다양한 흥미 영역으로 구성하여 운영한다.
③ 영유아의 능력과 장애 정도에 따라 조정하여 운영한다.
④ 부모와 각 기관의 실정에 따라 부모교육을 실시한다.
⑤ 가정과 지역사회와의 협력과 참여에 기반하여 운영한다.
⑥ 교사 재교육을 통해 어린이집 표준보육과정 운영을 개선해 나간다.

### (3) 교수 · 학습 방법

① 주도적인 놀이를 중심으로 교수 · 학습활동이 이루어지도록 한다.
② 흥미를 중심으로 활동을 선택하고 지속할 수 있도록 한다.
③ 생활 속 경험을 소재로 하여 지식, 기술, 바람직한 태도를 기르도록 한다.
④ 교사와 신뢰감을 형성하고 개별적인 활동이 이루어지도록 한다.
⑤ 교사, 환경, 또래와 능동적인 상호작용이 이루어지도록 한다.
⑥ 주제를 중심으로 여러 활동이 통합적으로 이루어지도록 한다.
⑦ 만 0~1세아, 만 2세아는 일상생활 및 개별 활동, 휴식 등이 균형 있게 이루어지

도록 한다.

⑧ 만 3~5세아는 실내 · 실외활동, 정적 · 동적활동, 대 · 소집단활동 및 개별 활동, 일상생활 및 휴식 등이 균형 있게 이루어지도록 한다.

### (4) 평가

#### ① 운영평가

가. 어린이집 표준보육과정의 목표와 내용에 근거하여 보육내용이 적절히 편성·운영되는지 평가한다.

나. 어린이집 표준보육과정의 운영 내용 및 활동이 영유아의 발달 수준과 흥미, 요구에 적합한지 평가한다.

다. 영유아의 발달수준, 흥미, 요구에 적합한 경험 및 학습을 촉진할 수 있는 다양한 활동과 교수학습 방법이 계획되고 통합적으로 운영되는지 평가한다.

라. 일과 운영 및 보육활동 구성 시 놀이 활동과 일상생활 활동의 양과 내용이 영아 및 유아 각 연령의 발달에 적합하게 계획되고 운영되는지 평가한다.

마. 만 0~1세아, 만 2세아는 집단 활동보다 개별적인 상호작용과 교수법을 중심으로 상호작용이 진행되는지를 평가한다.

바. 어린이집 표준보육과정 운영 평가 결과를 수시로 반영하여 보육과정 운영 계획을 수정·보완하거나 다음 연도의 계획 수립 및 운영에 반영하는지 평가한다.

#### ② 영유아평가

가. 어린이집 표준보육과정의 목표와 내용에 근거하여 영유아의 특성과 변화 정도를 평가한다.

나. 지식, 기술, 태도 등을 평가한다.

다. 일상생활과 보육과정 활동 전반에 걸쳐 평가한다.

라. 관찰, 활동 결과물 분석, 부모면담 등 다양한 방법을 사용하여 종합적으로 평가하고, 그 결과를 기록한다.

마. 평가 결과는 영유아에 대한 이해와 어린이집 표준보육과정운영 개선 및 부모 면담 자료로 활용한다.

## ■ 만 0~1세 보육과정의 기본생활 영역 목표 및 내용

### 1) 기본생활

건강하고 안전한 일상생활을 경험한다.

- 건강하고 편안한 일상생활을 경험한다.
- 안전한 생활을 경험한다.

#### (1) 내용체계

<table>
<tr><th>내용범주</th><th>내용</th></tr>
<tr><td rowspan="3">건강하게 생활하기</td><td>몸을 깨끗이 하기</td></tr>
<tr><td>즐겁게 먹기</td></tr>
<tr><td>건강한 일상생활하기</td></tr>
<tr><td rowspan="2">안전하게 생활하기</td><td>안전하게 지내기</td></tr>
<tr><td>위험한 상황에 반응하기</td></tr>
</table>

#### (2) 세부내용

<table>
<tr><th>내용범주</th><th>내용</th><th>1수준</th><th>2수준</th><th>3수준</th><th>4수준</th></tr>
<tr><td rowspan="10">건강하게 생활하기</td><td rowspan="3">몸을 깨끗이 하기</td><td colspan="4">몸이 깨끗해졌을 때 기분이 좋음을 안다.</td></tr>
<tr><td colspan="4">도움을 받아 손을 씻는다.</td></tr>
<tr><td></td><td colspan="3">도움을 받아 이를 닦는다.</td></tr>
<tr><td rowspan="3">즐겁게 먹기</td><td>편안하게 안겨서 우유(모유)를 먹는다.</td><td>이유식에 적응한다.</td><td>고형식에 적응한다.</td><td>다양한 음식을 먹어본다.</td></tr>
<tr><td colspan="2"></td><td colspan="2">도구로 음식을 먹어본다.</td></tr>
<tr><td colspan="4">즐겁게 먹는다.</td></tr>
<tr><td rowspan="4">건강한 일상 생활하기</td><td colspan="4">수면을 충분히 취한다.</td></tr>
<tr><td colspan="4">편안하게 쉰다.</td></tr>
<tr><td colspan="4">하루 일과에 편안하게 참여한다.</td></tr>
<tr><td colspan="2"></td><td colspan="2">배변의사를 표현한다.</td></tr>
</table>

<table>
<tr><th>내용범주</th><th>내용</th><th>1수준</th><th>2수준</th><th>3수준</th><th>4수준</th></tr>
<tr><td rowspan="4">안전하게 생활하기</td><td rowspan="3">안전하게 지내기</td><td colspan="3">안전한 상황에서 놀이한다.</td><td>놀잇감을 안전하게 사용한다.</td></tr>
<tr><td colspan="4">안전한 장소에서 놀이한다.</td></tr>
<tr><td colspan="4">차량 승하차 시 안전장구를 착용한다.</td></tr>
<tr><td>위험한 상황에 반응하기</td><td></td><td>위험하다는 말에 반응을 보인다.</td><td colspan="2">위험하다고 알려주면 주의한다.</td></tr>
</table>

**교사지침**

- 안전점검표에 따라 정기적으로 보육실의 위험요인을 점검하여 위험요소를 제거하거나 안전장치를 하여 안전한 보육환경을 조성한다.
- 놀이 중 안전사고를 예방하기 위하여 지속적으로 영아를 관찰하고 영아가 위험한 상황에 놓이지 않도록 한다.
- 영아에게 응급상황이 발생하였을 때 가족과 관련기관에 재빨리 연락하고 적절한 조치를 취한다.

## ■ 만 2세 보육과정의 기본생활 영역 목표 및 내용

### 1) 기본생활

건강하고 안전한 생활습관의 기초를 마련한다.

- 건강한 생활습관의 기초를 경험한다.
- 안전한 생활습관의 기초를 경험한다.

#### (1) 내용체계

| 내용범주 | 내용 |
|---|---|
| 건강하게 생활하기 | 몸을 깨끗이하기 |
| | 바르게 먹기 |
| | 건강한 일상생활하기 |
| | 질병에 대해 알기 |

| 내용범주 | 내용 |
|---|---|
| 안전하게 생활하기 | 안전하게 놀이하기 |
| | 교통안전 알기 |
| | 위험한 상황 알기 |

**(2) 세부내용**

| 내용범주 | 내용 | 1수준 | 2수준 |
|---|---|---|---|
| 건강하게 생활하기 | 몸을 깨끗이 하기 | 스스로 손과 몸씻기를 시도한다. | |
| | | 스스로 이닦기를 시도한다. | |
| | 바르게 먹기 | 음식을 골고루 먹는다. | |
| | | 도구를 사용하여 스스로 먹는다. | |
| | | 정해진 자리에서 먹는다. | |
| | 건강한 일상생활 하기 | 일과에 따라 규칙적으로 잠을 잔다. | |
| | | 정해진 시간에 알맞게 휴식한다. | |
| | | 하루일과에 즐겁게 참여한다. | |
| | | 정해진 곳에서 배변한다. | 화장실에서 배변한다. |
| | 질병에 대해 알기 | 질병의 위험을 안다. | |
| 안전하게 생활하기 | 안전하게 놀이하기 | 놀이기구나 놀잇감을 안전하게 사용한다. | |
| | | 안전한 장소에서 놀이한다. | |
| | 교통안전 알기 | 교통수단의 위험을 안다. | 교통수단의 위험을 알고 조심한다. |
| | 위험한 상황 알기 | 위험한 상황과 위험한 것을 안다. | 위험한 상황과 위험한 것을 알고 조심한다. |
| | | 위험한 상황 시 어른의 지시에 따른다. | |

**교사지침**

- 안전점검표에 따라 정기적으로 실내·외 시설물과 물품의 위험요인을 점검하고 위험요소를 제거하거나 안전장치를 하여 안전한 보육환경을 조성한다.
- 놀이 중 안전사고를 예방하기 위하여 주의 깊게 영아를 관찰하고 놀이의 규칙을 알려주어 영아가 위험한 행동을 하지 않도록 지도한다.
- 영아가 길을 잃거나 낯선 사람을 따라가지 않도록 하고 자신의 몸을 소중히 여기

도록 지도한다.

- 정기적으로 소방훈련, 교통안전교육, 실종 · 유괴의 예방 교육, 약물오남용 예방 교육, 재난대비 안전교육, 성폭력 예방교육 등을 실시한다.
- 영아에게 응급상황이 발생했을 때 부모와 관련 기관에 재빨리 연락하고 적절한 조치를 한다.

## 3 학교안전교육 7대 영역

안전교육의 내용은 분류 기준에 따라 여러 가지로 구분될 수 있다. 사고가 일어나는 장소를 기준으로 실내 안전과 실외 안전으로 구분하거나 가정에서의 안전, 기관에서의 안전으로 구분할 수 있다. 또한 사고에 관련되는 영유아의 연령을 기준으로 영아 안전, 유아 안전, 아동 안전으로도 구분할 수 있다. 여기에서는 영유아를 위한 안전교육의 목표를 달성하기 위해 선정되어야 하는 안전교육의 내용을 정부기관(교육부 고시 제2017-121호)에서 제시한 학교안전교육 실시 기준에 따라 구분하기로 한다.

### 학교안전교육 실시 기준 등에 관한 고시 개정안

교육부 고시 제2017 – 121호

**제1조(목적)** 이 고시는 「학교안전사고 예방 및 보상에 관한 법률 시행규칙」(이하 "규칙"이라 한다) 제2조 제1항에서 교육부장관에게 위임한 학교안전교육의 실시 기준 등에 관한 사항을 규정함을 목적으로 한다.

**제2조(적용범위)** 이 고시는 「학교안전사고 예방 및 보상에 관한 법률」(이하 "법"이라 한다) 제2조제1호에서 "학교"로 정의하고 있는 다음 각 호의 기관 또는 시설에 적용한다.

1. 「유아교육법」 제2조 제2호의 규정에 따른 유치원
2. 「초 · 중등교육법」 제2조의 규정에 따른 학교
3. 「평생교육법」 제31조 제2항의 규정에 따라 고등학교 졸업 이하의 학력이 인정되는 평생교육시설

4. 「재외국민의 교육지원 등에 관한 법률」 제2조 제3호에 따른 재외 한국학교

**제3조(학생 안전교육)** ① 학교의 장은 규칙 제2조 제1항에서 규정하고 있는 학교안전교육 7대 영역에 해당하는 안전교육을 [별표 1]과 [별표 2]에 따라 계획을 수립 · 시행하여야 한다. 이 경우 학교의 장은 「아동복지법」, 「학교폭력예방 및 대책에 관한 법률」, 「성폭력방지 및 피해자보호 등에 관한 법률」, 「성매매방지 및 피해자보호 등에 관한 법률」 등 관련 법령에서 규정하는 안전 관련 교육 및 학교 교육과정과 연계 · 통합 실시할 수 있다.

② 안전교육은 이론과 실습교육으로 병행하되 다음 각 호 중 어느 하나에 해당하는 자가 실시하는 것으로 하여야 한다.

1. 「유아교육법」 제20조 제1항, 「초 · 중등교육법」 제19조 제1항, 「평생교육법」 제31조 제3항, 「재외국민의 교육지원 등에 관한 법률」 제23조 제1항 및 제2항에 따른 교원
2. 규칙 제2조 제5항 각호에 의하여 안전교육을 위탁할 수 있는 전문교육기관 · 단체 소속 직원
3. 의사, 간호사, 응급구조사 등 해당 안전 영역과 관련된 자격증을 보유한 자
4. 그 밖에 교육감이 영역별 전문 지식을 갖춘 것으로 인정하는 기준에 부합하는 자

**제4조(교직원 등 안전교육)** ① 법 제2조 제3호에 따른 교직원은 안전교육을 3년마다 15시간 이상을 이수하여야 한다.

② 3년 미만의 계약을 체결하여 종사하는 자는 매 학기 2시간 이상을 이수하여야 한다.

③ 법 제2조 제5호에 따른 교육활동참여자는 매 학년도 1회 이상의 안전교육을 이수하여야 하며, 학교의 장은 교육활동참여자의 안전교육을 위한 계획을 수립 · 실시하여야 한다.

④ 제1항에서 제3항까지에도 불구하고 학교안전관련 국가자격이 신설되어 국가자격을 취득 · 유지할 경우에는 안전교육을 이수한 것으로 본다.

**제4조의1(재난대비훈련)** 학교의 장은 매 학년도 2종류 이상의 각종 재난 대비 훈련을 실시하여야 한다.

**제5조(실적보고)** ① 법 제8조 제1항에 따라 학교는 학기별 안전교육 실시결과를 〈서식1-1〉과 〈서식1-2〉, 〈서식1-3〉을 활용하여 매년 8월과 12월에 교육감에게 보고하여야 한다. 다만, 국립학교와 재외한국학교는 교육부장관에게 보고하여야 한다.

**제6조(재검토기한)** ① 「훈령 · 예규 등의 발령 및 관리에 관한 규정」에 따라 이 고시 발령 후의 법령이나 현실여건의 변화 등을 검토하여 이 고시의 폐지, 개정 등의 조치를 하여야 하는 기한은 2020년 2월 28일까지로 한다.

**〈부칙〉**

이 고시는 발령한 날부터 시행한다. 다만, 제4조의 교직원 및 교육활동참여자의 안전교육은 2014년 11월부터 적용한 것으로 본다.

영유아교육기관에서는 학교안전교육 7대 영역에 해당하는 안전교육을 표 3-1에 따라 계획을 수립·시행하여야 한다. 이 경우 영유아교육기관에서는 「아동복지법」 등 관련 법령에서 규정하는 안전 관련 교육 및 학교 교육과정과 연계·통합하여 실시할 수 있다.

**표 3-1 영역별·학교급별 학교안전교육의 시간, 횟수, 내용 및 방법** (단위: 단위활동, 차시)

| 구분 | 생활안전 교육 | 교통안전 교육 | 폭력예방 및 신변안전 교육 | 약물·사이버 중독예방 교육 | 재난안전 교육 | 직업안전 교육 | 응급처치 교육 | 계 |
|---|---|---|---|---|---|---|---|---|
| 유치원 | 13 | 10 | 8 | 10 | 6 | 2 | 2 | 51 |
| 주기 | 학기당 2회 이상 | 학기당 3회 이상 | 학기당 2회 이상 | 학기당 2회 이상 | 학기당 2회 이상 | 학기당 1회 이상 | 학기당 1회 이상 | |
| 교육 내용 | 1. 교실, 가정, 등하굣길에서 안전하게 생활하기<br>2. 안전한 장소를 알고 안전하게 놀이하기<br>3. 놀이기구나 놀잇감, 도구의 바른 사용법을 알고 안전하게 사용하기<br>4. 실종, 유괴, 미아 상황 알고 도움 요청하기 | 1. 표지판 및 신호등의 의미 등 교통안전 규칙 알고 지키기<br>2. 안전한 도로 횡단법 알기<br>3. 어른과 손잡고 걷기<br>4. 교통수단(자전거, 통학버스 등) 안전하게 이용하기 | 1. 내몸의 소중함과 정확한 명칭 알기<br>2. 좋은 느낌과 싫은 느낌 알기<br>3. 성폭력 예방 및 대처방법 알기<br>4. 나와 내 주변사람(가족, 친구 등)의 소중함을 알고 사이좋게 지내기<br>5. 아동학대 신고 및 대처방법 알기 | 1. 올바른 약물 사용법 알기<br>2. 생활주변의 해로운 약물·화학제품 만지거나 먹지 않기<br>3. TV, 인터넷, 통신기기(스마트 폰 등) 등의 중독 위해성을 알고 바르게 사용하기 | 1. 화재의 원인과 예방법 알기<br>2. 화재 발생 시 유의사항 및 대처법 알기<br>3. 각종 자연 재난 및 사고 적절하게 대처하는 방법 알기<br>4. 각종 재난 유형별 대비 훈련 실시 | 1. 일터 안전의 중요성 및 안전을 위해 지켜야 할 일 알기<br>2. 일터 안전시설 현장 체험하기 | 1. 응급상황 알기 및 도움 요청하기<br>2. 119신고와 주변에 알리기<br>3. 손 씻기와 소득하기 등 청결 유지하기<br>4. 상황별 응급처치 방법 알기 | |



(계속)

| 구분 | 생활안전 교육 | 교통안전 교육 | 폭력예방 및 신변안전 교육 | 약물 · 사이버 중독예방 교육 | 재난안전 교육 | 직업안전 교육 | 응급처치 교육 | 계 |
|---|---|---|---|---|---|---|---|---|
| | 5. 몸에 좋은 음식, 나쁜 음식 알기 | | | | | | | |
| 교육 방법 | 1. 학생 발달 수준을 고려한 전문가 또는 교원 설명<br>2. 학생 참여 수업 방법 연계 적용(예시: 역할극, 프로젝트 학습, 플립러닝 등)<br>3. 교내외 체험교육 또는 현장학습<br>4. 일상생활을 통한 반복 지도 및 부모 교육 연계 | | | | | | | |

교육부 고시 제2017-121호 학교안전교육 실시 기준 등에 관한 고시 개정안 [별표 1], [별표 2]

참고: 1. 학력이 인정되는 평생교육시설 및 「재외국민의 교육지원 등에 관한 법률」 제2조 제3호에 따른 재외 한국학교와 「초·중등교육법」 제2조 제4호에 따른 특수학교의 경우는 인정되는 학력에 해당하는 학교급에 맞추어 실시한다.
2. 학교안전교육 실시 시간의 단위는 유치원은 교육과정 고시에 따른 단위활동이며, 초·중등학교는 교육과정 고시에 따른 차시이다.
3. 학교급별 제시하는 안전교육 시간은 학년별(유치원은 연령별) 실시해야 할 시간을 말하며, 횟수는 영역별 안전교육 시간을 학기당 제시된 횟수 이상으로 분산·실시해야 함을 말한다.
4. 학교(유치원 포함) 운영 성격 및 지역적 특성에 따라 총 이수시간의 범위 내에서 안전영역별 이수 시간을 자율적으로 조정·운영(20% 범위 내, 소수점은 올림처리)할 수 있다.
5. 재난안전교육은 재난 대비 훈련을 포함하여 실시하여야 하며, 각종 재난 유형별 대비 훈련을 달리하여 매 학년도 2종류 이상을 포함하여 운영하여야 한다.
6. 1단위활동 및 1시간(차시)의 수업 시간은 교육과정을 따르되, 기후 및 계절, 학생의 발달정도, 학습 내용의 성격, 학교 실정 등을 고려하여 탄력적으로 편성·운영할 수 있다.

**표 3-2** 영역별 · 학교급별 학교안전교육의 시간, 횟수, 내용 (단위: 단위활동, 차시)

| 구분 | 성폭력 및 아동학대 예방 | 실종 · 유괴의 예방과 방지 | 감염병 및 약물의 오남용 예방 등 보건위생관리 | 재난대비 안전 | 교통안전 |
|---|---|---|---|---|---|
| 어린이집 | 연 8시간 이상 | 연 10시간 이상 | 연 10시간 이상 | 연 6시간 이상 | 연 10시간 이상 |
| 주기 | 6개월 1회 이상 | 3개월 1회 이상 | 3개월 1회 이상 | 6개월 1회 이상 | 2개월 1회 이상 |
| 교육 내용 | 1. 내 몸의 소중함<br>2. 내 몸의 정확한 명칭<br>3. 좋은 느낌과 싫은 느낌<br>4. 성폭력 예방법과 대처법 | 1. 길을 잃을 수 있는 상황 이해하기<br>2. 미아 및 유괴 발생 시 대처방법<br>3. 유괴범에 대한 개념 | 1. 감염병 예방을 위한 개인위생 실천 습관<br>2. 예방접종의 이해<br>3. 몸에 해로운 약물 위험성 알기<br>4. 생활 주변의 해 | 1. 화재의 원인과 예방법<br>2. 뜨거운 물건 이해하기<br>3. 옷에 불이 붙었을 때 대처법<br>4. 화재 시 대처법<br>5. 자연재난의 개 | 1. 차도, 보도 및 신호등의 의미 알기<br>2. 안전한 도로 횡단법<br>3. 안전한 통학버스 이용법<br>4. 날씨와 보행안 |

(계속)

| 구분 | 성폭력 및 아동학대 예방 | 실종 · 유괴의 예방과 방지 | 감염병 및 약물의 오남용 예방 등 보건위생관리 | 재난대비 안전 | 교통안전 |
|---|---|---|---|---|---|
| | | 4. 유인 · 유괴 행동에 대한 이해 및 유괴 예방법 | 로운 약물 · 화학제품 그림으로 구별하기<br>5. 모르면 먼저 어른에게 물어보기<br>6. 가정용 화학제품 만지거나 먹지 않기<br>7. 어린이 약도 함부로 많이 먹지 않기 | 념과 안전한 행동 알기 | 전<br>5. 어린과 손잡고 걷기 |

「아동복지법 시행령」[별표6] 교육기준(제28조 제1항 관련) 〈개정 2018. 3. 6.〉

이와 같이 실시한 안전교육계획 및 결과를 각 교육청과 시 · 군 · 구청에 연 1회(1학기, 2학기로 구분) 보고하도록 교육 실적은 학급별 평균 교육 실적을 입력한다. 예를 들어, 10학급의 학교에서 1학기 동안 총 100시간의 안전교육을 실시했을 경우, 100시간 ÷ 10학급 = 10시간의 교육 실적을 입력하면 된다. 유아교육기관의 경우 시간 입력 단위는 교육과정의 단위활동이다. 횟수는 영역별 안전교육 시간을 분산하여 실시한 학급별 평균 교육 횟수를 입력한다. 예를 들어, 10학급의 학교에서 1학기 동안 총 10회의 안전교육을 실시했을 경우, 10회 ÷ 10학급 = 1회로 입력하면 된다.

# 4 생활안전교육

## 1) 가정안전

가정은 우리가 가장 많은 시간을 보내는 공간인 동시에 영유아에게는 학습의 공간이기도 하다. 이는 가정 내 사고가 많은 원인이기도 하다. 가정에서는 영유아 사고가 많으며, 이를 예방하기 위해서는 가족구성원이 안전의식을 갖고 안전을 위협하는 물리적 요소를 점검해서 고치며, 항상 안전하게 생활할 수 있는 환경을 조성해 주어야 하고, 비상시 취할 사항을 미리 익히고 알아두어야 한다. 특히 영유아 사고 예방을 위해서는 먼저 이 시기가 사고에 노출될 수밖에 없는 심리적 · 신체적 · 행동적 특징을 가지고 있다는 것을 이해해야 한다.

가정 내 사고 유형 및 발생원인은 다음과 같다(행정안전부, 2012).

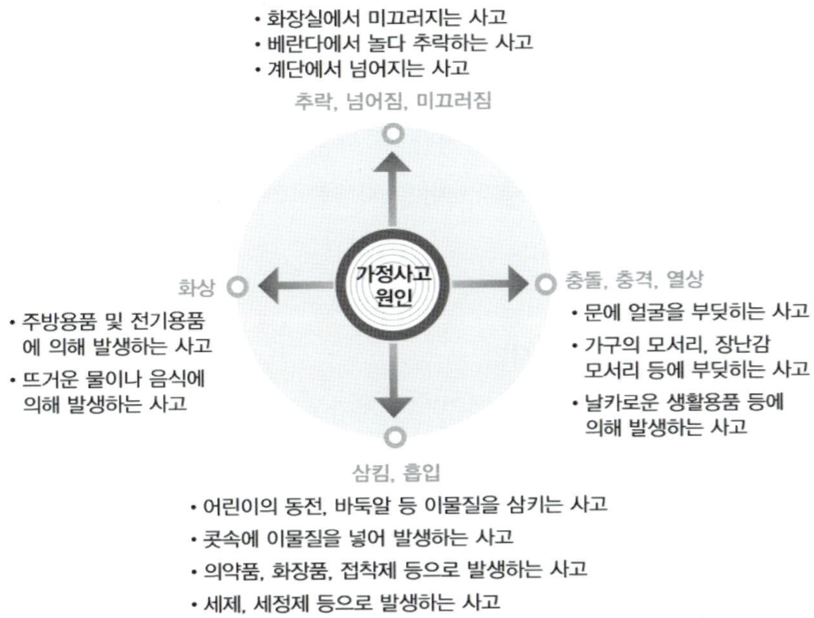


그림 3-1 가정 내 사고원인

가정 내 사고 유형에 따른 대처법은 다음과 같다(국가건강정보포털; 행정안전부 재난대비 국민행동요령).

### (1) 추락, 넘어짐, 미끄러짐, 충돌, 충격, 열상

추락, 넘어짐, 미끄러짐, 충돌, 충격, 열상은 연령, 높이, 발생 장소에 따라 그 양상이 다르게 나타난다. 가정 내에서 발생하는 경미한 사고의 경우에도 타박상에서부터 뇌손상까지 다양한 손상을 유발할 수 있다. 통증이 있거나 불편감을 호소하는 경우에는 즉시 병원을 방문하여 눈으로 확인되지 않는 손상이 있는지 확인해야 한다. 뇌, 폐, 복부장기의 손상이 있는 경우 초기에는 증상이 나타나지 않을 수 있으므로 주의 깊게 관찰해야 한다.

### (2) 화상

화상을 입었을 경우에는 즉시 수돗물이나 식염수로 냉각시켜 주는 것이 좋다. 화상 치료에서 가장 중요한 것은 상처 부위가 감염이 되지 않도록 깨끗하게 소독해 주는 것이다. 흔히 소주나 참기름 등을 바르는 민간요법을 해 주는 경우가 있는데, 이는 오히려 감염의 위험을 높이는 잘못된 방법이다. 또한 화상연고, 흉터연고 등의 약품들도 화상의 정도와 상태를 정확하게 확인한 후 사용해야 한다. 가정 내에서 화상을 입게 될 경우 수돗물로 20분 정도 냉각요법을 시행한 후 병원을 방문하여 상처를 치료해야 한다.

#### ① 열에 의한 화상 응급처지법

- 상처에 차가운 물을 빨리 끼얹거나 차가운 물에 담가서 상처의 열을 식혀준다. 그러나 찬물에 오래 담그면 저체온증에 빠질 수 있으므로 10분 이상 담그지 않는다.
- 흐르는 수돗물로 상처를 식힐 때 물줄기가 너무 세면 상처에 흠집이 생길 수 있으니 물을 약하게 틀어야 한다.
- 물집이 생겼을 경우 터뜨리지 않도록 주의해야 한다. 터진 부위로 세균이나 먼지가 들어가 상처부위를 악화시킬 수 있다.
- 더러운 물건이나 먼지가 화상부위에 닿지 않도록 해야 한다. 2차 감염의 원인이 될 수도 있다.
- 열을 식힌 후에 화상에 바르는 크림이나 거즈를 붙여 상처를 보호해 준다. 이때 절대로 열이 식지 않은 상태에서 연고나 크림을 바르지 않는다.
- 옷을 입은 상태로 심한 화상을 당했을 때, 옷을 억지로 벗거나 벗기려고 하지 않는다. 피부가 같이 떨어져 상처를 악화시킬 수 있다.
- 간장이나 된장을 상처 부위에 바르면 세균에 감염될 수 있다.

- 상처에 소독솜이나 기름 등을 사용하면 안 된다. 소독솜이 붙어 떨어지지 않고, 기름은 상처를 악화시킨다.
- 화상 입은 부위가 크면 반드시 병원으로 가야 한다.
- 1도 화상의 경우 대개 드레싱이 필요하다.
- 2도 화상의 경우 화기를 제거하기 위한 경우를 제외하고 신체 표면의 20%(어린이는 10%) 이상을 차갑게 하지 않는다.
- 3도 화상의 경우 화상부위의 열기가 없어지기 전에 연고, 항생연고, 기름, 버터, 크림, 분무기, 민간약제 등을 바르지 않는다. 이러한 것들은 살균되어 있지 않아 감염의 위험이 있고, 열기를 내보내지 않기 때문이다.

### ② 전기에 의한 화상 응급처치법

- 아이가 감전되면 바로 아이를 만지지 말고 플러그, 전기를 빨리 차단시켜야 한다.
- 전기 차단이 어려우면 전기가 통하지 않는 물건(고무장갑, 잘 마른 막대, 플라스틱 등)을 이용해서 전기로부터 아이를 떼어놓는다.
- 아이가 숨을 쉬는지 확인하고 몇 초가 지나도 호흡을 하지 않으면 즉시 인공호흡을 실시한다.
- 119에 신고하고 구조대가 올 때까지 아이의 몸을 담요 등으로 덮어 따뜻하고 편안하게 눕힌다.

### ③ 화학약품에 의한 화상 응급처치법

- 사고 후 시간을 지체하지 말아야 한다. 화학약품에 의한 화상은 응급상황이다.
- 높은 수압의 물로 씻지 않는다. 약품을 조직 안으로 깊이 밀어 넣게 된다.
- 화상을 입힌 화학약품이 무엇인지 알더라도 중화시키지 않는다. 중화제를 사용하면 열이 발생하여 상처가 더 심해질 수 있다. 또한 약품용기에 적혀 있는 중화방법이 틀릴 수도 있다. 용기를 버리지 말고 화상을 입힌 화학약품을 알기 위해 라벨도 버리지 않는다.
- 양잿물을 마셨을 경우에는 토하게 하지 말고 우유를 먹인 후 병원으로 옮겨

야 하고, 분말 화학약품인 경우에는 먼저 약품을 털어 내고 물로 씻어낸다.

#### ④ 고온 장시간 노출에 의한 화상 응급처치법

- 의식이 확실히 있는 상태라면 물을 조금씩 먹게 한다.
- 발 부위를 조금 올리게 하고 편안히 눕힌다.
- 경련이 일어난 부분을 마사지하거나 주물러 준다.
- 옷을 느슨하게 하고 찬 물수건으로 몸을 씻어 주든가 찬물에 몸을 담그게 한다. 이때 얼음이 있으면 저체온증으로 오히려 위험할 수 있다.
- 습기를 유지하면서 에어컨을 켜거나 선풍기, 찬 물수건으로 주위를 차게 해준다.
- 빨리 병원으로 후송한다.

### (3) 삼킴, 흡입

이물질을 흡입한 경우에는 특이 증상이 없기 때문에 콧물이나 출혈, 복통 등의 증상을 호소할 때까지 발견하지 못하는 경우가 많다. 눈으로 이물질이 보일 때는 대부분 쉽게 제거할 수 있으나 일반인의 경우에는 익숙하지 않으므로 병원을 방문하는 것이 좋다. 이물질이 공처럼 둥근 모양일 경우에는 잡기 쉽지 않고 목 뒤로 넘어갈 수 있다. 이때 질식의 위험이 있으므로 신속히 병원을 방문해 제거해야 한다.

행정안전부 재난대비 국민행동요령에서 제시한 가정 내 장소별 대처방안을 살펴보면 다음과 같다.

### (4) 방과 거실

- 키가 크고 무거운 책장은 벽에 붙여 두고, 높은 곳에 영유아의 시선을 끄는 물건을 올려놓지 않는다.
- 벽에 무거운 물건을 걸지 않는다. 특히 영유아의 손이 닿는 곳에는 아무것도 걸지 않는다. 벽에 물건을 걸었을 경우에는 안전하게 걸려 있는지 항상 확인해야 한다.
- 쉽게 움직일 수 있는 가구는 테이블 위에 놓지 않는다.

- 가벼운 가구는 영유아가 끌고 다녀 다칠 수 있으므로 영유아 방에는 가벼운 가구를 두지 않는다.
- 이층 침대는 되도록 사용하지 않으며, 침대의 높이는 아이들이 혼자서 오르내릴 수 있을 정도가 적당하다. 또한 보조난간을 설치하고 모서리가 둥근 것을 선택한다.
- 침대의 모서리는 둥근 것이 좋고 침대의 난간은 아이들의 손이 끼이지 않도록 강한 걸쇠로 단단히 매어 준다. 침대를 구입할 경우 안전난간 사이의 폭은 5~6cm 정도를 넘지 않는 것이 좋다.
- 창문의 모양에 따라 안전고리를 설치하고 안전망이나 난간을 설치한다.
- 영유아가 딛고 올라갈 수 있으므로 창문 옆에는 침대나 가구를 두지 않는다.
- 가전제품의 뒷부분이나 전기콘센트, 난방기구 등을 만질 수 없도록 설치하고 장난을 치지 않도록 지도한다. 특히 젖은 손으로 전기선을 만지지 않도록 한다.
- 콘센트를 사용하지 않을 경우에는 안전 덮개로 덮어주도록 한다.
- 침대, 소파, 가구 등에 올라가지 않도록 지도한다.
- 장롱 안에 들어가지 않도록 지도한다.
- 의약품이나 화학제품 등은 어린이 손이 닿지 않는 곳에 두도록 한다.
- 아이가 자고 있거나 혼자 있을 때는 에어컨, 선풍기, 히터 등을 켜 두지 않는다.
- 타일이나 나무로 된 바닥은 표면이 미끄럽지 않도록 처리한다. 테이블의 날카로운 모서리는 플라스틱이나 천으로 씌워서 아이들이 다치지 않도록 한다.
- 카펫이나 깔개는 아이들의 발에 걸려 넘어지지 않도록 구멍이 나면 즉시 보수하고 끝이 말리지 않도록 한다.

### (5) 욕실 · 화장실

- 세면대 혹은 변기의 윗부분에 유리컵이나 화장품 등을 얹어 놓지 않도록 한다.
- 세면대에 매달리거나 변기 뚜껑을 밟고 위에 올라가지 않도록 지도한다.
- 욕실 앞 깔개는 뒷면에 미끄럼 방지 처리가 된 것을 선택한다.
- 욕실의 벽이나 욕조 바로 옆에 손잡이 봉을 부착하여 미끄러질 때 잡을 수 있도록 한다.

- 샤워실의 커튼봉도 몸을 지탱하고 균형을 잃었을 때 잡을 수 있도록 단단히 고정한다.
- 바닥에 고무매트나 안전발판 같은 미끄럼 방지 도구를 깐다.
- 아이가 욕실 바닥에 물건을 늘어놓고 장난하지 않도록 주의시킨다.
- 세면대가 아이의 키에 맞지 않는 경우에는 받침대를 줄 수 있으나, 받침대가 미끄러질 위험이 있으므로 세숫대야에 물을 받아 바닥에서 사용하도록 한다.
- 비누조각이나 샴푸 등 미끄러운 물질은 사용 후 즉시 마개를 닫고 비누곽에 넣어서, 밟거나 거품에 미끄러지지 않도록 한다.
- 비누, 치약, 샴푸는 쓰고 난 뒤에 제자리에 두고 세제는 영유아가 먹을 수 있으므로 영유아의 손이 닿지 않는 곳에 보관한다.
- 화장실 세탁세제나 변기를 청소하는 솔 등은 변기 위에 놓지 말고 벽장 속에 넣어 잠가둔다.
- 영유아들이 어른들의 전기면도기나 헤어 드라이기 등을 욕실에서 젖은 손으로 만지고 장난치지 못하도록 한다.
- 모든 전기제품은 욕실 밖에 두는 것이 가장 안전한 예방책이나 욕실 안에서 사용해야 하는 경우에는 욕조나 변기, 세면기 등에 떨어지지 않도록 잘 보관한다. 반드시 물기가 마른 상태에서 사용해야 하며, 사용하지 않을 때는 전원 플러그를 뽑아 놓아야 한다.
- 아이가 목욕할 때는 항상 물의 온도를 확인하고 수도꼭지에 머리를 부딪치지 않도록 주의하며 뜨거운 수도꼭지를 아이가 만지지 못하도록 주의한다.
- 만 3세 미만의 아이는 욕조에서 익사할 우려가 있으므로 혼자 욕실에 두지 않는다.
- 세탁기 안에 들어가지 않도록 지도한다.
- 욕실이나 화장실에서는 뛰거나 장난치지 않도록 지도한다.
- 욕실에서 물기가 있는 옷이나 양말 등을 말리면 물이 욕실바닥에 떨어져 미끄러울 수 있으므로 주의한다.
- 욕실문에 부착된 유리는 일반유리 대신 안전유리 또는 플라스틱으로, 슬리퍼는 미끄러지지 않는 재질로 된 것을 사용한다.

### (6) 주방

- 안전한 제품을 구입하고, 용도에 맞게 사용한다.
- 칼이나 가위와 같은 날카로운 물건은 영유아의 손이 닿지 않는 곳에 보관하고 위험한 물건임을 알려주어 만지지 않도록 한다.
- 유리제품보다 깨지지 않는 제품을 쓰도록 하며, 유리제품은 흠집이 있는 경우 사용하지 말고, 깨지지 않도록 주의한다.
- 영유아가 가스레인지를 만지지 않도록 하며 항상 중간밸브를 잠그고 가스누설 자동 차단 장치를 반드시 설치한다.
- 튀김요리를 할 때는 영유아의 접근을 막도록 하며 기름을 식힐 때는 장소를 잘 선정하여 화상사고를 미연에 방지하도록 한다. 특히 튀김용 냄비 등을 바닥에 아무렇게나 두지 않는다.
- 취사 중에는 영유아가 부엌에 오지 못하게 하고 증기로 인한 화상사고가 발생하지 않도록 주의하여야 한다.
- 뜨거운 물을 사용할 때는 항상 주의하며, 뜨거운 국이나 물이 담겨 있는 냄비를 만지지 않도록 한다.
- 냉장고 문이 잘 닫혀 있는지 항상 확인하고, 냉장고 안에 들어가지 않도록 지도한다.
- 어패류 조리 · 섭취 시 이물이나 가시가 있는지 살핀다.
- 통조림 캔이나 병마개를 개봉할 때 손을 베이지 않도록 주의한다. 통조림 제품 등은 반만 쓰고 남았을 때, 마개를 완전히 제거하여 버리고, 다른 용기에 옮겨 담아 보관한다.
- 영유아들이 쓰레기통을 뒤질 수 있으므로 뚜껑 있는 쓰레기통을 사용하며 날카로운 물건을 버릴 때는 조심해야 한다.
- 전기제품의 부속을 교체하거나 청소할 때, 사용하지 않을 때는 전원을 차단한다.
- 어린이는 안전의식이 취약하므로 주방 내 사고위험에 대하여 수시로 교육을 시킨다.
- 부엌바닥은 미끄럽지 않도록 가능한 한 왁스칠을 하지 말고, 물기가 있을 때는 즉시 닦는다.

- 싱크대 문을 열고 닫을 때 아이들의 손가락이 문에 끼지 않도록 모든 찬장과 서랍은 잠금장치를 하거나 손쉽게 열 수 없도록 버튼용 개폐방지 손잡이를 부착한다.
- 엄마가 일하는 곳과 멀리 떨어진 곳에 영유아의 놀이장소를 마련하되 영유아도 엄마를 마주볼 수 있고 엄마도 일하면서 영유아를 살펴볼 수 있는 장소를 선택한다.

### (7) 창문, 베란다

- 창문의 모양에 따라 안전 고리 및 잠금 장치를 설치하고 2층 이상의 창문에는 반드시 창문보호대, 안전망이나 난간을 설치한다.
- 창문 가까이 가구나 영유아의 시선을 끄는 물건을 두지 않는다.
- 침대나 가구를 창문 가까이 배치하지 않는다.
- 영유아가 딛고 올라설 수 있는 침대나 의자 등 가구를 창문 가까이 배치하지 않는다.
- 영유아가 창문 밖으로 상체를 내밀거나 베란다 난간에 기대어 서지 않도록 한다.
- 영아도 닫힌 창문이나 문을 열 수 있으므로 문이나 창문에는 잠금장치를 하여 영유아가 함부로 창문을 열 수 없게 한다.
- 환기를 위해 창문을 열 경우에는 반드시 위에서부터 열도록 한다. 아래쪽의 창문을 열어야 할 경우에는 밑에서부터 10~13cm 정도만 열리게 하고 안전장치를 한다.
- 베란다에서는 가급적 어린이 혼자 놀지 않도록 한다.

### (8) 계단

- 계단이 좁고 경사가 급하면 오르내리기 힘들고, 외부에 있는 계단은 눈이 와서 얼거나 하면 더욱 위험하므로 눈이 쌓이지 않도록 수시로 쓸거나 염화칼슘(또는 소금)을 뿌려둔다.
- 높이가 다른 계단이나 너무 낡은 계단은 위험하다. 계단의 높이가 다르거나 마모 정도가 심한 상태라면 보수해야 한다.
- 계단에 확실하게 고정되지 않은 카펫을 깔거나 계단 상단 부위에 소형 매트를

놓는 것은 낙상 사고를 일으키는 원인이 될 수 있으므로, 카펫이 확실하게 밀착되도록 고정시키거나 소형 매트는 다른 장소로 옮겨 놓는 것이 좋다.

- 계단에 쌓아 놓은 박스나 장식용 가구는 통행하는 데 장애가 될 수 있으며, 특히 화재 발생 시 위험할 수 있으므로 계단에는 물건을 올려놓지 않도록 한다.
- 계단 각 발판의 폭과 높이는 계단의 경사에 따라 조절되어야 한다. 일반적으로 한 발판의 높이는 약 20cm, 폭은 적어도 25cm는 되어야 한다.
- 계단 난간의 높이가 영유아의 중심보다 낮으면 추락의 위험이 있으므로 이상적인 난간의 높이를 120cm 이상이 되도록 한다. 난간 막대 사이의 간격은 10cm 이상을 초과하지 않게 한다.
- 계단에는 충분한 높이의 튼튼한 난간을 계단이 끝나는 지점까지 양쪽에 설치한다.
- 표면이 미끄러운 건축자재를 사용하지 않으며 계단에 미끄럼 방지틀(미끄럼 방지 테이프 부착)을 설치하여 미끄럼 사고를 방지한다.
- 되도록이면 왁스칠을 하지 않으며 왁스칠을 할 경우 미끄러지지 않도록 미리 주의를 준다.
- 계단은 항상 밝게 조명되어야 하며 불필요한 물체나 물기가 없어야 한다.
- 계단 옆의 벽에는 어린이의 시선을 끌 수 있는 그림이나 사진을 걸지 않는다.
- 어린이가 계단을 올라갈 때 보호자는 반드시 아래쪽에서 걸어간다.
- 계단에 날카로운 부위 등 위험이 없는지 수시로 점검한다.

## 2) 실종유괴의 예방방지교육

실종유괴예방교육은 유괴범들의 접근 방식에 대해 상황을 직접 재연하여 역할 놀이를 통한 교육이어야 한다. 유괴범들은 험상궂게 생기거나 행동하기보다는 오히려 친절하게 접근한다는 점을 강조하여야 한다. 낯선 사람이든, 아는 사람이든 보호자의 허락없이 따라가지 않도록 교육해야 한다. 강제로 데려가려 하면 분명하고 완강하게 저항하도록 평소에 훈련시켜야 한다. 그러나 소리치는 것이 생명에 위협이 될지도 모르는 상황인지를 분별하는 것이 필요하다(초록우산어린이재단).

만약 아이가 유괴를 당했다면 다음과 같이 행동하라고 사전에 교육해야 한다. 격리된 공간에 유괴범과 단둘이 있을 때는 울음을 참고 고분고분할 것, 고개를 숙이고 유괴범의 얼굴을 가급적 보지 말 것, 음식을 주면 먹기 싫더라도 꼭 먹을 것, 묻는 말에 대답을 잘하고 대화에 적극적으로 참여할 것을 아이에게 알려준다(초록우산어린이재단).

**표 3-3** 미아예방 3단계

| 단계 | 내용 |
|---|---|
| 1단계<br>멈추기 | 아이가 일단 길을 잃거나 보호자와 헤어지면 제자리에 서서 보호자를 기다리게 한다. 보호자 역시 아이가 사라지면 왔던 길을 되짚어 간다. 아이가 당황하지 않고 자리에 잘 있어 준다면 아이를 쉽게 찾을 수 있을 것이다. |
| 2단계<br>생각하기 | 2단계는 자신이 신상명세를 기억하도록 노력하는 단계이다. 자신의 이름과 연락처 등을 10번씩 외우며 기다리도록 하고 보호자는 빠른시간 내에 아이를 찾아가야 한다. 자신의 이름과 부모님 이름, 부모님 연락처, 주소 등을 잘 외우고 있는 아이라 할지라도 일이 발생되면 쉽게 기억하지 못할 수도 있다. 따라서 평소에 아이와 함께 연습해서 익숙해져야 하는 부분이다. |
| 3단계<br>도와주세요 | 보호자가 찾으러 갈 수 없을 때나 아이가 길을 잃었을 경우 주위에 있는 아주머니(아이와 함께 있는)에게 도움을 요청하도록 교육한다. 또한 가까운 곳에 공중전화를 찾아 '긴급통화 –112'를 눌러 경찰에게 도움을 요청하게 한다.<br>공중전화는 위치추적이 가능하며 더불어 노점을 하는 어른보다는 신분이 확인될 수 있는 건물 안 가게에 들어가 도움을 구하도록 교육하는 것이 좋다. |

출처: 초록우산 실종아동전문기관.

## 유괴예방 수칙

- 누군가 강제로 데려가려고 할 경우에 "안 돼요! 싫어요!"라고 크게 외치게 한다.
- 아이의 이름, 주소, 전화번호 등은 눈에 띄는 곳에 적어놓지 말고, 옷 안, 신발 안, 가방 안 등 보이지 않는 곳에 써 준다.
- 보호자의 허락 없이는 낯선 차를 타거나 아는 사람의 차라도 타지 않도록 교육한다.
- 차안, 유모차, 공중 화장실 갈 때 등 혼자 있게 하지 않는다.
- 낯선 차가 접근하면 차량 근처로 가지 않게 한다.
- 아이들이 자신을 스스로 보호할 수 있도록 수칙들을 반복해서 연습시킨다.

출처: 초록우산 실종아동전문기관.

표 3-4 실종유괴 예방방법

| 구분 | 내용 | 신청방법 | 신고 방법 | 신고 요령 |
|---|---|---|---|---|
| 안전Dream의 지문 등 사전등록제 | • 실종을 방지하고 발생 시 신속한 발견을 위해 사전에 등록해주는 제도<br>• 미리 지문, 사진, 보호자 인적사항 등을 등록해놓고, 실종되었을 때 등록된 자료를 활용해 신속히 발견하는 제도<br>• 지문 등 사전등록대상: 18세 미만 아동, 지적장애인과 치매질환자 중 보호자가 원하는 사람 | ① 안전Dream 사이트(www.safe182.go.kr)에서 등록. 단, 지문등록은 방문<br>② 경찰서 지구대/파출소에 방문하여 등록 | • 경찰청 안전Dream의 실종신고<br>• 실종아동 발생 시 무엇보다 중요한 것은 빠른 초기조치이다.<br>• 전화신고(실종아동등 신고, 국번없이 112)<br>• 전화상담(실종아동등 상담, 국번없이 182)<br>• 문자상담(내용 및 사진을 입력 후 전송 #0182)<br>• 방문신고(경찰서 지구대/파출소, 위치찾기) | • 아이의 이름<br>• 아이의 나이(생년월일)<br>• 잃어버린 일시와 장소<br>• 잃어버리게 된 자세한 경위<br>• 실종발생당시 아이가 입고 있던 옷차림과 신발, 소품, 신체특징(얼굴 모양, 머리 모양, 흉터나 점 등의 여부, 안경착용 여부, 키와 몸무게 등)<br>• 아이의 최근 사진(가능한 한 다른 모습이 담긴 최근 사진으로 여러 매 준비)<br>• 부모 이름 및 언제라도 연락이 가능한 연락처, 주소 |

출처: 경찰청, 초록우산어린이재단.

# 5 교통안전교육

## 1) 안전한 도로횡단법

최근 들어 이슈되고 있는 부분이 학교와 지역사회의 교통안전교육이다. 이 교육은 안전하게 보행하는 태도를 형성하고 자동차를 안전하게 운전할 수 있도록 도와주는 것을 목적으로 한다. 또한, 시민정신 및 보행자 안전과 차량 안전운전 등에 관한 교육을 제공해야 한다.

우리나라의 교통사고의 특성을 살펴보면, 보행 중 사망사고가 선진국보다 3배 이상 높고 보행 중 사망사고 대상의 대부분이 어린이에 해당한다. 이렇게 보행 중 사망사고가 많은 이유는 교통정책 자체가 보행자의 안전보다는 차량통행 위주로 이루어져 있고 보행자 고려가 미흡한 도로·교통시설이 설치되어 있기 때문이다(행정안전부, 2012). 또한 주거지, 보행자 통행이 잦은 지역의 속도관리가 미흡하고, 차량 운전자의 법규위반, 불법 주·정차로 인한 시야 제한 등이 사고를 유발하는 원인으로 지적되고 있다(행정안전부, 2012).

교통사고를 분석해 보면, 뛰는 경우가 천천히 걷는 경우보다 사고 위험이 7배나 높다. 특히 주·정차된 차량 사이, 앞·뒤로 뛰어 횡단하는 경우 사고 위험이 18배나 높으므로 항상 천천히 걸어 횡단하는 습관을 형성하는 것은 교통사고를 예방함에 있어서 매우 중요한 습관이라고 할 수 있다(행정안전부, 2012).

특히, 무단횡단 사고가 가장 많으므로 우리 모두가 무단횡단의 위험성과 안전한 도로횡단방법을 충분히 알고 일상생활 속에서 안전하게 보행하는 것을 습관화해야 한다. 보행 중 사고를 근원적으로 예방하기 위해서는 다음 5가지 사항을 반드시 준수해야 한다(행정안전부, 2012).

첫째, 무단횡단은 범죄행위이므로 결코 하지 않아야 한다. 특히나 무단횡단은 모방능력이 높고 행동 능력이 부족한 영유아들의 교통사고를 조장하므로 어른들이 무단횡단을 하지 않는 등 모범을 보여야 한다.

둘째, 횡단보도는 진입하는 차량과 원거리 확보를 위해 우측통행이 좌측통행보다 안전하므로 항상 우측에서 건너는 습관을 길러야 한다.

셋째, 보행자 녹색불이 들어와도, 손을 들어도 그냥 지나치는 차가 있으므로 반드시 차량 멈춤을 확인하고 운전자의 눈을 맞추는(eye contact) 습관을 형성해야 한다.

넷째, 일반적으로 신호등 없는 횡단보도에서 "운전자는 보행자가, 보행자는 운전자가 멈추어 주겠지"하며 서로 미루고 먼저 가려다 종종 사고가 발생하므로 반드시 손으로 "먼저 가겠다" 의사표시를 한 후 건너야 한다.

다섯째, 운전자가 보행자를 발견하고 브레이크를 밟으려다 가속페달을 밟을 수 있으므로 건너는 동안 차를 보면서 건너야 한다.

더불어 보호자는 영유아의 손을 꼭 잡고 다녀야 한다. 영유아들은 차 앞으로 갑자기 뛰어드는 행동을 하는 등 충동적으로 움직이는 경우가 많기 때문이다. 보호자가 양손에 물건을 들고 있어서 영유아의 손을 잡을 상황이 아니라면 옷자락이나 가방을 꼭 잡게 한다. 길을 걸을 때 빨리 가라고 재촉하지 않는다. 그리고 영유아를 차도에서 떨어진 곳, 즉 인도 안쪽으로 걷게 해야 한다(허혜경, 김성희, 2015).

- **안전하게 횡단보도를 건너요.**
  - 우선 멈춘다.
  - 주위를 살핀다.
  - 왼손을 든다.
  - 운전자와 눈을 마주친다.
  - 횡단보도를 건넌다.

## 2) 안전한 교통수단 이용법

어린이들은 조금만 방심하면 사고로 이어질 수 있기 때문에 차량을 이용하는 중에 그 빈도가 높다. 그러므로 어린이를 인솔하는 교사나 운전자는 특히 어린이 안전에 주의를 기울여야 한다.

### 통학버스 운전자의 안전운전 방법(행정안전부, 2012)

**• 운전자 및 인솔자 지침**

- 어린이 또는 유아가 타고 내리는 경우에 한하여 점멸등 등의 장치를 작동해야 하며, 어린이 또는 유아를 태우고 운행 중인 경우에 한하여 어린이 또는 유아를 태우고 있다는 표시를 해야 한다.
- 어린이 통학버스 운전자는 어린이가 좌석에 앉은 것을 확인한 후, 버스를 보도 또는 길 가장자리 구역 등 자동차로부터 안전한 장소에 세운 뒤에 하차 지도를 해야 한다.
- 어린이 또는 유아가 어린이 통학버스를 타고 내리는 때에 어린이 또는 유아가 좌석에 앉은 것과 보도 또는 길 가장자리 구역 등 자동차로부터 안전한 장소에 도착한 것을 확인한 후에 어린이 통학버스를 출발시켜야 한다.
- 어린이 또는 유아를 태운 어린이 통학버스에는 어린이 또는 유아를 보호할 수 있는 사람이 타도록 해야 한다.
- 계단을 오르내리고 있는 어린이를 재촉하거나 말을 걸지 말고, 통학버스에서 내리면 안전한 보도 위로 올라서도록 해야 한다.
- 통학버스 가까이에 물건을 떨어뜨린 경우, 절대로 어린이가 줍지 못하게 하고 반드시 운전자에게 말을 한 후 보호자가 줍도록 한다.
- 아이들은 체구가 작기 때문에 다 내렸는지 분별이 어렵다. 그렇기 때문에 버스의 뒷좌석까지 꼼꼼하게 확인한 후 문을 닫아 불의의 사고를 예방한다.

**• 영유아 주의사항**

- 버스 탑승시간 3~5분 전에 탑승 장소에 도착하고, 늦게 와서 달리는 버스를 잡는 등의 위험한 행동을 하지 않는다.
- 버스를 보고 길을 건널 때는 반드시 횡단보도를 이용하고, 비보호 횡단보도를 이용할 때는 반드시 손을 들고 운전자와 눈을 맞추어 걷는다.
- 도착 지점에 거의 다 왔더라도 버스가 완전히 멈출 때까지 기다린 후에 차에 오르며, 버스 문에 가방, 옷, 운동화 끈이 끼이지 않도록 주의한다.
- 버스에서 내릴 때는 좌, 우 안전을 꼭 확인하고 차례차례 내려야 하며, 버스 뒤, 주변에서 절대 놀지 않는다.
- 좌석에 앉아 안전띠를 꼭 착용하고, 버스 안에서 장난치거나 돌아다니지 않는다. 또한 창 밖으로 머리나 손을 내밀지 않는다.
- 차에서 내려 길 반대 방향으로 가고자 할 때는 인솔하는 선생님에게 도움을 요청한다.
- 어린이는 키가 작기 때문에 버스 바로 앞에 서 있으면 운전자가 볼 수 없다. 따라서 차에서 내린 후에는 일정한 거리에서 운전자와 눈을 맞추고 지나가야 한다. 손을 흔드는 것도 좋은 방법이다.

## 도로교통법

**제53조(어린이통학버스 운전자 및 운영자 등의 의무)** ① 어린이통학버스를 운전하는 사람은 어린이나 영유아가 타고 내리는 경우에만 제51조제1항에 따른 점멸등 등의 장치를 작동하여야 하며, 어린이나 영유아를 태우고 운행 중인 경우에만 제51조제3항에 따른 표시를 하여야 한다. 〈개정 2014. 12. 30.〉

② 어린이통학버스를 운전하는 사람은 어린이나 영유아가 어린이통학버스를 탈 때에는 승차한 모든 어린이나 영유아가 좌석안전띠(어린이나 영유아의 신체구조에 따라 적합하게 조절될 수 있는 안전띠를 말한다. 이하 이 조 및 제156조제1호, 제160조제2항제4호의2에서 같다)를 매도록 한 후에 출발하여야 하며, 내릴 때에는 보도나 길가장자리구역 등 자동차로부터 안전한 장소에 도착한 것을 확인한 후에 출발하여야 한다. 다만, 좌석안전띠 착용과 관련하여 질병 등으로 인하여 좌석안전띠를 매는 것이 곤란하거나 행정안전부령으로 정하는 사유가 있는 경우에는 그러하지 아니하다. 〈개정 2014. 1. 28., 2014. 11. 19., 2014. 12. 30., 2017. 7. 26., 2018. 3. 27.〉

③ 어린이통학버스를 운영하는 자는 어린이통학버스에 어린이나 영유아를 태울 때에는 다음 각 호의 어느 하나에 해당하는 보호자를 함께 태우고 운행하여야 하며, 동승한 보호자는 어린이나 영유아가 승차 또는 하차하는 때에는 자동차에서 내려서 어린이나 영유아가 안전하게 승하차하는 것을 확인하고 운행 중에는 어린이나 영유아가 좌석에 앉아 좌석안전띠를 매고 있도록 하는 등 어린이 보호에 필요한 조치를 하여야 한다. 〈개정 2014. 1. 28., 2014. 12. 30.〉

1. 「유아교육법」에 따른 유치원이나 「초 · 중등교육법」에 따른 초등학교 또는 특수학교의 교직원
2. 「영유아보육법」 제2조제5호에 따른 보육교직원
3. 「학원의 설립 · 운영 및 과외교습에 관한 법률」 제13조제1항에 따른 강사
4. 「체육시설의 설치 · 이용에 관한 법률」에 따른 체육시설의 종사자
5. 그 밖에 어린이통학버스를 운영하는 자가 지명한 사람

④ 어린이통학버스를 운전하는 사람은 어린이통학버스 운행을 마친 후 어린이나 영유아가 모두 하차하였는지를 확인하여야 한다. 〈신설 2016. 12. 2.〉

⑤ 어린이통학버스를 운전하는 사람이 제4항에 따라 어린이나 영유아의 하차 여부를 확인할 때에는 행정안전부령으로 정하는 어린이나 영유아의 하차를 확인할 수 있는 장치(이하 "어린이 하차확인장치"라 한다)를 작동하여야 한다. 〈신설 2018. 10. 16.〉

[전문개정 2011. 6. 8.]

[제목개정 2014. 1. 28.]

**제53조의2(보호자가 동승하지 아니한 어린이통학버스 운전자의 의무)** 어린이의 승차 또는 하차를 도와주는 보호자를 태우지 아니한 어린이통학버스를 운전하는 사람은 어린이가 승차 또는 하차하는 때에 자동차에서 내려서 어린이나 영유아가 안전하게 승하차하는 것을 확인하여야 한다. 〈개정 2014. 12. 30.〉

[전문개정 2014. 1. 28.]

**제53조의3(어린이통학버스 운영자 등에 대한 안전교육)** ① 어린이통학버스를 운영하는 사람과 운전하는 사람은 어린이통학버스의 안전운행 등에 관한 교육(이하 "어린이통학버스 안전교육"이라 한다)을 받아야 한다. 〈개정 2014. 1. 28.〉

② 어린이통학버스 안전교육은 다음 각 호의 구분에 따라 실시한다. 〈신설 2014. 1. 28.〉

1. 신규 안전교육: 어린이통학버스를 운영하려는 사람과 운전하려는 사람을 대상으로 그 운영 또는 운전을 하기 전에 실시하는 교육
2. 정기 안전교육: 어린이통학버스를 계속하여 운영하는 사람과 운전하는 사람을 대상으로 2년마다 정기적으로 실시하는 교육

③ 어린이통학버스를 운영하는 사람은 어린이통학버스 안전교육을 받지 아니한 사람에게 어린이통학버스를 운전하게 하여서는 아니 된다. 〈신설 2014. 1. 28.〉

④ 그 밖에 어린이통학버스 안전교육의 방법 · 절차 등에 관하여 필요한 사항은 대통령령으로 정한다. 〈개정 2014. 1. 28.〉

[본조신설 2011. 6. 8.]

[제목개정 2014. 1. 28.]

**제53조의4(어린이통학버스의 위반 정보 등 제공)** ① 경찰서장은 어린이통학버스를 운영하는 사람이나 운전하는 사람이 제53조 또는 제53조의2를 위반하거나 제53조 또는 제53조의2를 위반하여 어린이를 사상(死傷)하는 사고를 유발한 때에는 어린이 교육시설을 감독하는 주무기관의 장에게 그 정보를 제공할 수 있다.

② 제1항에 따른 정보 제공의 구체적 기준 · 방법 및 절차 등 필요한 사항은 행정안전부령으로 정한다. 〈개정 2014. 11. 19., 2017. 7. 26.〉

[본조신설 2014. 1. 28.]

자전거를 타기 시작하는 유아기에 미숙한 균형감각 및 운동기능 발달로 인해서 자전거 사고 역시 증가하고 있으며, 자전거 사고로 인한 사망자 역시 매년 급증하고 있다. 사고가 많은 원인은 운전자들의 헬멧 등 안전 장비의 미착용과 보행자 보호 의무 위반, 보도주행과 같은 법규 위반이 많은 데에 있다(행정안전부, 2012).

따라서 유아의 올바른 자전거 교통문화 습득과 안전사고 예방을 위해 자전거 체험 안전교육이 이루어져야 한다. 다시 말해, 자전거 사고의 위험성을 인식하고 안전하게 자전거 타는 방법을 충분히 습득해야 한다.

사고를 예방할 수 있는 자전거 안전하게 타기에 대해 살펴보면 다음과 같다(학교안전정보센터, 2009; 행정안전부, 2012).

**• 자전거 운전자의 마음 자세**

자신과 타인의 안전을 우선적으로 생각해야 하며, 특히 교통 약자인 보행자를 보호하는 자세를 가져야 한다. 그리고 자동차와의 안전에 무엇보다 주의를 기울여야 한다.

**• 자전거 타기 전 주의할 점**

손에 물건을 들고 있으면 핸들잡기가 어려워서 위험하다. 양손으로 핸들을 잡고 자전거를 탄다. 친구들과 이야기를 하면서 주행하면 위험하다. 또한 친구와 자전거를 같이 타면 위험하다. 내리막길에서 빠르게 운전하면 위험하다.

**• 자전거 타기에 적당한 복장**

몸에 잘 맞는 옷을 착용하고, 통이 넓거나 너무 긴 바지, 치마, 긴 목도리 등은 체인에 끼일 수 있으므로 절대로 입지 말아야 한다. 안전모와 무릎 보호대는 반드시 착용하고 벗겨지기 쉬운 슬리퍼나 샌들보다는 내 발에 꼭 맞고 끈이 달리지 않은 운동화를 신어야 한다. 야간에는 밝은 색 또는 야광색 옷을 입는다.

**• 자전거를 타는 장소 및 주행**

주행에 앞서 반드시 안전점검을 하고, 자전거 통행이 허용된 도로를 이용한다. 차·보도의 구분이 없는 도로를 주행할 때는 도로의 오른쪽 끝에서 탄다. 보도를 통행하거나 횡단보도를 횡단할 때는 보행자 통행을 방해하지 않고 자전거에서 내려 밀고 간다. 또한 다른 자전거와 나란히 주행해서는 안 되며, 자전거는 지정된 장소에 보관한다.

# 6 폭력예방 및 신변안전교육(성폭력 아동학대예방교육)

## 1) 아동학대

아동학대란 스스로 방어할 수 없는 영유아에 대한 악의를 가진 성인의 난폭한 공격 행위이다. 아동학대는 신체학대, 정서학대, 성 학대 및 방임 등을 포괄한다. 「아동복지법」 제3조 제7항에 따르면 아동학대란 보호자를 포함한 성인이 아동의 건강 또는 복지를 해치거나 정상적 발달을 저해할 수 있는 신체적·정신적·성적 폭력이나 가혹행위를 하는 것과 아동의 보호자가 아동을 유기하거나 방임하는 것을 말한다. 즉, 영유아가 건강하게 성장하며 발달하는 과정에서 하지 말아야 하는 해를 의도적으로 가하는 것과 해야 함에도 불구하고 방임하는 것도 아동학대 범위에 포함된다.

아동학대의 유형을 살펴보면 다음과 같다(국가건강정보포털 의학정보, 국가건강정보포털).

### (1) 신체적 학대

신체적 학대란 성인이 아동에게 직접적이고 물리적인 공격을 포한 정도가 심한 처벌을 가하여 신체적인 손상과 고통을 주는 경우로서, 연령에 적합하지 않은 일을 시키는 노동 착취나 정서적인 학대를 동시에 행하는 경우를 포함한다.

| 보호자를 포함한 성인이 아동의 건강 또는 복지를 해치거나 정상적 발달을 저해할 수 있는 신체적 폭력이나 가혹행위를 하는 것(「아동복지법」 제3조 제7호) | |
|---|---|
| 내용 | 보호자를 포함한 성인이 아동에게 우발적인 사고가 아닌 상황에서 신체적 손상을 입히거나 또는 신체손상을 입도록 허용한 모든 행위를 말한다. |
| 구체적인 신체학대 행위 예 | • 직접적으로 신체에 가해지는 행위(손, 발 등으로 때림, 꼬집고 물어뜯는 행위, 조르고 비트는 행위, 할퀴는 행위 등)<br>• 도구를 사용하여 신체를 가해하는 행위(도구로 때림, 흉기 및 뾰족한 도구로 찌름 등)<br>• 완력을 사용하여 신체를 위협하는 행위(강하게 흔듦, 신체부위 묶음, 벽에 밀어붙임, 떠밀고 잡음, 아동 던짐, 거꾸로 매닮, 물에 빠트림 등)<br>• 신체에 유해한 물질로 신체에 가해지는 행위(화학물질 혹은 약물 등으로 신체에 상해를 입히는 행위, 화상을 입힘 등) |

| | |
|---|---|
| 신체적 징후 | • 설명하기 어려운 신체적 상흔<br>• 발생 및 회복에 시간차가 있는 상처<br>• 비슷한 크기의 반복적으로 긁힌 상처<br>• 사용된 도구의 모양이 그대로 나타나는 상처<br>• 담배 불 자국, 뜨거운 물에 잠겨 생긴 화상자국, 회음부에 있는 화상자국, 알고 있는 물체 모양(다리미 등)의 화상자국, 회복속도가 다양한 화상자국<br>• 입, 입술, 치은, 눈, 외음부 상처<br>• 긁히거나 물린 자국에 의한 상처<br>• 손목이나 발목에 긁힌 상처, 영유아에게 발견된 붉게 긁힌 상처<br>• 성인에 의해 물린 상처<br>• 겨드랑이, 팔뚝 안쪽, 허벅지 안쪽 등 다치기 어려운 부위의 상처<br>• 대뇌 출혈, 망막출혈, 양쪽 안구 손상, 머리카락이 뜯겨나간 두피 혈종 등을 동반한 복잡한 두부 손상<br>• 고막 천공이나 귓불이 찢겨진 상처와 같은 귀 손상<br>• 골격계 손상, 시간차가 있는 골절, 치유 단계가 다른 여러 부위의 골절, 복합 및 나선형 골절, 척추 손상(특히, 여러 군데의 골절), 영유아의 긴 뼈에서 나타나는 간단 골절, 회전상 골절, 걷지 못하는 아이에게서 나타나는 대퇴골절, 골막하<br>• 출혈의 방사선 사진, 골단 분리, 골막 변형, 골막 석회화<br>• 간혈종, 간열상, 십이지장 천공, 궤양 등과 같은 복부손상<br>• 폐 좌상, 기흉, 흉막삼출과 같은 흉부손상 |
| 행동적 징후 | • 어른과의 접촉회피<br>• 다른 아동이 울 때 공포를 나타냄<br>• 공격적이거나 위축된 극단적 행동<br>• 부모에 대한 두려움<br>• 집에 가는 것을 두려워함<br>• 위험에 대한 지속적인 경계 |

출처: 보건복지부산하 중앙 아동보호전문기관.

### (2) 심리 · 정서적 학대

심리 · 정서적 학대란, 성인이 아동의 인지, 정서, 사회, 심리학적 발달에 심각한 손상을 입히는 행위로, 언어적 · 정서적 위협, 감금, 가학적 행위를 포함한다. 부모가 자녀에게 욕설하고 협박하거나 모욕을 주며 소리를 지르고 비난하는 것도 학대에 포함된다. 외관상 드러나지 않기에 심각성을 느끼지 못하는 경우가 많지만 성장하여 대인관계가 원만하지 못한 경우가 많으며, 정서적 발달과 사회성 발달에 문제를 가져오며, 치명적인 손상을 가져올 수 있다. 정서적 학대는 언어적 폭력, 부모의 성격, 집안 분위기에 따라 기준이 모호하여 논란의 여지가 있다(국가건강정보포털 의학정보, 2012).

| 보호자를 포함한 성인이 아동의 건강 또는 복지를 해치거나 정상적 발달을 저해할 수 있는 정신적 폭력이나 가혹행위를 하는 것(「아동복지법」 제3조 제7호) | |
|---|---|
| 내용 | 보호자를 포함한 성인이 아동에게 행하는 언어적 모욕, 정서적 위협, 감금이나 억제, 기타 가학적인 행위를 말하며 언어적 · 정신적 · 심리적 학대라고도 한다. |
| 구체적인 정서학대 행위 예 | • 원망적/거부적/적대적 또는 경멸적인 언어폭력 등<br>• 잠을 재우지 않는 것<br>• 벌거벗겨 내쫓는 행위<br>• 형제나 친구 등과 비교, 차별, 편애하는 행위<br>• 가족 내에서 왕따 시키는 행위<br>• 아동이 가정폭력을 목격하도록 하는 행위<br>• 아동을 시설 등에 버리겠다고 위협하거나 짐을 싸서 쫓아내는 행위<br>• 미성년자 출입금지 업소에 아동을 데리고 다니는 행위<br>• 아동의 정서 발달 및 연령상 감당하기 어려운 것을 강요하는 행위(감금, 약취 및 유인, 아동 노동 착취)<br>• 다른 아동을 학대하도록 강요하는 행위 |
| 신체적 징후 | • 발달지연 및 성장장애<br>• 신체발달저하 |
| 행동적 징후 | • 특정 물건을 계속 빨고 있거나 물어뜯음<br>• 행동장애(반사회적, 파괴적 행동장애)<br>• 신경성 기질 장애(놀이장애)<br>• 정신신경성 반응(히스테리, 강박, 공포)<br>• 언어장애<br>• 극단행동, 과잉행동, 자살시도<br>• 실수에 대한 과잉 반응<br>• 부모와의 접촉에 대한 두려움 |

출처: 보건복지부산하 중앙 아동보호전문기관.

### (3) 성적 학대

성적 학대란 성인이나 나이가 많은 아동이 성적 욕구를 충족하기 위해 아동에게 성적행위를 하는 것으로 성적폭행 및 착취를 포함한다. 성적유희, 외설적인 자극의 노출, 성적 접촉 등과 그러한 대상이 될 아동을 구하거나 협박하는 행위 등이 있고 학교나 가정에서 발생한다. 아동이 성장하면서 기억하기 싫은 사건을 무의식 속으로 숨겨 잊어버리는 경우가 많지만, 어린 시절 성폭력을 당하게 되면 성장하면서 재생되어 장애를 일으키기도 한다. 이런 장애로는 불안과 강박장애, 무기력, 적개심, 수치심, 우울, 분노, 낮은 자존감 등이 있다. 아동의 성적 학대는 대부분 피해자를 아는 사람에 의해 이루어지며 가해자가 친족인 경우도 빈번하기에 문제의 심각성은 더 크다.

<table>
<tr><td colspan="2">보호자를 포함한 성인이 아동의 건강 또는 복지를 해치거나 정상적 발달을 저해할 수 있는 성적 폭력이나 가혹행위를 하는 것(「아동복지법」 제3조 제7호)</td></tr>
<tr><td>내용</td><td>보호자를 포함한 성인이 자신의 성적 충족을 목적으로 18세 미만의 아동에게 행하는 모든 성적 행위를 말한다.</td></tr>
<tr><td>구체적인 성학대 행위 예</td><td>• 자신의 성적 만족을 위해 아동을 관찰하거나 아동에게 성적인 노출을 하는 행위(옷을 벗기거나 벗겨서 관찰하는 등의 관음적 행위, 성관계 장면을 노출, 나체 및 성기 노출, 자위행위 노출 및 강요, 음란물을 노출하는 행위 등)<br>• 아동을 성적으로 추행하는 행위(구강추행, 성기추행, 항문추행, 기타 신체부위를 성적으로 추행하는 행위 등)<br>• 아동에게 유사성행위를 하는 행위(드라이성교 등)<br>• 성교를 하는 행위(성기삽입, 구강성교, 항문성교)<br>• 성매매를 시키거나 성매매를 매개하는 행위</td></tr>
<tr><td>신체적 징후</td><td>■ 신체적 지표<br>• 학령 전 아동의 성병감염<br>• 임신<br><br>■ 생식기의 증거<br>• 아동의 질에 있는 정액<br>• 찢기거나 손실된 처녀막<br>• 질에 생긴 상처나 긁힌 자국<br>• 질의 홍진(紅疹)<br>• 배뇨곤란<br>• 요도염<br>• 생식기의 대상포진<br><br>■ 항문증후<br>• 항문 괄약근의 손상<br>• 항문주변의 멍이나 찰과상<br>• 항문 내장이 짧아지거나 뒤집힘<br>• 항문 입구에 생긴 열창<br>• 항문이 좁아짐<br>• 회음부의 동통과 가려움<br>• 변비<br>• 대변에 혈액이 나옴<br><br>■ 구강증후<br>• 입천장의 손상<br>• 인두(咽頭)임질(pharyngeal gonorrhea)</td></tr>
</table>

| | |
|---|---|
| 행동적 징후 | ■ **성적 행동지표**<br>• 나이에 맞지 않는 성적행동<br>• 해박하고 조숙한 성지식<br>• 명백하게 성적인 묘사를 한 그림들<br>• 타인과의 성적인 상호관계<br>• 동물이나 장난감을 대상으로 하는 성적인 상호관계<br><br>■ **비(非)성적인 행동지표**<br>• 위축, 환상, 유아적 행동(퇴행행동)<br>• 자기 파괴적 또는 위험을 무릅쓴 모험적인 행동<br>• 충동성, 산만함 및 주의집중장애<br>• 혼자 남아 있기를 거부 또는 외톨이<br>• 특정 유형의 사람들 또는 성에 대한 두려움<br>• 방화/동물에게 잔혹함(주로 남아의 특징)<br>• 비행, 가출<br>• 약물 및 알코올 남용<br>• 자기 파괴적 행동(자살시도)<br>• 범죄행위<br>• 우울, 불안, 사회관계의 단절<br>• 수면장애<br>• 유뇨증/유분증<br>• 섭식장애(폭식증/거식증)<br>• 야뇨증<br>• 외상 후 스트레스 장애<br>• 저조한 학업수행 |

출처: 보건복지부산하 중앙 아동보호전문기관.

### (4) 방임

방임은 부모 및 양육자가 아동에게 고의적이며 반복적으로 양육 및 보호를 소홀히 하여 아동의 건강과 복지를 해치거나 정상적인 발달을 저해할 수 있는 모든 행위를 일컫는다. 예를 들어, 아동에게 필요한 음식, 옷, 거주지, 의료 서비스, 건강관리, 안전, 행복 등을 적절히 제공하지 못하는 것을 의미한다. 방임된 아동은 학교 결석, 음식이나 돈 구걸, 의료 및 치아 관련 서비스 부재, 지속적인 위생 불량, 날씨에 어울리지 않는 옷 착용 등으로 알아볼 수 있다(심리학용어사전, 2014).

| 아동의 보호자가 아동을 유기하거나 방임하는 것(「아동복지법」 제3조 제7호) | |
|---|---|
| 내용 | 보호자가 아동에게 위험한 환경에 처하게 하거나 아동에게 필요한 의식주, 의무교육, 의료적 조치 등을 제공하지 않는 행위를 말하며, 유기란 보호자가 아동을 보호하지 않고 버리는 행위를 말한다. |
| 방임의 유형 예 | ■ **물리적 방임**<br>• 기본적인 의식주를 제공하지 않는 행위<br>• 불결한 환경이나 위험한 상태에 아동을 방치하는 행위<br>• 아동의 출생신고를 하지 않는 행위, 보호자가 아동들을 가정 내 두고 가출한 경우<br>• 보호자가 친족에게 연락하지 않고 무작정 아동을 친족 집 근처에 두고 사라진 경우 등<br><br>■ **교육적 방임**<br>• 보호자가 아동을 특별한 사유 없이 학교(의무교육)에 보내지 않거나 아동의 무단결석을 방치하는 행위<br>※ 의무교육은 6년의 초등교육 및 3년의 중학교를 의미함(「교육기본법」 제8조 제1항)<br>※ 초등학교 및 중학교의 장은 해당 학교에 취학할 예정인 아동이나 취학 중인 학생이<br>① 입학 · 재취학 · 전학 또는 편입학 기일 이후 2일 이내에 입학 · 재취학 · 전학 또는 편입학하지 아니한 경우,<br>② 정당한 사유 없이 계속하여 2일 이상 결석하는 경우,<br>③ 학생의 고용자에 의하여 의무교육을 받는 것이 방해당하는 때 지체 없이 그 보호자 또는 고용자에게 해당 아동이나 학생의 취학 또는 출석을 독촉하거나 의무교육을 받는 것을 방해하지 아니하도록 경고하여야 함(「초 · 중등교육법 시행령」 제25조)<br><br>■ **의료적 방임**<br>• 아동에게 필요한 의료적 처치 및 개입을 하지 않는 행위<br><br>■ **유기**<br>• 아동을 보호하지 않고 버리는 행위<br>• 아동을 병원에 입원시키고 사라진 경우<br>• 시설 근처에 버리고 가는 행위 |
| 신체적 징후 | • 발달지연 및 성장장애<br>• 비위생적인 신체상태<br>• 예방접종과 의학적 치료 불이행으로 인한 건강상태 불량<br>• 아동에게 악취가 지속적으로 나는 경우 |
| 행동적 징후 | • 계절에 맞지 않는 부적절한 옷차림<br>• 음식을 구걸하거나 훔침<br>• 비행 또는 도벽<br>• 학교에 일찍 등교하고 집에 늦게 귀가함<br>• 지속적인 피로 또는 불안정감 호소<br>• 수업 중 조는 태도<br>• 잦은 결석 |

출처: 보건복지부산하 중앙 아동보호전문기관.

심리적 · 육체적으로 미완의 발달상태에 있는 아동이 학대를 받게 되면 향후 성장과 발달에 치명적인 영향을 받을 수밖에 없다. 또한 아동학대를 경험한 아동이 이후 성장하면서 사회에서 잘못된 폭력의 전달자가 될 수 있다는 점에서 아동학대의 영향력은 세대 간에 전달될 수 있을 만큼 위험한 것임을 인식해야 한다. 따라서 아동의 건전한 성장을 도우며, 이를 통한 학대를 예방하는 것은 아동의 성장 후 발생할 수 있는 여러 가지 문제를 사전에 예방할 수 있으며, 나아가 우리 사회의 다른 문제들도 줄어드는 효과를 보일 것이다(국가건강정보포털 의학정보, 국가건강정보포털).

### 아동학대를 예방하는 방법(국가건강정보포털 의학정보, 국가건강정보포털)

**• 성인의 경우**

- 학대 또는 폭력의 충동을 느끼는 경우 마음을 가라앉힌다.
- 자녀에 대한 지나친 기대보다는 기대수준을 현실적으로 맞추도록 노력한다.
- 항상 화목한 가정을 위해서 가족구성원이 노력한다.
- 아동양육이 힘들 때는 친척이나 주위 사람에게 도움을 요청한다.
- 알코올중독이나 약물중독에 빠지지 않도록 대화를 자주하고, 고민에 대해서도 의논할 수 있는 가정 분위기로 가꾼다.
- 심한 스트레스를 받거나 욕구충족이 되지 않고 고민스러울 때는 전문가에게 상담을 요청한다.

**• 아동의 경우**

- 크게 울거나 싫다고 소리를 지르는 등 학대 거부의사를 확실하게 밝히도록 한다.
- 학대의 현장에서 피한다.
- 잘 모르는 사람은 따라가지 않도록 교육한다.
- 학대가 무엇인지에 대해 알려준다.
- 부당하게 취급 받았을 때, 즉시 믿을만한 어른에게 이야기하고 숨기지 말라고 가르친다.
- 아이가 싫다고 느끼는 부분에 대해서는 언제든지 분명하게 이야기하는 자신감을 갖도록 가정에서 가르친다(자기주장 훈련 등).

**• 아동학대 신고와 처리과정**

2014년 이후 신고의 일원화와 편리함을 위해서 경찰의 범죄신고전화(112)로 통합되었고 경찰에 신고된 학대 아동은 절차에 따라 필요한 도움을 받게 된다. 심각한 아동학대 사례로서 경찰의 조사가 진행될 때에는 신고자가 관찰한 내용으로 진술서를 작성하게 되는데, 이것은 아동학대를 입증하기 위한 참고자료로서 대단히 중요하다. 조사결과 학대가 아니라는 판정이 나더라도 신고자에게는 불이익이 돌아가지 않는다(국가건강정보포털 의학정보, 국가건강정보포털).

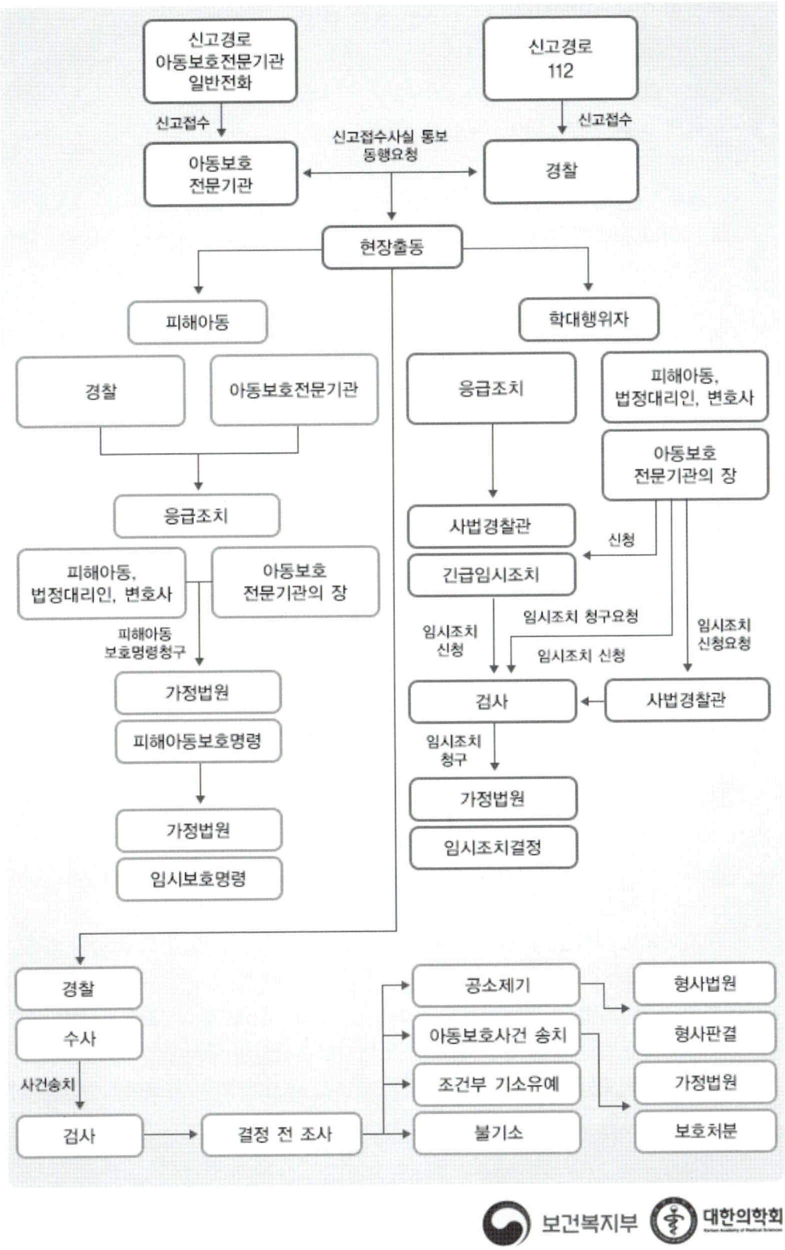


그림 3-2 아동학대 신고와 처리과정

**표 3-5** 아동학대 신고

| 구분 | 내용 |
|---|---|
| 언제? | • 아동의 울음소리, 비명, 신음소리가 계속되는 경우<br>• 아동의 상처에 대한 보호자의 설명이 모순되는 경우<br>• 계절에 맞지 않거나 깨끗하지 않은 옷을 계속 입고 다니는 경우<br>• 뚜렷한 이유 없이 지각이나 결석이 잦은 경우<br>• 나이에 맞지 않는 성적 행동을 보이는 경우 |
| 무엇을? | • 신고자의 이름, 연락처<br>• 아동의 이름, 성별, 나이, 주소<br>• 학대행위자로 의심되는 사람의 이름, 성별, 나이, 주소<br>• 아동이 위험에 처해 있거나 학대를 받고 있다고 믿는 이유<br>※아동이나 학대행위자의 정보를 파악하지 못해도 신고는 가능하며, 가능한 한 많은 정보를 제공하도록 한다.<br>※가능한 한 증거사진을 확보<br>※아동들이 놀라거나 두려워하지 않도록 일상적으로 대하기<br>※성학대로 의심되는 경우, 씻기거나 옷 갈아입히지 않기<br>※학대를 캐묻거나 답변을 유도하는 질문하지 않기 |
| 어떻게? | • 전화 : 국번없이 112<br>• 방문 : 관할 지역아동보호전문기관<br>• 신고자의 신분은 「아동학대범죄의 처벌 등에 관한 특례법」 제10조, 제62조에 의해 보장됨 |
| 누가? | 누구든지 아동학대를 알게 된 자는 아동보호전문기관 또는 수사기관에 즉시 신고할 수 있다. 신고의무자에 속하는 사람은 다음과 같다.<br>• 「초중등교육법」 제19조의 규정에 의한 교원<br>• 「의료법」 제34조 규정에 의한 의료기관에서 의료업을 행하는 의료인<br>• 아동복지시설의 종사자 및 그 장<br>• 「장애인복지법」 제37조 규정에 의한 장애인 복지시설에서 장애아동에 대한 상담-치료-훈련 또는 요양을 행하는 자<br>• 「영유아보육법」 제7조의 규정에 의한 보육시설의 종사자<br>• 「윤락행위 등 방지법」 제11조 및 제14조의 규정에 의한 복지시설의 종사자 및 여성복지상담소의 상담원<br>• 「모자복지법」 제7조 및 제20조의 규정에 의한 모자복지상담소의 상담원 및 모자복지시설 종사자<br>• 「가정폭력방지법 및 피해자보호 등에 관한 법률」 제5조 및 제7조의 규정에 의한 가정폭력 관련 상담소의 상담원 및 가정폭력 피해자보호시설의 종사자<br>• 「아동복지지도원 및 사회복지사업법」 제14조 규정에 의한 사회복지전담공무원 |

출처: 보건복지부산하 중앙 아동보호전문기관, 국가건강정보포털 의학정보, 국가건강정보포털, 세이브더칠드런.

직무상 아동학대를 쉽게 발견할 수 있는 교사, 아동복지시설 종사자 등은 아동학대를 알게 된 경우나 의심될 경우 아동보호전문기관 또는 수사기관에 즉시 신고하여야 하는 신고 의무자이다.

아동학대 신고의무자가 직무 중에 학대로 의심되는 아동을 조기발견하기 위해 활용되도록 「아동학대 체크리스트」가 제작되었다.

**표 3-6** 아동학대 체크리스트

| 번호 | 체크항목 | 체크란 | |
|---|---|---|---|
| 1 | 사고로 보이기에는 미심쩍은 멍이나 상처가 발생한다. | 예 | 아니오 |
| 2 | 상처 및 상흔에 대한 아동 혹은 보호자의 설명이 불명확하다. | 예 | 아니오 |
| 3 | 보호자가 아동이 매를 맞고 자라야 한다는 생각을 갖고 있거나 체벌을 사용한다. | 예 | 아니오 |
| 4 | 아동이 보호자에게 언어적, 정서적 위협을 당한다. | 예 | 아니오 |
| 5 | 아동이 보호자에게 감금, 억제, 기타 가학적인 행위를 당한다. | 예 | 아니오 |
| 6 | 기아, 영양실조, 적절하지 못한 영양섭취를 보인다. | 예 | 아니오 |
| 7 | 계절에 맞지 않는 옷, 청결하지 못한 외모를 보인다. | 예 | 아니오 |
| 8 | 불결한 환경이나 위험한 상태로부터 아동을 보호하지 않고 방치한다. | 예 | 아니오 |
| 9 | 성학대로 의심될 성 질환이 있거나 임신 등의 신체적 흔적이 있다. | 예 | 아니오 |
| 10 | 나이에 맞지 않는 성적 행동 및 해박하고 조숙한 성지식을 보인다. | 예 | 아니오 |
| 11 | 자주 결석하거나 결석에 대한 사유가 불명확하다. | 예 | 아니오 |
| 12 | 아동에게 필요한 의료적 처치 혹은 예방접종을 실시하지 않는다. | 예 | 아니오 |
| 13 | 보호자에 대한 거부감과 두려움을 보이고, 집(보호기관)으로 돌아가는 것에 대해 두려워한다. | 예 | 아니오 |
| 14 | 아동이 매우 공격적이거나 위축된 모습 등의 극단적인 행동을 한다. | 예 | 아니오 |

※1개 문항 이상 "예" 라고 체크된 경우, 아동학대를 의심해 볼 수 있는 상황이다.
출처: 보건복지부산하 중앙 아동보호전문기관, 세이브더칠드런.

### 아동권리 실현을 위한 교사의 다짐

- 아이들이 권리를 가진 소중한 존재임을 잊지 않겠습니다.
- 아이들의 차이를 인정하고 존중하며 차별하지 않겠습니다.
- 외모와 실력만으로 아이들을 판단하지 않고, 아이들이 가지고 있는 무한한 가능성에 집중하겠습니다.
- 일방적이고 강압적인 모습으로 대하기보다는 서로 존중하고 배려하는 모습으로 아이들의 의견에 귀 기울이겠습니다.
- 아이들을 위험으로부터 보호하기 위해 안전을 최우선으로 하겠습니다.
- 아이들이 나뿐만 아니라 다른 친구들의 권리도 소중히 여길 수 있도록 긍정적인 모델과 안내자의 역할을 하겠습니다.
- 아이들의 참여를 바탕으로 인권친화적인 반이 되도록 노력하겠습니다.
- 처음 아이들을 가르칠 때 느꼈던 설레고 행복했던 마음과 열정을 항상 잊지 않겠습니다.

## 7 약물 · 사이버 중독예방 교육(감염병 및 약물의 오용 · 남용 예방 등 보건위생관리 교육)(행정안전부, 2012)

### 1) 약물 중독예방 교육

유독성 물질에 의한 사고는 주로 가정 내 · 외에 방치된 의약품 및 화학제품 등을 의도하지 않은 상태에서 잘 못 먹어서 발생하는 우발적 사고로서, 의약품 등의 정상적 사용에서 발생하는 부작용과는 구별된다. 가정에서 흔히 사용하는 의약품과 화학제품은 아주 위험할 수 있다. 특히 이들 제품의 내용물을 어린이가 일정량 이상을 먹을 경우 심각한 위해를 입거나 사망에 이를 수 있다. 의약품의 아스피린 성분을 가진 해열진통제는 이명, 발열, 의식장애, 시력장애, 경련, 두드러기나 천식 등의 알레르기의 독성이나 부작용이 있을 수 있다. 나프록센 성분의 소염진통제는 설사, 복부통증 등 위장의 합병증, 현기증, 두통, 이명 등의 부작용이 나타날 수 있다.

화학제품인 가정용 세척제는 입이나 식도염증, 소화관 천공, 호흡곤란 등을 유발할 수 있으며, 구강청결제의 에탄올은 과다복용의 경우 사망과 혼수상태에 이를 수 있는 과민성, 신진대사 합병증 등이 나타날 수 있다. 화장품의 경우 하이드로카본(hydrocarbons)의 성분으로 폐에 직접 흡입될 경우 화학적 폐렴, 구토나 두통, 심할 경우 뇌질환이나 사망에 이를 수 있다.

유아기에는 약물 오용 및 남용의 관점에서 위해성을 알려주는 것보다 우선 약(물)의 소중함을 알려주고, 올바른 약(물) 복용법과 보관법 등 올바른 약(물) 사용 습관을 길러주는 것이 적절하다. 이 시기의 생활습관이 성인이 된 이후에도 지속되므로 약(물)에 대한 올바른 지식이 전달될 수 있도록 지도한다. 약(물)에 대한 지도는 올바른 약(물) 복용에 대한 지도와 함께 건강의 기초인 바른 식습관의 중요성을 강조하는 것도 필요하다. 식생활지도와 연계하여 지도하도록 한다. 교육기관에서는 약을 사는 것과 약을 바르게 먹는 방법을 가정과 연계하여 지도하도록 한다(학교안전정보센터, 2016).

유해물질에 대한 삼킴이나 흡입 등의 사고에 대한 사고예방대책은 다음과 같다(행정안전부, 2012).

- 세척제, 화학약품 등은 보기 쉽게 표기하고 별도로 보관한다.
- 장기 복용 약품 등은 보기 쉽게 표기하여 오용하지 않도록 한다.
- 식품 용기에 화학물질, 농약 등을 담아두지 않도록 한다.
- 떡 등 끈적끈적한 식품 등을 섭취할 때는 차나 음료수 등으로 목을 축이고 천천히 먹는다.
- 화학약품이 피부에 묻었을 때는 수돗물 등 흐르는 물로 20분 이상 씻어 낸다.

### 영유아를 위한 의약품 사용안내

- 약 이름, 영유아 이름을 확인한다. 약의 종류와 용량은 영유아의 질병 상태와 체중에 따라 다르며, 친구나 형제, 자매끼리 약을 나누어 먹이지 않는다.
- 약 투약 시 계량컵, 계량스푼 또는 의약품 주입기를 통해 정확한 용량을 투입한다. 어른을 기준으로 어린이 용량을 유추하여 먹이지 않으며, 영유아가 약을 먹은 시간과 용량을 적어두는 습관을 기른다.
- 유통기한이 지난 약은 효과와 품질을 보장할 수 없으므로 과감하게 버린다. 특히, 물약은 알약이나 가루약보다 더 불안정하여 오래 두면 성질이 변하기 쉽다. 유통기한이 지났거나 더 이상 사용할 수 없는 약은 안전하게 폐기처분되도록 가까운 약국의 폐의약품 수거함에 버린다. 약을 변기나 하수구에 버리거나 생활쓰레기와 함께 버리면 환경오염의 주범이 된다.
- 영유아의 손에 닿는 곳에 의약품을 보관하면 우발적인 중독사고의 원인이 된다. 영양제를 포함한 모든 약은 반드시 잠금 장치가 있는 장소나 영유아의 손에 닿지 않는 장소에 보관하여야 한다.
- 약을 복용한 후, 부작용이 의심되면 한국의약품안전관리원으로 신고한다. 응급상황일 때에는 가까운 병원 응급실(응급의료센터) 또는 119 구급대로 전화한다.

※ 의약품부작용신고방법 안내
의약품부작용신고센터: 1644-6223
한국의약품안전관리원 홈페이지: http://www.drugsafe.or.kr

출처: 한국의약품안전관리원.

<table>
<tr><th colspan="2">투 약 의 뢰 서</th></tr>
<tr><td colspan="2">금일 자녀의 투약을 선생님께 의뢰합니다.<br>※단 투약으로 인한 책임은 의뢰자가 집니다.</td></tr>
<tr><td>반 명</td><td></td></tr>
<tr><td>원아 이름</td><td></td></tr>
<tr><td>증상</td><td></td></tr>
<tr><td>약의 종류 및 용량</td><td></td></tr>
<tr><td>투약 시간</td><td></td></tr>
<tr><td>부탁 사항</td><td></td></tr>
<tr><td colspan="2">년 월 일<br>의뢰자 : (인)<br>어린이집, 유치원장 귀하</td></tr>
<tr><td>투약자 확인</td><td></td></tr>
</table>

그림 3-3 투약의뢰서

## 2) 사이버 중독예방 교육

사이버 중독은 스마트폰이나 컴퓨터를 필요할 때만 사용하는 것이 아니라, 습관적 · 강박적으로 너무 과도하게 사용함으로써, 결과적으로 스마트폰과 컴퓨터가 없는 상태를 견디지 못하게 불안해한다든지(금단), 계속 이를 사용하며 사용시간을 늘리고 있고(내성), 그 결과 정상적으로 학업이나 친구관계 형성에 있어서 장애를 많이 느끼는 상태를 말한다. 즉, 사이버 중독이란 '스마트폰 및 컴퓨터를 지나치게 사용하다가 이를 하지 못하게 되면 마음이 불안해지고 계속 이것만을 하고 싶어지는 상황이 되어 다른 일에 집중하지 못하는 상태'를 말한다(학교안전정보센터, 2016).

사이버 중독의 위험성에 대해 살펴보면, 안구건조증 및 시각 장애가 발생할 수 있다. 화면에 병적으로 집중하여 쳐다보는 것이 계속되면 눈물분비에 문제가 생겨 안구가 건조해진다. 그 결과 눈을 자주 깜빡거리거나 세게 비비게 되어 눈에 또 다른 질환이 생길 수 있다. 결국 시각 장애로 귀결될 뿐만 아니라 투통에 시달리게 된다. 또한 거북목 증후군이 나타날 수 있다. 화면에 목을 앞으로 과도하게 오랫동안 숙이게 되어 거북이 목과 같이 변형될 수 있다. 거북목 증후군은 척추의 자세도 흐트러뜨리기 때문에 허리를 C자가 아닌 L자로 만들어 디스크 증상을 초래하게 하기도 한다. 손목터널 증후군이 생길 수 있다. 인터넷 중독자에게 나타나는 것으로, 손가락을 지나치게 많이 사용함으로써 손목과 팔이 시리거나 저리는 마비증상을 경험하게 된다. 심리적으로 불안할 수 있다. 스마트폰를 사용하지 않을 때 정상적이지 못할 정도로 초조하고 불안한 상태를 경험한다. 그 결과 다른 것에 몰두할 수도 없고, 가족과 친구들과의 대화에도 집중하지 못하게 된다. 우울해지고 산만해질 수 있다. 컴퓨터나 스마트폰에 중독된 영유아들은 심리적으로 우울감을 많이 가지고 있다. 영유아가 컴퓨터나 스마트폰 자극에 자주 노출되면 뇌가 균형 있게 발달하지 못해 주의력이 부족해지고 산만해질 수 있다. 충동적인 성격이 형성될 수 있다. 특히 연령이 어릴수록 자기 조절 능력이 많이 부족하기 때문에 하루 사용시간을 제한해야 한다는 연구결과도 있다(대한소아청소년정신의학회).

따라서 영유아기에 스마트폰이나 컴퓨터 인터넷을 바르게 사용하는 습관을 길러야 한다. 이를 건강하게 사용하는 방법에는 어른에게 허락받고 사용한다. 공공장소, 밥

먹을 때, 걸어갈 때, 차 안에서는 사용하지 않는다. 정해진 시간만 사용한다. 정해진 시간이 끝나면 스스로 끈다. 인터넷 게임을 할 때 소리를 작게 한다. 게임이 끝났다고 화내지 않는다 등이 있다.

영유아의 경우 스마트폰 게임의 유혹에 쉽게 빠져들 수 있다. 하지만, 이러한 환경과 영유아의 습관을 초기에 발견하여 중독예방상담을 받게 된다면, 중독에서 빨리 회복되는 효과가 나타날 수 있다. 그러므로 교사나 부모는 영유아의 스마트폰 사용습관을 주의 깊게 관찰하고, 초기에 예방교육과 상담을 통해 중독을 예방할 수 있도록 지도해야 한다(학교안전정보센터, 2016).

### 3) 보건위생관리 교육

식중독은 여러 가지 살모넬라균이 주된 원인이며 보균자나 동물이 전염원이 될 수도 있다. 식중독은 비위생적인 식품이나 상한 음식, 오염된 음식을 먹은 후 6~48시간 내에 구역질, 구토, 설사, 발열, 복통, 두통 등 건강상의 장해를 보이며 38~39℃까지 체온이 오르고 점액성, 혈액성 변을 보기도 한다(허혜경, 김성희, 2009/2015). 우리나라 「식품위생법」에서는 식품의 섭취로 인하여 인체에 유해한 미생물 또는 유독물질에 의하여 발생하였거나 발생한 것으로 판단되는 감염성 또는 독소형 질환으로 정의하고 있다. 성인보다 면역력이 약한 영유아에게 더욱 심각하다.

최근 식중독 발생 원인으로는 노로바이러스와 병원성 대장균이 1, 2위로 나타났다. 노로바이러스와 병원성 대장균은 오염된 물이나 식품, 육류, 어패류 등에 존재하기 때문에 음식물을 충분하게 가열 · 조리하지 않고 제공하거나, 손을 씻지 않고 음식을 조리하고 나서 실온에 음식을 보관한 뒤 제공하는 경우 식중독이 발생할 수 있다(행정안전부, 2012). 즉, 주방 기기나 식기 등의 청결문제와 개인적인 위생 습관, 올바른 식재료의 선정과 적절한 음식 보관 방법 및 온도, 가열 방식을 점검하도록 한다(허혜경, 김성희, 2009/2015).

날이 더워지면 식중독 사고가 자주 일어나는데, 식중독은 음식물의 위생관리만 잘하여도 충분히 예방할 수 있으므로 평상시 위생적인 식생활을 유지하는 것이 중요하다(행정안전부, 2012).

**• 식중독을 일으키는 음식**
- 오염된 어패류(생선회, 굴, 조개) 등을 날 것으로 먹었을 경우
- 오염된 주방기구로 처리된 어패류를 날 것으로 먹었을 경우

**• 식중독이 발생하기 쉬운 환경**
- 식품을 충분한 온도와 시간(74℃, 1분 이상)으로 조리하지 않은 경우
- 조리 후 음식물을 부적절한 온도(5~59℃)에서 장시간 보관하는 경우
- 오염된 기구와 용기 및 불결한 조리 기구를 살균 · 세척 없이 사용하는 경우
- 개인의 비위생적인 습관, 손 씻기 소홀, 개인 질병, 식품 취급을 부주의한 경우
- 비위생적이거나 안전하지 못한 식품원료를 사용하는 경우

**• 식중독 예방 방법**
- 손 씻기의 생활화
- 깨끗한 복장 유지 등 개인 위생관리 철저
- 깨끗한 물 사용(지하수는 반드시 끓여서 사용)
- 조리실 내부 항상 청결 유지
- 유통기한 지난 식재료 사용 금지
- 계절별 우려식품 사용 자제

식품의약품안전청은 식중독 3대 예방 요령으로 "손 씻기, 익혀먹기, 끓여먹기"를 강조하고 있으며, 준수해야 할 안전수칙은 다음과 같다.

- 식사 전, 조리 시, 화장실을 다녀온 후에는 반드시 손을 씻는다.
- 음식물은 실온에 오래 두지 않으며, 맛이 이상하면 버려야 한다.
- 신선한 식재료는 한 번에 먹을 분량만큼만 구입하여 조리한다.
- 음식은 충분히 익혀서 먹는다.
- 칼, 도마, 행주 등 주방기구는 열탕 소독하거나 세척, 소독제로 소독한 후 햇볕에 잘 말려서 사용한다.

## 4) 감염병 예방 교육

감염병이란 병원성 미생물이나 그 독성 산물로 인하여 감염된 사람과의 직·간접적인 접촉, 혹은 주위 환경에서 기생 동물의 중간 숙주나 보균자, 무생물과의 접촉에 의하여 점염되는 질환이다.

영유아기는 교육기관이나 놀이 집단에서 다른 영유아와 함께 여러 활동에 참여하고 접촉함으로써 점염성 질환을 일으키는 병원체에 노출되기 쉽다. 따라서 가정과 교육기관에서는 감염병 관리를 철저히 하여야 하며 여기에서는 예방접종과 조기 발견 및 치료가 가장 중요하다.

다시 말해서, 감염병 관리를 잘 하려면 전염 과정을 차단하거나 예방접종을 통하여 면역 능력을 증가시키고, 감염병에 걸린 영유아의 경우 적절한 치료를 통하여 질병을 가볍게 앓도록 도와주며 다른 영유아에게 전염되지 않도록 격리시키는 등의 노력이 필요하다(허혜경, 김성희, 2009/2015).

「감염병의 예방 및 관리에 관한 법률」 제2조에 규정된 감염병은 다음과 같다.

### 감염병의 예방 및 관리에 관한 법률

**제2조(정의)** 이 법에서 사용하는 용어의 뜻은 다음과 같다. 〈개정 2010. 1. 18., 2013. 3. 22., 2014. 3. 18., 2015. 7. 6., 2016. 12. 2., 2018. 3. 27.〉

1. "감염병"이란 제1급감염병, 제2급감염병, 제3급감염병, 제4급감염병, 기생충감염병, 세계보건기구 감시대상 감염병, 생물테러감염병, 성매개감염병, 인수(人獸)공통감염병 및 의료관련감염병을 말한다.
2. "제1급감염병"이란 생물테러감염병 또는 치명률이 높거나 집단 발생의 우려가 커서 발생 또는 유행 즉시 신고하여야 하고, 음압격리와 같은 높은 수준의 격리가 필요한 감염병으로서 다음 각 목의 감염병을 말한다. 다만, 갑작스러운 국내 유입 또는 유행이 예견되어 긴급한 예방·관리가 필요하여 보건복지부장관이 지정하는 감염병을 포함한다.
   - 에볼라바이러스병, 마버그열, 라싸열, 크리미안콩고출혈열, 남아메리카출혈열, 리프트밸리열, 두창, 페스트, 탄저, 보툴리눔독소증, 야토병, 신종감염병증후군, 중증급성호흡기증후군(SARS), 중동호흡기증후군(MERS), 동물인플루엔자 인체

감염증, 신종인플루엔자, 디프테리아

3. "제2급감염병"이란 전파가능성을 고려하여 발생 또는 유행 시 24시간 이내에 신고하여야 하고, 격리가 필요한 다음 각 목의 감염병을 말한다. 다만, 갑작스러운 국내 유입 또는 유행이 예견되어 긴급한 예방 · 관리가 필요하여 보건복지부장관이 지정하는 감염병을 포함한다.
   - 결핵(結核), 수두(水痘), 홍역(紅疫), 콜레라, 장티푸스, 파라티푸스, 세균성이질, 장출혈성대장균감염증, A형간염, 백일해(百日咳), 유행성이하선염(流行性耳下腺炎), 풍진(風疹), 폴리오, 수막구균 감염증, b형헤모필루스인플루엔자, 폐렴구균 감염증, 한센병, 성홍열, 반코마이신내성황색포도알균(VRSA) 감염증, 카바페넴내성장내세균속균종(CRE) 감염증
4. "제3급감염병"이란 그 발생을 계속 감시할 필요가 있어 발생 또는 유행 시 24시간 이내에 신고하여야 하는 다음 각 목의 감염병을 말한다. 다만, 갑작스러운 국내 유입 또는 유행이 예견되어 긴급한 예방 · 관리가 필요하여 보건복지부장관이 지정하는 감염병을 포함한다.
   - 파상풍(破傷風), B형간염, 일본뇌염, C형간염, 말라리아, 레지오넬라증, 비브리오패혈증, 발진티푸스, 발진열(發疹熱), 쯔쯔가무시증, 렙토스피라증, 브루셀라증, 공수병(恐水病), 신증후군출혈열(腎症侯群出血熱), 후천성면역결핍증(AIDS), 크로이츠펠트-야콥병(CJD) 및 변종크로이츠펠트-야콥병(vCJD), 황열, 뎅기열, 큐열(Q熱), 웨스트나일열, 라임병, 진드기매개뇌염, 유비저(類鼻疽), 치쿤구니야열, 중증열성혈소판감소증후군(SFTS), 지카바이러스 감염증
5. "제4급감염병"이란 제1급감염병부터 제3급감염병까지의 감염병 외에 유행 여부를 조사하기 위하여 표본감시 활동이 필요한 다음 각 목의 감염병을 말한다.
   - 인플루엔자, 매독(梅毒), 회충증, 편충증, 요충증, 간흡충증, 폐흡충증, 장흡충증, 수족구병, 임질, 클라미디아감염증, 연성하감, 성기단순포진, 첨규콘딜롬, 반코마이신내성장알균(VRE) 감염증, 메티실린내성황색포도알균(MRSA) 감염증, 다제내성녹농균(MRPA) 감염증, 다제내성아시네토박터바우마니균(MRAB) 감염증, 장관감염증, 급성호흡기감염증, 해외유입기생충감염증, 엔테로바이러스감염증, 사람유두종바이러스 감염증
6. "기생충감염병"이란 기생충에 감염되어 발생하는 감염병 중 보건복지부장관이 고시하는 감염병을 말한다.
7. 삭제 〈2018. 3. 27.〉
8. "세계보건기구 감시대상 감염병"이란 세계보건기구가 국제공중보건의 비상사태에 대비하기 위하여 감시대상으로 정한 질환으로서 보건복지부장관이 고시하는 감염병을 말한다.
9. "생물테러감염병"이란 고의 또는 테러 등을 목적으로 이용된 병원체에 의하여 발

생된 감염병 중 보건복지부장관이 고시하는 감염병을 말한다.
10. "성매개감염병"이란 성 접촉을 통하여 전파되는 감염병 중 보건복지부장관이 고시하는 감염병을 말한다.
11. "인수공통감염병"이란 동물과 사람 간에 서로 전파되는 병원체에 의하여 발생되는 감염병 중 보건복지부장관이 고시하는 감염병을 말한다.
12. "의료관련감염병"이란 환자나 임산부 등이 의료행위를 적용받는 과정에서 발생한 감염병으로서 감시활동이 필요하여 보건복지부장관이 고시하는 감염병을 말한다.
13. "감염병환자"란 감염병의 병원체가 인체에 침입하여 증상을 나타내는 사람으로서 제11조제6항의 진단 기준에 따른 의사, 치과의사 또는 한의사의 진단이나 보건복지부령으로 정하는 기관(이하 "감염병병원체 확인기관"이라 한다)의 실험실 검사를 통하여 확인된 사람을 말한다.
14. "감염병의사환자"란 감염병병원체가 인체에 침입한 것으로 의심이 되나 감염병환자로 확인되기 전 단계에 있는 사람을 말한다.
15. "병원체보유자"란 임상적인 증상은 없으나 감염병병원체를 보유하고 있는 사람을 말한다.
16. "감시"란 감염병 발생과 관련된 자료 및 매개체에 대한 자료를 체계적이고 지속적으로 수집, 분석 및 해석하고 그 결과를 제때에 필요한 사람에게 배포하여 감염병 예방 및 관리에 사용하도록 하는 일체의 과정을 말한다.
17. "역학조사"란 감염병환자, 감염병의사환자 또는 병원체보유자(이하 "감염병환자등"이라 한다)가 발생한 경우 감염병의 차단과 확산 방지 등을 위하여 감염병환자등의 발생 규모를 파악하고 감염원을 추적하는 등의 활동과 감염병 예방접종 후 이상반응 사례가 발생한 경우 그 원인을 규명하기 위하여 하는 활동을 말한다.
18. "예방접종 후 이상반응"이란 예방접종 후 그 접종으로 인하여 발생할 수 있는 모든 증상 또는 질병으로서 해당 예방접종과 시간적 관련성이 있는 것을 말한다.
19. "고위험병원체"란 생물테러의 목적으로 이용되거나 사고 등에 의하여 외부에 유출될 경우 국민 건강에 심각한 위험을 초래할 수 있는 감염병병원체로서 보건복지부령으로 정하는 것을 말한다.
20. "관리대상 해외 신종감염병"이란 기존 감염병의 변이 및 변종 또는 기존에 알려지지 아니한 새로운 병원체에 의해 발생하여 국제적으로 보건문제를 야기하고 국내 유입에 대비하여야 하는 감염병으로서 보건복지부장관이 지정하는 것을 말한다.

[시행일 : 2020. 1. 1.]

**표 3-7** 법정감염병 분류 및 종류 (2019년 4월 현재)

| 구분 | 제1군감염병 | 제2군감염병 | 제3군감염병 | 제4군감염병 | 제5군감염병 | 지정감염병 |
|---|---|---|---|---|---|---|
| 특성 | 물 또는 식품 매개 발생(유행) 즉시 방역대책 수립 요(6종) | 국가예방접종 사업 대상 (12종) | 간헐적 유행 가능성 계속 발생 감시 및 방역 대책 수립 요 (22종) | 국내 새로 발생 또는 국외유입 우려 (20종) | 기생충감염병 정기적 조사 요 (6종) | 유행 여부 조사 · 감시 요 (14종) |
| 종류 | 가. 콜레라<br>나. 장티푸스<br>다. 파라티푸스<br>라. 세균성이질<br>마. 장출혈성대장균 감염증<br>바. A형간염 | 가. 디프테리아<br>나. 백일해<br>다. 파상풍<br>라. 홍역<br>마. 유행성이하선염<br>바. 풍진<br>사. 폴리오<br>아. B형간염[1]<br>자. 일본뇌염<br>차. 수두<br>카. b형헤모필루스인 플루엔자<br>타. 폐렴구균 | 가. 말라리아<br>나. 결핵<br>다. 한센병<br>라. 성홍열<br>마. 수막구균성수막염<br>바. 레지오넬라증<br>사. 비브리오패혈증<br>아. 발진티푸스<br>자. 발진열<br>차. 쯔쯔가무시증<br>카. 렙토스피라증<br>타. 브루셀라증<br>파. 탄저<br>하. 공수병<br>거. 신증후군출혈열<br>너. 인플루엔자[2]<br>더. 후천성면역결핍증(AIDS)<br>러. 매독<br>머. 로이츠펠트-야콥병(CJD) 및 변종크로이츠펠트-야콥병(vCJD)<br>버. C형간염<br>서. 코마이신내성황색 포도알균(VRSA) 감염증<br>어. 바페넴내성장내세 균속균종(CRE) 감염증 | 가. 페스트<br>나. 황열<br>다. 뎅기열<br>라. 바이러스성출혈열(마버그열, 라싸열, 에볼라열 등)<br>마. 두창<br>바. 보툴리눔독소증<br>사. 중증급성호흡기 증후군(SARS)<br>아. 동물인플루엔자 인체 감염증<br>자. 신종인플루엔자[3]<br>차. 야토병<br>카. 큐열<br>타. 웨스트나일열<br>파. 신종감염병증후군[4]<br>하. 라임병<br>거. 진드기매개뇌염<br>너. 유비저<br>더. 치쿤구니야열<br>러. 중증열성혈소판감소증후군(SFTS)<br>머. 중동호흡기증후군(MERS)<br>버. 지카바이러스감염증 | 가. 회충증<br>나. 편충증<br>다. 요충증<br>라. 간흡충증<br>마. 폐흡충증<br>바. 장흡충증 | 가. 수족구병<br>나. 임질<br>다. 클라미디아감염증<br>라. 연성하감<br>마. 성기단순포진<br>바. 첨규콘딜롬<br>사. 반코마이신내성장알균(VRE) 감염증<br>아. 메티실린내성황색포도알균(MRSA) 감염증<br>자. 다제내성녹농균(MRPA) 감염증<br>차. 다제내성아시네토박터바우마니균(MRAB) 감염증<br>카. 장관감염증(살모넬라균 감염증, 장염비브리오균 감염증, 장독소성대장균(ETEC) 감염증, 장침습성대장균(EIEC) 감염증, 장병원성대장균(EPEC) 감염증, 캄필로박터균 감염증, 클로스트리듐 퍼프린젠스 감염증, 황색포도알균 감염증, 바실루스 세레우스균 감염증, 예르시니아 엔테로콜리티카 감염증, 리스테리아 모노사이토 |

(계속)

| 구분 | 제1군감염병 | 제2군감염병 | 제3군감염병 | 제4군감염병 | 제5군감염병 | 지정감염병 |
|---|---|---|---|---|---|---|
| | | | | | | 제네스 감염증, 그룹 A형 로타바이러스 감염증, 아스트로바이러스 감염증, 장내 아데노바이러스 감염증, 노로바이러스 감염증, 사포바이러스 감염증, 이질아메바 감염증, 람블편모충 감염증, 작은와포자충 감염증, 원포자충 감염증)<br>타. 급성호흡기감염증(아데노바이러스 감염증, 사람 보카바이러스 감염증, 파라인플루엔자바이러스 감염증, 호흡기세포융합바이러스 감염증, 리노바이러스 감염증, 사람 메타뉴모바이러스 감염증, 사람 코로나바이러스 감염증, 마이코플라스마 폐렴균 감염증, 클라미디아 폐렴균 감염증)<br>파. 해외유입기생충감염증(리슈만편모충증, 바베스열원충증, 아프리카 수면병, 샤가스병, 주혈흡충증, 광동주혈선충증, 악구충증, 사상충증, 포충증, 톡소포자충증, 메디나충증)<br>하. 엔테로바이러스 감염증 |

(계속)

| 구분 | 제1군감염병 | 제2군감염병 | 제3군감염병 | 제4군감염병 | 제5군감염병 | 지정감염병 |
|---|---|---|---|---|---|---|
| 감시방법 | 전수감시[7] | 전수감시 | 전수감시[2]<br>(예외: 인플루엔자는 표본감시) | 전수감시 | 표본감시[8] | 표본감시 |
| 신고 | 지체 없이 | 지체 없이 | 지체 없이[2] | 지체 없이 | 7일 이내 | 7일 이내 |
| 보고 | 지체 없이 | 지체 없이 | 지체 없이[2] | 지체 없이 | 매주 1회 | 매주 1회 |

1) B형간염 신고범위: 급성B형간염
2) 인플루엔자는 법정감염병 표본감시 감염병으로 7일 이내 신고, 매주 1회 보고함
3) 신종인플루엔자: 2009-2010년 대유행한 인플루엔자 A(H1N1)pdm09가 아닌 향후 등장할 가능성이 있는 새로운 타입의 인플루엔자를 의미함(인플루엔자 A(H1N1)pdm09는 신종인플루엔자 신고대상이 아님)
4) 신종감염병증후군: 급성출혈열증상, 급성호흡기증상, 급성설사증상, 급성황달증상 또는 급성신경증상을 나타내는 신종감염병증후군
5) 신고: 의사 또는 한의사, 의료기관의 장 → 관할 보건소로 신고
6) 보고: 보건소장 → 시장·군수·구청장 → 특별시장·광역시장·도지사 → 질병관리본부로 보고
7) 전수감시: 감염병의 예방 및 관리에 관한 법률 제11조에 의하여 모든 의사, 한의사, 의료기관의 장, 부대장(군의관), 감염병병원체 확인 기관의 장이 신고 의무를 갖는 감시체계임
8) 표본감시: 감염병의 예방 및 관리에 관한 법률 제16조 및 제11조제5항에 의하여 표본감시기관을 지정하고 지정된 기관에 한하여 신고를 받아 운영하는 감시체계임

출처: 질병관리본부(2019). 2019 법정감염병 진단·신고 기준.

| 영아<br>(1세 미만) | 유아<br>(1~6세) |
|---|---|
| RS바이러스 감염증 | |
| 로타바이러스 감염증 | 로타바이러스 감염증 |
| 인플루엔자 | 인플루엔자 |
| | 장출혈성대장균 감염증 |
| | 수두 |
| | 유행성이하선염 |
| | 백일해 |
| | 성홍열 |
| | 수족구병 |

그림 3-4 영유아기 발생 가능한 법정 감염병

출처: 질병관리본부(2018). 2018년 어린이집, 유치원, 학교 감염병 관리 안내서.

**표 3-8 감염병 환자 발생 시 조치사항**

| 군명 | 감염병명 | 잠복기 | 전염기간 | 환자 관리 및 격리기간 |
|---|---|---|---|---|
| 제1군 | 장출혈성대장균 감염증 | 2~10일 (평균 3~4일) | • 이환기간 및 증상 소실 후 대변에서 균이 검출되지 않을 때까지 전파 가능하며, 보통 성인에서 1주일 이하, 어린이의 1/3은 3주 가량 균 배출<br>• 드물지만 보균상태가 수개월 이상 지속 가능 | • 설사 증상 소실되고, (항생제 치료한 경우 완료) 48시간 후 24시간 간격 대변배양검사를 실시하여 2회 연속 음성 확인 시까지 격리 |
| 제2군 | 백일해 | 4~21일 (평균 7~10일) | • 전구기 시작 또는 발작성 기침 시작 후 3주간 전염 가능<br>• 적절한 항생제로 치료 시 투약 5일이 지나면 전염력 소실 | • 적절한 항생제 투약 후 5일까지 호흡기(비말) 격리하며, 치료를 받지 않은 경우 기침이 멈출 때까지 최소한 3주 이상 격리 |
| | 유행성이하선염 | 12~25일 (평균 16~18일) | • 증상발현 3일 전부터 5일 후까지 | • 이하선염 발현 후 5일까지 격리 |
| | 수두 | 10~21일 (평균 14~16일) | • 발진 발생 1~2일 전부터 모든 피부 병변에 가피가 생길 때까지 | • 모든 피부 병변에 가피가 형성될 때까지 격리(발진 발생 후 최소 5일간 격리)<br>• 예방접종을 받은 사람은 수두가 발병하여도 가피가 생기지 않는 경우가 있으며, 이때에는 24시간 동안 새로운 피부 병변이 생기지 않을 때까지 격리해야 함<br>• 수두에 걸린 엄마에게서 출생한 신생아가 입원 중인 경우에는 생후 21일까지 격리 |
| 제3군 | 성홍열 | 1~7일 | • 적절한 항생제로 치료 시작하면 24시간 후 전염력 소실<br>• 치료하지 않는 경우 수주에서 수개월 동안 전염 가능 | • 적절한 항생제 치료 시작 후 24시간까지 호흡기(비말) 격리 |
| | 인플루엔자 | 1~4일 (평균 2일) | • 전염력은 증상시작 1일전부터 4~5일간 가장 높아짐 | • 증상 발생 후 5일이 경과하여야 하고 해열제 없이 정상체온 회복 후 48시간까지 타인과 접 |



(계속)

| 군명 | 감염병명 | 잠복기 | 전염기간 | 환자 관리 및 격리기간 |
|---|---|---|---|---|
| | | | • 단, 소아나 면역저하자에서는 바이러스 배출기간이 2주 이상 길어지기도 함 | 촉을 제한 |
| | 결핵 | 명확하지 않음 | • 전염성 결핵이 의심되었을 시점에서부터 치료 시작 후 2주 이상 | • 일반적으로 2주 이상 효과적인 항결핵제들을 복용하고 호흡기 증상이 소실되었고 객담 항산균 도말검사에서 음전될 때까지 격리<br>*「결핵예방법」 제13조(업무종사의 일시제한) |
| 지정 | 로타바이러스 감염증 | 1~3일 | • 대변 내 로타바이러스 배출은 임상 증상이 나타나기 전에 시작되어 대개 2주 이내에 전파 가능 | • 증상이 없는 아이들과 구분 |
| | 노로바이러스 감염증 | 10~50시간 (12~48시간) | • 최대로 바이러스 배출이 높은 시기인 증상발생 2~5일 후에 대변 1g당 약 50억 개의 바이러스를 보유<br>• 증상호전 후 2주 이상 바이러스를 배출할 수 있음 | • 증상소실 후 24~72시간 집단생활 제한 |
| | RS바이러스 감염증 | 2~8일 (평균 5일) | • 바이러스는 증상이 나타나기 수일 전부터 배출될 수 있으며, 증상발생 후 약 1주간 바이러스 배출 | • 표준주의<br>• 영유아 및 면역저하자에서 RSV 감염증이 있는 경우 접촉주의 추가 |
| | 수족구병 | 3~7일 | • 증상의 발현 유무에 상관없이 감염 후 호흡기로는 1~3주 이내, 분변을 통해서는 7~10주까지도 바이러스 배출 | • 증상이 있는 경우 의사의 진료를 받고 스스로 자가 격리 |

출처: 질병관리본부(2018). 2018년 어린이집, 유치원, 학교 감염병 관리 안내서.

# 인플루엔자 발생 주의 안내문

학부모/보호자 님께
최근 인플루엔자가 어린이들에게 많이 발생하고 있어, 인플루엔자 예방을 위한 안내를 드립니다.
인플루엔자는 인플루엔자 바이러스에 의해 발생하는 호흡기 질환으로, 항바이러스제로 치료가 가능하고, 간혹 폐렴과 같은 합병증이 발생할 수 있으므로, 진료를 통해 빠른 시기에 치료를 하는 것이 중요합니다.

이에, 아래와 같이 인플루엔자 의심 증상 및 주의사항을 알려드리오니 참고하시어, **인플루엔자 의심증상이 있는 경우는 빠른 시일 내에 의료기관에서 진료를** 받으시기 바랍니다.
또한 다른 어린이들에게 전파를 차단하기 위해서는 **"증상발생(발열) 후 5 일이 경과" 그리고 "해열제 없이 해열 후 2일을 경과"를 모두 충족할 때까지 등원하지 않아야 합니다.**

**□ 인플루엔자 의심증상**
- 갑작스러운 발열
- 전신 증상
- 두통, 요통, 근육통, 전신 피로감 등
- 호흡기 증상
- 콧물, 인후통, 기침 등

**□ 인플루엔자 의심 또는 진단 시 주의사항**
- 인플루엔자 의심 증상이 있는 경우 빠른 시일 내 진료
- "증상발생(발열) 후 5 일이 경과" 그리고 "해열제 없이 해열 후 2일을 경과"를 모두 충족할 때까지 등원 중지

**□ 인플루엔자 환아 간호 시**
- 충분한 수분 섭취 및 휴식
- 매일 발열을 확인하고 의사의 지시에 따라 관리
- 기침이나 재채기 시 휴지나 옷소매로 입과 코를 가리도록 교육
- 기침이나 재채기, 또는 코를 푼 후에는 올바른 손씻기

위의 사항을 숙지하시어, 인플루엔자 발생 예방을 위해 협조 부탁드립니다.

20 . . .
○ ○ 학 교 장

**그림 3-5** 감염병 예방을 위한 통신문 예시 1

출처: 질병관리본부(2018). 2018년 어린이집, 유치원, 학교 감염병 관리 안내서.

## 수족구병 발생 주의 안내문

학부모/보호자 님께
최근 수족구병이 어린이들에게 많이 발생하고 있어, 수족구병 예방을 위한 안내를 드립니다.
수족구병은 주로 5세 이하 유아 및 아동에게 콕사키바이러스나 엔테로바이러스 감염에 의해 발생하는 감염병으로, 환자 접촉을 통한 사람 간 전파가 가능한 감염병으로, 드물게 무균성뇌수막염, 뇌염 등의 합병증이 나타날 수 있습니다.

이에, 아래와 같이 수족구병의 증상 및 주의사항을 알려드리오니 참고하시어, **수족구병 증상이 있는 경우는 빠른 시일 내에 의료기관에서 진료를** 받으시기 바랍니다.

또한 다른 어린이들에게 전파를 차단하기 위해서는 **증상이 있는 경우 집단생활을 하지 않도록 합니다.**

**□ 수족구병 주요증상**
- **전신증상: 발열, 식욕감소, 무력감**
- **위장증상: 설사, 구토**
- **발진/수포(물집): 주로 입, 손, 발, 영유아의 경우 기저귀가 닿은 부위**

**□ 수족구병 의심 또는 진단 시 주의사항**
- **드물게 합병증이 발생하기도 하므로, 수족구병 의심증상이 있으면 병의원에서 진료받기**
- **수족구병에 걸린 아동은 열이 내리고 입의 물집이 나을 때까지 어린이집, 유치원이나 학교에 가지 말 것을 권장**

**수족구병 예방수칙**

- 올바른 손 씻기의 생활화
  - 흐르는 물에 비누로 30초 이상 손씻기
  - 외출 후, 배변 후, 식사 전·후, 기저귀 교체 전·후 등
  - 특히 산모, 소아과나 신생아실 및 산후 조리원, 유치원, 어린이집 종사자 등
- 기침예절
  - 기침할 때는 휴지나 옷소매 위쪽으로 입과 코를 가리고 하고 반드시 올바른 손씻기 하기
- 철저한 환경관리
  - 아이들의 장난감, 놀이기구, 집기 등을 청결(소독)히 하기
  - 환자의 배설물이 묻은 옷 등을 철저히 세탁하기
- 수족구병이 의심되면 바로 병의원에서 진료를 받고 자가 격리하기

위의 사항을 숙지하시어, 수족구병 발생 예방을 위해 협조 부탁드립니다.

20 . . .
○ ○ 학 교 장

**그림 3-6** 감염병 예방을 위한 통신문 예시 2

출처: 질병관리본부(2018). 2018년 어린이집, 유치원, 학교 감염병 관리 안내서.

# 8 재난안전교육(재난대비안전교육)

## 1) 화재대피훈련

영유아들은 불에 대한 위험성을 크게 인식하지 못하기 때문에 호기심에 불장난을 하여 화재를 내는 경우가 있다. 더불어 화재가 나면 무섭고 두려워 숨는 경우가 있으며, 당황하여 어떻게 해야 할지 모르는 경우가 있다. 그러나 불에 대한 기본적인 지식을 알려주고 가정이나 기관에서 정기적으로 대피훈련을 한다면 인명피해를 줄일 수 있다. 따라서 영유아교육기관이나 안전체험관에서 화재에 대해 보고, 느끼며 대피요령을 몸에 익히도록 하는 것이 필요하다. 가장 좋은 방법은 평소에 대피 계획을 수립하여 정기적으로 연습하여 돌발적인 사태에 대처하는 능력을 키우는 것이 중요하다.

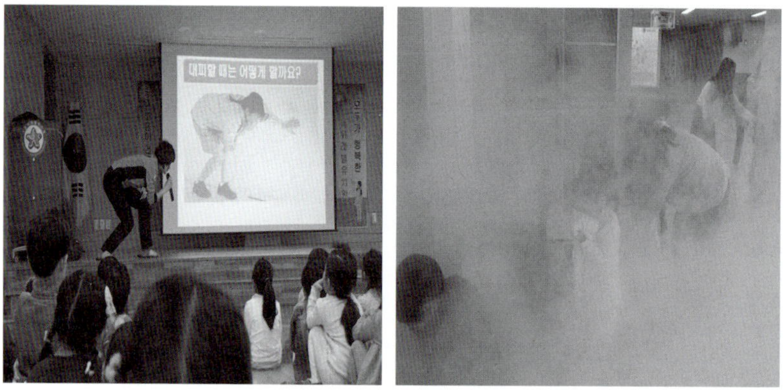

**그림 3-7** 화재대피훈련

출처: 서울위례별유치원.

### (1) 화재발생 시 대피방법(행정안전부 재난대비 국민행동요령)

- 불이 난 것을 보는 즉시 "불이야!"라고 소리치면서 바로 대피한다.
- 엘리베이터를 이용하지 말고 계단을 이용하되 저층에 있을 때는 아래층으로, 고층에 있을 때는 옥상으로 대피한다.
- 연기가 많을 때는 한 손으로는 코와 입을 물에 적신 수건 등으로 막고 낮은 자세

로 비상구나 유도등을 따라 대피한다.

- 안전하게 대피한 후 119에 신고합니다.

### (2) 상황에 따라서는 대피하지 못하고 갇히는 경우

- 무섭다고 옷장이나 구석진 장소에 숨으면 안 된다.
- 방 안으로 연기가 들어온다고 창문 밖으로 뛰어 내리며 안 된다.
- 방 안으로 연기가 들어오는 시간을 미루기 위해서 문틈을 수건 같은 헝겊으로 막도록 한다.
- 옷이나 이불을 물에 적시고, 열기에 피부가 닿지 않도록 조심한다.
- 창문 밖으로 수건을 흔들며 구조를 요청한다.

### (3) 몸에 불이 붙는 경우

- (멈추고) 불이 붙으면 당황하여 달리지 않고 멈추도록 한다.
- (엎드리고) 멈춘 상태에서 바닥에 엎드린다.
- (구른다) 손으로 얼굴을 가리고 바닥에서 구르도록 한다.
- 주변 사람들은 옷을 벗어서 불을 꺼주고, 물을 가져다 뿌려준다.

### (4) 화상을 입었을 때 응급조치

- 불에 덴 곳을 깨끗한 찬물에 담가 식힌다.
- 얼음은 더 자극을 줄 수 있으므로 피하도록 한다.
- 붕대를 상처 부위에 감싸 준다.
- 피부가 벗겨지거나 진물이 나오는 경우 병원에 간다.
- 옷을 입었거나 양말을 신은 상태에서 불에 데었을 때는 천을 억지로 벗기지 말고 그대로 찬물에 식히도록 한다.
- 물집은 가능한 한 터트리지 않도록 한다.

### (5) 소화기 사용법(국민재난안전포털, 행정안전부 재난대비 국민행동요령)

소화기를 사용해서 불을 끌 수 있지만 화재가 발생한 초기나 누구의 도움을 받지 못하는 긴박한 상황에서만 소화기를 사용하도록 한다. 소화기를 찾기 위해 우왕좌왕하거나 초기 소화 실패 시 큰 화재로 이어지기 쉽기 때문에 즉시 119에 신고하도록 한다. 특히, 어린 연령은 가능한 한 빨리 안전한 장소로 대피하도록 하고, 교사나 보호자가 사용방법을 익히는 것이 바람직하다. 더불어 소화기는 잘 보이고 사용하기에 편리한 곳에 두되 햇빛이나 습기에 노출되지 않도록 한다.

- 실내에서 사용할 때는 밖으로 대피할 때를 대비하여 문을 등지고(실외에서는 바람을 등지고) 소화기를 불이 난 곳으로 가져가 손잡이 부분의 안전핀을 뽑는다.
- 한 손으로 소화기 손잡이를 잡고 다른 한 손으로 호스를 잡고 불쪽을 향해 가까이 이동한다.
- 호스를 불꽃으로 향하고 손잡이를 잡은 손으로 손잡이 위를 힘껏 누른다.
- 불꽃의 아래를 향하여 빗자루로 쓸듯이 앞에서부터 좌우로 뿌린 후 점차 뒤로 뿌린다.
- 분말이 골고루 불을 덮을 수 있도록 쏜다.

### (6) 화재 예방 방법과 실천과제

- 전기기구를 사용하지 않을 때는 반드시 전원을 끄도록 한다.
- 전깃줄을 꼬거나 줄을 잡고 당기지 않도록 한다.
- 전기 콘센트에 젓가락 등을 넣지 않도록 한다.
- 한 개의 콘센트에 여러 개의 전기기구를 사용하지 않도록 한다.
- 전기제품에 물이 닿지 않도록 하고, 젖은 손으로 만지지 않도록 한다.
- 친구나 동생과 불장난을 하지 않도록 한다.
- 난로, 다리미 등 전열기구 근처에서 뛰거나 놀이를 하지 않도록 한다.

## 2) 지진대피훈련(국민재난안전포털, 행정안전부 재난대비 국민행동요령)

지면이 흔들리는 자연 현상으로, 예고 없이 찾아오기 때문에 많은 피해를 줄 수 있다. 지진 피해를 최소화하기 위해서는 지진 발생 시 행동요령을 평소에 익히고, 실제 발생 시 침착하게 대처하는 게 중요하다(국민재난안전포털, 행정안전부 재난대비 국민행동요령).

그림 3-8 지진대피훈련

출처: 서울위례별유치원.

### (1) 지진발생 시 행동요령

#### ① 튼튼한 탁자 아래에 들어가 몸을 보호한다

- 지진으로 크게 흔들리는 시간은 길어야 1~2분 정도이다.
- 중심이 낮고 튼튼한 탁자의 아래로 들어가 탁자 다리를 꼭 잡고 몸을 보호한다.
- 탁자 아래와 같은 피할 곳이 없을 때는 방석 등으로 머리를 보호한다.

#### ② 가스와 전깃불을 차단하고 문을 열어 출구를 확보한다

- 흔들림이 멈춘 후 당황하지 말고 화재에 대비하여 가스와 전깃불을 끈다.
- 문이나 창문을 열어 언제든 대피할 수 있도록 출구를 확보한다.

- 흔들림이 멈추면, 출구를 통해 밖으로 나간다.
- 지진이 발생했을 때 불이 나면 침착하고 빠르게 불을 꺼야 한다.
- 지진 시에는 많은 사고 및 도로의 손상으로 소방차가 출동하지 못하는 경우가 있으므로 평소에 불을 끄는 방법을 알아 두도록 한다.

### ③ 실내에서 나갈 때는 발을 보호할 수 있는 신발을 신고 이동한다

- 지진이 발생하면 유리 조각이나 떨어져 있는 물체 때문에 발을 다칠 수 있으니, 발을 보호할 수 있는 신발을 신고 이동한다.

### ④ 계단을 이용하여 밖으로 대피한다

- 지진이 나면 엘리베이터를 타지 말고, 계단을 이용하여 건물 밖으로 대피한다.
- 밖으로 나갈 때에는 떨어지는 유리, 기와, 간판 등을 주의해야 하며, 소지품으로 몸을 보호하면서 침착하게 대피한다.

### ⑤ 건물 담장과 떨어져 이동한다

- 건물 밖으로 나오면 담장, 유리창 등이 파손되어 다칠 수 있으니, 건물과 담장에서 최대한 멀리 떨어져 가방이나 손으로 머리를 보호하면서 대피한다.
- 빌딩이 많은 도심지에서는 깨진 유리창이나 간판 등이 떨어져 다칠 우려가 있으므로, 주변에 가까운 공원이나 넓은 공간이 없다면 최근에 지은 튼튼한 건물 안으로 들어가 우선 몸을 보호한다.
- 담장이나 전봇대는 지진으로 기반이 약해져 있어 넘어지기 쉬우므로 절대 기대지 말아야 한다.

### ⑥ 넓은 공간으로 대피한다

- 떨어지는 물건에 주의하며 신속하게 운동장이나 공원 등 넓은 공간으로 대피한다.
- 이동할 때에는 차량을 이용하지 않고 걸어서 대피한다.

#### ⑦ 올바른 정보에 따라 행동한다

- 대피 장소에서는 안내에 따라 질서를 지킨다.
- 지진 발생 직후에는 근거 없는 소문이나 유언비어가 유포될 수 있으니, 라디오나 공공 기관의 안내 방송 등이 제공하는 정보에 따라 행동한다.

### (2) 대피 시 주의 사항

- 화재가 발생하면 손수건 등으로 코와 입을 막은 후 연기를 피하여 최대한 자세를 낮추고 대피한다.
- 야간에는 넘어지거나 추락할 위험이 있으니, 손전등을 사용하여 조심해서 대피한다.
- 겨울철에는 추위로 몸 상태가 나빠질 수 있으니, 두꺼운 옷이나 휴대용 난로 등을 준비하여 추위에 대비한 후 대피한다.
- 지하 공간에서는 정전 시 벽에 붙어 이동하고 가까운 출입구를 통해 밖으로 나간다.
- 끊어진 전선을 비롯한 사고의 위험이 있는 물건은 만지지 않도록 주의한다.
- 대피 중에 휴대전화, 이어폰 등을 사용하면 발을 헛디뎌 부상의 위험이 있으므로 사용을 자제한다.
- 화장실, 욕실에 있을 때는 거울이나 전구 등의 파손으로 다칠 수 있으니, 욕실에서 나와 안전한 장소로 이동한다.
- 갇혔을 때는 주변의 딱딱한 물건을 이용하여 소리를 내어 구조를 요청한다.

### (3) 지진 장소별 행동요령

#### ① 교육기관에 있을 때에는 책상 아래로 피한다

- 책상 아래로 들어가 몸을 웅크리고 책상다리를 꼭 잡고 몸을 보호한다.
- 흔들림이 멈추면 선생님의 안내에 따라 질서를 지키면서 운동장으로 대피한다.
- 복도에서는 창문 유리가 깨질 우려가 있으니 창문과 떨어져 이동한다.

**② 고층 건물에 있을 때는 실내에서 떨어지는 물건에 유의한다**

- 높은 층의 건물일수록 흔들림이 크고 오래 지속될 수 있으므로 실내에서 떨어지는 물건에 유의하여야 한다.
- 고층 건물이 저층 건물보다 지진에 더 잘 견디도록 설계되어 있다. 지진이 나면 고층 건물은 흔들리는 폭은 크지만, 천천히 흔들리기 때문에 충격을 흡수하여 건물 구조에 미치는 영향이 적다.

**③ 엘리베이터를 타고 있을 때에는 즉시 내린다**

- 지진이 발생하면 엘리베이터를 타지 말아야 한다.
- 엘리베이터를 타고 있다면 모든 층의 버튼을 눌러 가장 먼저 열리는 층에서 신속하게 내린 후, 계단을 이용하여 대피한다.
- 만약 엘리베이터 안에 갇혔을 때는 인터폰이나 휴대전화를 이용하여 구조를 요청한다.

**④ 차를 타고 있을 때에는 서서히 차를 멈춘다**

- 비상등을 켜고 서서히 속도를 줄여 도로 오른쪽에 차를 세우고 긴급차량을 위해 도로의 중앙부분을 비워둔다.
- 라디오의 정보를 잘 듣고, 대피해야 할 때에는 열쇠를 꽂은 채 문을 잠그지 않고 이동한다.
- 운전할 때 지진이 발생하면 흔들림에 의하여 제대로 된 주행이 불가능하다.
- 비상등을 켜고 속도를 줄여 주변을 충분히 살피면서 교차로를 피하여 길 오른쪽에 차를 세운다.
- 대피해야 할 때 차 외부에서 발생하는 화재의 불길이 내부로 번질 우려가 있으므로 창문은 꼭 닫아 둔다.

### (4) 지진 대피 후 행동요령

**① 부상자를 살펴보고 즉시 구조 요청을 한다**

- 흔들림이 멈춘 후 주변에 부상자가 있으면 이웃과 서로 협력하여 응급처치

하고 119에 신고한다.

### ② 주변 피해 상황에 따라 귀가 여부를 결정한다

- 지진이 발생하면 통신기기의 사용이 폭주하여 일시적인 장애가 발생할 수 있으니 당황하지 말고, 라디오 및 주변에 있는 공공 기관이 제공하는 정보에 따라 행동한다.

### ③ 가정이나 사무실로 돌아간 후에는 안전에 유의하여 주변을 확인한다

- 가정이나 사무실의 피해 상황을 확인하고, 안전이 의심된다면 전문가 확인을 받도록 한다.
- 옷장이나 사무실 보관함 등의 내용물이 쏟아져 내려 부상을 입을 수도 있으므로 문을 열 때 주의한다.

### ④ 올바른 정보를 항상 확인한다

- 여진이 발생할 수 있으므로, 지역 방송 등이 제공하는 정보를 확인하고, 대피해야 할 경우에는 지진 국민행동요령에 따른다.

### ⑤ 가스, 전기, 수도관 등의 피해를 확인한다

- 가스 냄새가 나거나 소리가 들릴 경우에는 창문을 열고 밸브를 잠근 후 우선 대피한다. 대피 후에는 가스 관련 기관(지역도시가스회사, LPG 공급회사, 한국가스안전공사 등)에 확인하고 사용한다.
- 전기에 이상이 발견되었을 때는 원인이 파악될 때까지 엘리베이터를 사용하지 않는다. 정전이 되었다면 손전등을 사용하고, 차단기를 내린 후 전선의 이상 유무를 확인한다.
- 수도관의 피해가 있다면 밸브를 잠근다. 하수관은 피해 여부를 확인하기 전까지 수도꼭지나 화장실 등 물을 사용하지 말아야 한다.
- 피해가 확인되었다면 살고 있는 곳의 시·군·구청에 신고한다.

## 3) 황사, 미세먼지

주로 3~5월 발생하는 황사는 중국 북부나 몽골의 건조·황토지대에서 바람에 날려 하늘 높이 올라간 미세한 모래 먼지가 대기 중에 퍼져서 하늘을 덮었다가 서서히 강하하는 현상 또는 강하하는 모래흙먼지를 말한다. 때로는 상공의 강한 서풍을 타고 한국을 거쳐 일본·태평양·북아메리카까지 날아간다. 황사를 정의할 때 먼지크기의 기준은 없으나 우리나라에서 관측되는 대부분의 황사는 그 크기가 1~10um(1um는 1/1,000mm) 정도이다. 황사가 발생하면 일반적으로 시야가 흐려지고 하늘이 황갈색으로 변하며 누런색의 고운 먼지가 인체와 물체에 영향을 미치게 된다(행정안전부 재난대비 국민행동요령).

미세먼지는 발생원인과 상관없이 입자크기가 10um 이하인 먼지를 통칭하는 용어이다(행정안전부 재난대비 국민행동요령).

### (1) 황사, 미세먼지 발생 시 대응 요령

- 텔레비전, 인터넷, 라디오를 통해 기상 정보를 확인한다.
- 황사, 미세먼지가 실내로 들어오지 못하도록 창문을 닫는다.
- 황사, 미세먼지는 알레르기성 결막염, 비염, 기관지 천식 등을 유발하므로 노약자, 어린이는 가능한 한 외출을 삼간다.
- 어쩔 수 없이 외출할 때에는 긴소매의 옷을 입고 마스크, 보호용 안경 등을 착용한다.
- 외출 후에는 손과 발을 깨끗이 씻는다.
- 채소나 과일은 더욱 깨끗이 씻는다.

### (2) 가정에 있을 경우

- 황사, 미세먼지가 실내로 들어오지 못하도록 창문 등을 점검한다.
- 물을 자주 마시고, 공기정화기와 가습기를 사용하여 실내 공기를 쾌적하게 한다.
- 가능한 한 실외활동을 자제하고 외출 시에 필요한 보호 안경, 마스크, 긴소매 의복 등을 착용한다.

- 포장되지 않은 식품은 오염되지 않도록 위생 용기 등에 넣는다.
- 황사, 미세먼지에 노출된 식품이나 물건은 충분히 세척한 후 섭취하거나 사용한다.
- 황사, 미세먼지가 종료 후에는 실내 환기를 충분히 하고 청소를 한다.

### (3) 학교 등 교육 기관에 있을 경우

- 기상청에서 발표한 기상 예보를 분석하여 유치원생과 초등학생들의 실외 활동을 중지하고 경보 시 지역 실정에 맞게 수업단축 또는 휴업을 실시한다.
- 실외 활동, 운동경기 등을 중지 및 연기하거나 실내 체육으로 대체한다.
- 창문을 닫고 가급적 실외 공기를 차단한다.
- 호흡기 질환 등 미세먼지 민감군 및 고위험군 학생의 위생을 점검하고 특별 관리한다.
- 학생들의 비상 연락망을 점검하여 연락 체계를 유지한다.
- 휴업 조치 시 맞벌이부부 자녀에 대해서는 학교에서 별도 프로그램을 운영한다.
- 학생과 학부모를 대상으로 황사, 미세먼지 피해를 예방할 수 있는 행동요령을 지도 · 홍보한다.

### (4) 황사, 미세먼지 발생상황 확인요령

- TV나 라디오의 일기예보를 청취한다.
- 기상청 홈페이지(www.kma.go.kr)를 통해 확인한다.
- 전화를 통한 확인

기상청 : (02) 841-0011, (02) 831-0365, 국번없이 131

(지역 기상정보 : 지역번호 + 131)

**그림 3-9** 고농도 미세먼지 발생 시 행동요령(교육부)

# 9 직업안전교육

어린이들에게 안전한 환경을 만들어 주기 위해서 어린이 대상 안전교육도 중요하지만, 교사의 안전의식 확대도 매우 시급하다. 이에 따라 영유아교육기관 교사들은 가정안전, 교육기관의 안전사고 예방을 위하여 어린이 안전사고 예방 안전교육을 필수적으로 받아야 한다.

**학교안전교육 실시 기준 등에 관한 고시 개정안**

교육부 고시 제2017 - 121호

**제4조(교직원 등 안전교육)** ①법 제2조제3호에 따른 교직원은 안전교육을 3년마다 15시간 이상을 이수하여야 한다.

②3년 미만의 계약을 체결하여 종사하는 자는 매 학기 2시간 이상을 이수하여야 한다.

③법 제2조제5호에 따른 교육활동참여자는 매 학년도 1회 이상의 안전교육을 이수하여야 하며, 학교의 장은 교육활동참여자의 안전교육을 위한 계획을 수립 · 실시하여야 한다.

④제1항에서 제3항까지에도 불구하고 학교안전관련 국가자격이 신설되어 국가자격을 취득 · 유지할 경우에는 안전교육을 이수한 것으로 본다.

**제4조의1(재난대비훈련)** 학교의 장은 매 학년도 2종류 이상의 각종 재난 대비 훈련을 실시하여야 한다.

아동학대에 노출되는 아이들이 하루 평균 10명 이상이고, 성폭력 범죄자들이 사회 곳곳에 거리를 활보하고 다니고 있다. 약물오남용예방, 실종유괴의 방지, 생활안전에 취약한 아이들이 안전하게 보호되어야만 한다. 교사 대상 안전교육은 교사가 조금만 관심을 가져도 예방할 수 있는 아동학대, 성폭력 예방법 등을 체험으로 통해 정확히 습득할 수 있게 된다. 이는 교사의 안전에 대한 전문성을 높이는 기회를 제공하고 영유아의 안녕에 기여할 수 있다.

영유아교육기관에서는 법령(근거)에 따라 「법정 의무 안전교육」을 진행하고 교육 계획과 결과를 교육부 혹은 지자체장에 보고해야 한다.

**표 3-9 법정 의무 안전교육**

| 과정명 | 근거 | 주관부서 | 시간 |
|---|---|---|---|
| 아동학대예방 및 신고의무자 교육 | 「아동복지법」 제31조(아동의 안전에 대한 교육)<br>「아동복지법」 제26조(아동학대 신고의무자에 대한 교육) | 교육부/보건복지부 | 각 1시간 |
| 아동성폭력예방 교육 | 「아동복지법」 제31조(아동의 안전에 대한 교육)<br>「성폭력방지 및 피해자보호 등에 관한 법률」 제5조(성폭력 예방 교육 등) | 교육부/보건복지부 | 1시간 |
| 응급처치 교육(심폐소생술) | 「학교보건법」<br>제3차 어린이집 평가인증통합지표 | 교육부/보건복지부 | 3시간 실습포함 |
| 교통안전교육 | 「아동복지법」 제31조(아동의 안전에 대한 교육), 제53조의3(어린이통학버스 운영자 등에 대한 안전교육) | 교육부/보건복지부 | 1시간 |
| 약물오남용예방교육 | 「아동복지법」 제31조(아동의 안전에 대한 교육) | 교육부/보건복지부 | 1시간 |
| 실종유괴방지예방교육 | 「아동복지법」 제31조(아동의 안전에 대한 교육) | 교육부/보건복지부 | 1시간 |
| 재난대비 안전교육 | 「아동복지법」 제31조(아동의 안전에 대한 교육) | 교육부/보건복지부 | 1시간 |
| 개인정보보호교육 (CCTV) | 「개인정보보호법」 제28조(개인정보취급자에 대한 감독) | 행정안전부 | 1시간 |
| 직장 내 성희롱 예방교육 | 「남녀고용평등과 일 · 가정 양립 지원에 관한 법률」 제13조(직장 내 성희롱 예방 교육 등) | 고용노동부 | 1시간 |
| 장애인식개선교육 | 「장애인복지법」 제25조(사회적 인식개선) | 고용노동부/보건복지부 | 1시간 |
| 교사 인성교육 | 「인성교육진흥법」<br>제3차 어린이집 평가 인증 통합지표 | 고용노동부/보건복지부 | 4시간 |
| 부정청탁방지교육 (김영란법) | 「부정청탁 및 금품등 수수의 금지에 관한 법률」 (유치원, 국공립 어린이집 해당) | 국민권익위원회 | 2시간 |
| 영유아 영양 건강관리 교육 | 제3차 어린이집 평가 인증 통합지표 | 한국보육진흥원 | 1시간 |
| 보육교사 스트레스 교육 | 제3차 어린이집 평가 인증 통합지표 | 한국보육진흥원 | 1시간 |

출처: 한국중앙교육개발원.

이와 같은 법정 의무 안전교육 중 앞장의 안전교육 내용에서 언급하지 않은 개인정보보호교육에 대해 살펴보면 다음과 같다.

## 1) 개인정보보호교육

개인정보란 살아 있는 개인에 관한 정보로서 성명, 주민등록번호 및 영상 등을 통하여 개인을 알아볼 수 있는 정보(해당 정보만으로는 특정 개인을 알아볼 수 없더라도 다른 정보와 쉽게 결합하여 알아볼 수 있는 것 등)를 말한다(개인정보종합포털).

개인정보가 누군가에 의해 악의적인 목적으로 이용하거나 유출될 경우 개인의 사생활에 큰 피해를 줄 뿐만 아니라 개인 안전과 재산에 피해를 줄 수 있다. 또한 스팸문자나 보이스 피싱, 나를 사칭한 메신저상의 금융사기 등이 모두 개인정보 유출과 관련되어 있는 경우가 많다(개인정보종합포털).

따라서 개인정보처리자는 개인정보가 분실 · 도난 · 유출 · 위조 · 변조 또는 훼손되지 아니하도록 내부 관리계획 수립, 접속기록 보관 등 대통령령으로 정하는 바에 따라 안전성 확보에 필요한 기술적 · 관리적 및 물리적 조치를 하여야 한다(「개인정보보호법」 제29조(안전조치의무)).

개인정보보호 적용범위는 정보통신망을 통하여 수집, 이용, 제공 또는 관리되는 개인정보뿐만 아니라 서면 등 정보통신망 이외의 수단을 통해서 수집, 이용, 제공 또는 관리되는 개인정보 및 개인영상정보기기(CCTV)에 대해서도 적용되며, 이러한 개인정보를 취급하는 내부 교직원(임시직, 계약직 등 포함) 및 외부위탁업체 직원에 대해 적용된다(서울특별시 교육청).

**표 3-10** 개인정보 보호책임자 등의 역할 및 책임

| 구분 | 지정 | 역할 |
|---|---|---|
| 개인정보 보호책임자 | 학교장 | 1. 개인정보 보호 계획의 수립 및 시행<br>2. 개인정보 보호 관련 내부 지침 제 · 개정<br>3. 개인정보 처리 실태 및 관행의 정기적인 조사 및 개선<br>4. 개인정보 처리와 관련한 불만의 처리 및 피해 구제<br>5. 개인정보의 기술적 · 관리적 보호조치 기준 이행 총괄<br>6. 개인정보 보호 교육 계획의 수립 및 시행 |

(계속)

| 구분 | 지정 | 역할 |
|---|---|---|
| | | 7. 개인정보파일의 보호 및 관리 · 감독<br>8. 기관 개인정보 처리방침의 수립 · 변경 및 시행<br>9. 개인정보보호 분야별책임자 지휘 · 감독<br>10. 기타 정보주체의 개인정보보호에 필요한 사항 |
| 개인정보 보호분야별 책임자 | 각 부서의 장 | 1. 개인정보 취급자 지정 · 관리 · 감독 · 교육<br>2. 개인정보파일 지정 · 관리 · 보호 · 파기<br>3. 개인정보 처리와 관련된 요구 처리 및 피해 구제<br>4. 개인정보의 기술적 · 관리적 보호조치 기준 이행<br>5. 개인정보 관련 개선 권고에 따른 조치사항 이행 등 |
| 개인정보 보호담당자 | 학교장이 지정하는 자 | 개인정보 보호 업무에 대한 실무를 총괄 |
| 개인정보 취급자 | 내부 임직원 (임시직, 계약직 포함) | 1. 개인정보보호 활동 참여<br>2. 내부관리계획의 준수 및 이행<br>3. 개인정보의 기술적 · 관리적 보호조치 기준 이행<br>4. 업무상 알게 된 개인정보의 남용 및 제3자 제공 금지<br>5. 기타 정보주체의 개인정보보호를 위해 필요한 사항의 이행<br>– 개인정보 보호의 날(사이버보안진단의 날) "내PC지키미"실행 및 보완조치<br>– 개인정보 암호화처리 점검 |

출처: 서울특별시 교육청.

### 개인정보 보호의 날 운영

□ 일정: 매월 세번째 수요일(※사이버 보안 진단의 날)

□ 내용

- 개인정보 실태 점검표에 의한 자체 점검
- 고유식별정보가 포함된 개인정보 파일 암호화조치 점검
- 홈페이지를 통한 개인정보 노출 여부 점검

### 접근통제에 관한 사항

□ 개인정보처리시스템, 업무용 컴퓨터, 모바일 기기에서 P2P, 공유설정은 기본적으로 사용하지 않는다.

□ 인터넷 홈페이지를 통한 개인정보가 유출되지 않도록 웹취약점에 대한 조치를 한다.

**개인정보의 암호화에 관한 사항**

□ 암호화 저장 대상(근거: 개인정보보호법)
- 고유식별정보, 비밀번호, 바이오정보

□ 업무용 컴퓨터(PC)에서 암호화 방안
- 교육청이 제공하는 상용 암호화 소프트웨어를 사용하여 암호화한 후 저장하여야 한다.

□ 암호화에 대한 관리
- 개인정보 보호책임자는 매월 실태 및 현황을 조사
- 개인정보 취급자의 교육 등 실시

**악성프로그램 등 방지에 관한 사항**

□ 악성프로그램 등을 통해 개인정보가 분실 · 도난 · 누출 · 변조 또는 훼손되니 아니하도록 백신프로그램 등의 보안 프로그램을 설치 · 운영한다.

□ 보안프로그램은 자동 업데이트 기능을 사용하거나, 일 1회 이상 업데이트를 실시하여 최신의 상태로 유지한다.

**관리용 단말기의 안전조치(신설 2018.00.00) /*학교별로 다름**

□ 개인정보처리자는 개인정보 유출 등 개인정보 침해사고 방지를 위하여 관리용 단말기에 대해 다음의 안전조치를 하여야 한다.
- 인가 받지 않은 사람이 관리용 단말기에 접근하여 임의로 조작하지 못하도록 조치
- 본래 목적 외로 사용되지 않도록 조치
- 악성프로그램 감염 방지 등을 위한 보안조치 적용

**물리적 접근제한**

□ 개인정보가 포함된 서류, 보조저장매체 등은 잠금장치가 있는 안전한 장소에 보관한다.

□ 관리대장 작성
- 대상: 개인정보를 보관하고 있는 별도의 보호시설에 출입하거나, 개인정보를 열람하는 경우
- 내용: 출입자에 대한 출입사실 및 열람 내용

**개인정보 유출 유형**

□ 개인정보가 포함된 서면, 이동식 저장장치, 휴대용 컴퓨터 등을 분실하거나 도난당한

경우

□ 개인정보가 저장된 데이터베이스 등 개인정보처리시스템에 정상적인 권한이 없는 자가 접근한 경우

□ 개인정보처리자의 고의 또는 과실로 인해 개인정보가 포함된 파일 또는 종이문서, 기타 저장 매체가 권한이 없는 자에게 잘못 전달된 경우

□ 기타 권한이 없는 자에게 개인정보가 전달된 경우

**개인정보 유출 시 대응방안**

□ 유출 확산 방지 긴급조치
- 접속 경로의 차단, 취약점 점검 · 보완, 유출된 개인정보의 삭제 등

□ 정보주체에게 유출 사실 통지(5일 이내)
- 대상: 정보주체(14세 미만 아동의 경우에는 법정대리인)
- 통지항목: ① 유출된 개인정보의 항목
  ② 유출된 시점과 그 경위
  ③ 정보주체가 피해를 최소화할 수 있는 방안
  ④ 개인정보처리자의 대응조치 및 피해 구제절차
  ⑤ 피해 발생 시 신고 등을 접수할 수 있는 담당부서 및 연락처
- 통지방법: 서면, 전자우편, 모사전송, 전화, 휴대전화 문자전송 등

□ 유출 신고(개정 2018.00.00) /*학교별로 다름

/* (초 · 중학교)
- 신고기관: ㅇㅇ교육지원청
  (단, 1천 명 이상 유출 시에는 ㅇㅇ교육지원청 및 행정안전부)
- 신고방법: 개인정보유출신고서(붙임6)로 신고기관에 공문으로 제출

/* (고등학교 등)
- 신고기관: 서울특별시교육청
  (단, 1천 명 이상 유출 시에는 서울특별시교육청 및 행정안전부)
- 신고방법: 개인정보유출신고서(붙임6)로 신고기관에 공문으로 제출

출처: 서울특별시 교육청.

**개인정보보호 온라인 교육 관련 사이트**

□ 개인정보보호 종합포털 온라인 교육 https://www.privacy.go.kr
- 메뉴 : 교육마당 – 온라인 교육– 교육안내 및 신청 → 본인인증 후 과정별 신청
- 과정안내
  - 개인정보 안전성 확보조치(1시간 과정 4차시)
  - 개인정보보호법 이해하기(3시간 과정 7차시)
  - 업무용PC에서 개인정보 보호조치 설정하기(1시간 4차시)
- 수료증발급메뉴 : 교육마당 – 온라인교육 – 나의수강내역 – 수료증발급

□ 교육부 정보보호교육센터 운영 교육 http://sec.keris.or.kr
- 메뉴 : 연수안내/신청 – 사이버교육안내/집합교육안내/교육신청
  과정안내 검색 : 검색어 개인정보

□ 나라배움터 http://e-learning.nhi.go.kr
- 과정안내 검색 : 검색어 개인정보

출처: 서울특별시 교육청.

**학교 영상정보처리기기 운영 · 관리 방침(예시)**

*〈학교명〉*(이하 본 기관이라 함)는 영상정보처리기기 운영 · 관리 방침을 통해 본 기관에서 처리하는 영상정보가 어떠한 용도와 방식으로 이용 · 관리되고 있는지 알려드립니다.

**1. 영상정보처리기기의 설치 근거 및 설치 목적**

본 기관은 「초중등교육법」 제30조의8(학생의 안전대책 등) 및 「개인정보보호법」 제25조 제1항(영상정보처리기기의 설치 · 운영 제한)에 따라 다음과 같은 목적으로 영상정보처리기기를 설치 · 운영합니다.
- 학생의 안전 및 범죄 예방
- 학교 내 시설 및 시설물 안전관리 및 화재 예방
- 법령에서 구체적으로 허용하고 있는 경우
- 범죄의 예방 및 수사를 위하여 필요한 경우

- 시설안전 및 화재 예방을 위하여 필요한 경우
- 교통단속을 위하여 필요한 경우
- 교통정보의 수집 · 분석 및 제공을 위하여 필요한 경우

## 2. 설치 대수, 설치 위치 및 촬영범위

| 설치 위치 및 촬영 범위 | 설치 대수 | 성능 |
|---|---|---|
| 1층 현관 | 00대 | |
| 주차장 입구 | 00대 | |

## 3. 개인영상정보 관리책임자

귀하의 영상정보를 보호하고 개인영상정보와 관련한 불만을 처리하기 위하여 아래와 같이 개인영상정보 관리책임자를 두고 있습니다.

| 구분 | 소속 | 직위 | 이름 | 연락처 |
|---|---|---|---|---|
| 개인영상정보 관리책임자 | | | 홍길동 | 02-0000-0000 |

## 4. 영상정보의 촬영시간, 보관기간, 보관장소 및 처리방법

| 촬영시간 | 보관기간 | 보관장소 |
|---|---|---|
| 24시간 | 촬영일로부터 ㅇㅇ일 | ㅇㅇ실(보관실 명) |

- 처리방법: 개인영상정보의 목적 외 이용, 제3자 제공, 파기, 열람 등 요구에 관한 사항을 기록 · 관리하고, 보관기간 만료 시 복원이 불가능한 방법으로 영구 삭제(출력물의 경우 파쇄 또는 소각)합니다.

## 5. 영상정보처리기기 설치 및 관리 등의 위탁에 관한 사항

*(해당하는 경우만)*

본 기관은 아래와 같이 영상정보처리기기 설치 및 관리 등을 위탁하고 있으며, 관계 법령에 따라 위탁계약 시 개인정보가 안전하게 관리될 수 있도록 필요한 사항을 규정하고 있습니다.

| 수탁업체 | 담당자 | 연락처 |
|---|---|---|
| OO시스템 | 홍길동 | 02) 000-0000 |

## 6. 개인영상정보의 확인 방법 및 장소에 관한 사항

귀하는 개인영상정보에 관하여 열람 또는 존재확인 · 삭제를 원하는 경우 언제든지 영

상정보처리기기 관리책임자에게 요구하실 수 있습니다. 단, 귀하가 촬영된 개인영상정보 및 명백히 정보주체의 급박한 생명, 신체, 재산의 이익을 위하여 필요한 개인영상정보에 한정됩니다.

- 확인 방법: 열람 등을 요구할 경우에는 기관을 방문하시어 개인영상정보 열람 · 존재확인 청구서를 작성하여 담당부서에 제출하여야 확인 가능합니다.
- 확인 장소: ○○과 ☎ 000-0000

**7. 정보주체의 영상정보 열람 등 요구에 대한 조치**

본 기관은 개인영상정보에 관하여 열람 또는 존재확인 · 삭제를 요구받은 경우 지체없이 필요한 조치를 하겠습니다.

다음의 경우에는 정보주체의 개인영상정보 열람 등 요구를 거부할 수 있습니다. 이 경우 관리책임자는 10일 이내에 서면 등으로 거부 사유를 정보주체에게 통지합니다.

- 범죄수사 · 공소유지 · 재판수행에 중대한 지장을 초래하는 경우
- 개인영상정보의 보관기간이 경과하여 파기한 경우
- 열람 등 요구에 대하여 필요한 조치를 취함으로써 타인의 사생활권이 침해될 우려가 큰 경우
- 기타 정보주체의 열람 등 요구를 거부할 만한 정당한 사유가 존재하는 경우

**8. 영상정보의 안전성 확보조치**

본 기관에서 처리하는 영상정보는 암호화 조치 등을 통하여 안전하게 관리되고 있습니다. 또한 개인영상정보보호를 위한 관리적 대책으로서 개인정보에 대한 접근 권한을 차등부여하고 있고, 개인영상정보의 위 · 변조 방지를 위하여 개인영상정보의 생성 일시, 열람시 열람 목적 · 열람자 · 열람 일시 등을 기록하여 관리하고 있습니다. 이 외에도 개인영상정보의 안전한 물리적 보관을 위하여 잠금장치를 설치하고 있습니다.

**9. 영상정보처리기기 운영 · 관리 방침의 변경에 관한 사항**

이 영상정보처리기기 운영 · 관리방침은 2015년 0월 00일에 제정되었으며, 법령 · 정책 또는 보안기술의 변경에 따라 내용의 추가 · 삭제 및 수정이 있을 시에는 지체없이 본 기관 홈페이지를 통해 변경사유 및 내용 등을 공지하도록 하겠습니다.

- 제정일자: *0000년 00월 00일* / 시행일자: *0000년 00월 00일*

출처: 서울특별시 교육청.

## 개인정보보호 서약서(예시)

본인은 업무 중에 알게 된 개인정보에 대하여 업무 수행 중이나 업무 수행 후에도 다음 사항을 준수할 것을 엄숙히 서약합니다.

1. 본인은 업무를 수행함에 개인정보보호법(시행령, 시행규칙), 개인정보보호 내부관리계획 등 관련 개인정보보호 관계규정 및 지침을 성실히 준수하겠습니다.

2. 나는 업무 목적으로 개인정보를 최소화하여 수집하며, 제공 받거나 허가 받은 업무 범위를 초과하여 개인정보를 이용하거나 제3자에게 제공하지 아니하고 직무상 알게 된 개인정보 및 기밀을 누설하거나 권한 없이 처리하는 등 부당한 목적을 위하여 사용하지 않겠습니다.

3. 나는 반드시 업무 수행 목적 외로 개인정보를 처리를 하지 않고 개인정보의 기술적 · 관리적 보호조치를 마련하여 개인정보가 분실 · 도난 · 유출 · 변조 또는 훼손되지 않도록 개인정보를 안전하게 사용하고 관리하겠습니다.

4. 나는 이러한 서약에도 불구하고 업무상 알게 된 사항에 대하여 비밀을 누설하거나 정당한 사유 없이 조회, 유출, 오용할 경우, 형사상 민사상의 법률 조항에 의거하여 제재를 받을 수 있으며, 이러한 제재에 대하여 이의를 제기하지 않겠습니다.

일 시: 년 월 일
소 속:
성 명: (인)

출처: 서울특별시 교육청.

# 10 응급처치교육

## 1) 심폐소생술

응급처치란 전혀 생각지도 못한 장소나 때에 발생한 외상에 대해서 전문 의료진의 진료 전에 즉각적이고 임시적으로 간단하게 처치하는 것을 말한다. 응급상황이 발생한 경우에 올바르고 신속한 응급처치를 하면 그것만으로도 환자의 생명을 보존하고, 고통을 줄이며 현상을 유지할 수 있고, 부작용을 억제하며, 빠른 회복에 도움을 줄 수 있다. 예를 들면 외상에 대해서 지혈, 창상의 청정화, 골절의 간이고정 등을 행할 것, 호흡·순환이 정지하고 있거나 대단히 약해지고 있는 경우에 각종 인공호흡, 심마사지법을 행할 것 등이 전형적인 것이라고 할 수 있다(대한간호학회 간호학대사전, 1996). 응급조치 후에는 신속히 긴급구조전화(☎119)나 병원 응급실로 연락을 해서 안전하게 병원으로 이동해야 한다.

어떻게 응급조치를 해야 할지 모르는 경우에는 신속히 119나 1339로 전화하여 도움을 요청한 후, 응급처치를 시행하는 것이 중요하다. 119에 전화를 하면 환자 이송 및 응급처치의 도움을 받고 구급차가 출동할 수 있으며, 응급의료정보센터인 1339에 연락 시에는 응급처치 요령, 병원안내, 질병상담 등의 도움을 받을 수 있다. 119 연결 시 전화접수자에게 환자가 발생한 위치, 주소 및 전화번호 등 기본적인 사항을 정확히 말로 전달하여야 하며, 응급상황이 발생한 경위와 환자상태, 주위의 위험요소 유무(화재, 사고, 위험물질 등), 환자 수 등을 전달하고, 구급차가 현장에 도착할 때까지 연락을 계속 유지함으로써 응급처치에 대한 조언을 받아가며 위급한 상황에 대처해야 한다.

응급상황 중 가장 급한 것은 갑자기 심장이 멈춘 심장마비 상태인데, 이때 소생의 사슬이라고 하는 신속한 확인과 신고, 신속한 심폐소생술, 신속한 제세동(전기적 충격으로 심장을 뛰게 하는 행위), 신속한 전문소생술 및 심정지 이후의 통합치료의 단계가 순서적으로 행하여질 때 환자의 생존 확률이 높아진다(행정안전부, 2012).

**표 3-11** 심폐소생술의 시행방법

| 단계(성인, 소아, 영아) |
|---|
| ■ **반응의 확인**<br>• 양쪽 어깨를 가볍게 두드리며(영아의 경우 한쪽 발바닥을 가볍게 두드리며), 큰 목소리로 '얘야? 괜찮니?'와 같이 소리치거나 이름을 알면 이름을 부른다.<br>• 아이의 움직임, 눈 깜박임, 대답 등으로 반응을 확인한다(심정지: 무반응).<br>• 반응이 없더라도 움직임이 있거나 호흡을 하는 경우는 심정지가 아니다. 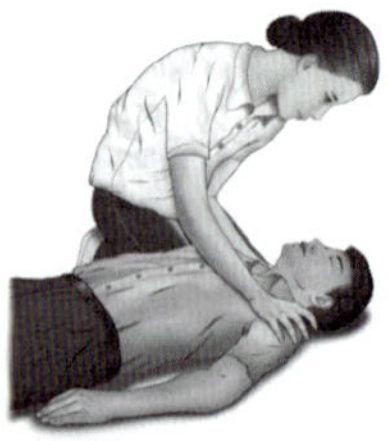 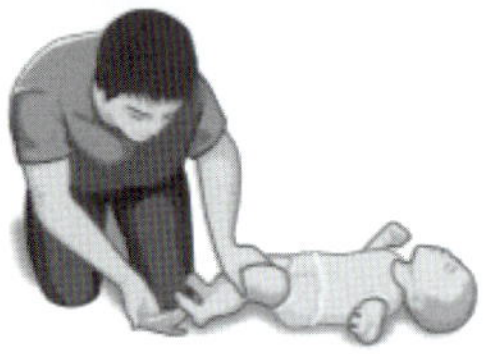 |
| ■ **구조요청**<br>• 반응이 없으면, 119에 신고하고 자동제세동기를 요청한다. 주변에 도와줄 사람이 있으면 지목하여 부탁하고, 도와줄 사람이 없으면 본인이 직접 119에 신고한다.<br>• 휴대전화를 가지고 있지 않은 상황에서 혼자 있다면 심폐소생술을 2분간 시행한 다음에 119에 신고한다.<br>• 아이가 쓰러지는 것을 목격한 경우에는 119 신고와 함께 자동제세동기를 가져오도록 주변 사람에게 요청한다. 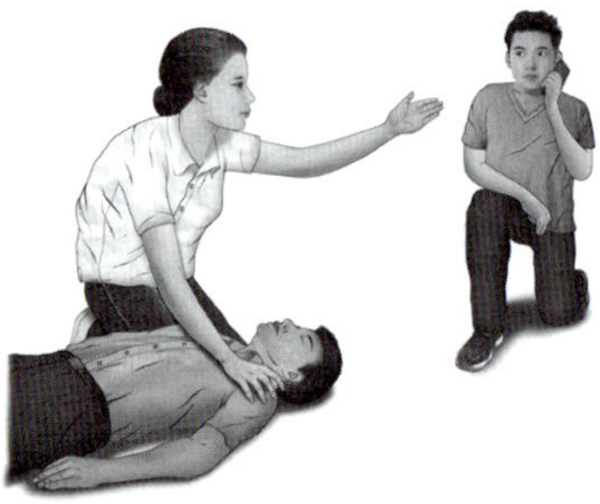 |
| ■ **호흡과 맥박 확인**<br>• 호흡의 유무 및 비정상 여부를 판단한다(심정지 환자: 무호흡 또는 비정상 호흡).<br>• 호흡이 없거나 호흡이 있더라도 비정상 호흡(심정지 호흡, 헐떡이는 호흡, gasping)이라고 판단되면 심정지가 의심되므로 즉시 가슴압박을 시작한다.<br>• 반응이 없으나 정상의 호흡을 보이는 경우에는 회복자세를 취해 입안의 이물이 기도로 흡인되는 것을 예방한다.<br>• 맥박확인은 보건의료인이 시행하도록 권장하고 있다. 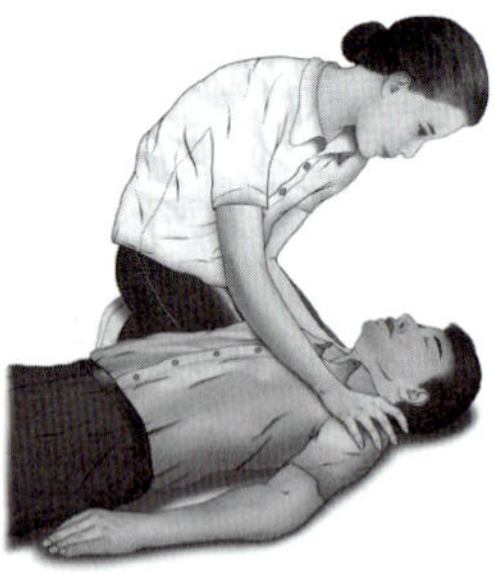 |

(계속)

**단계(성인, 소아, 영아)**

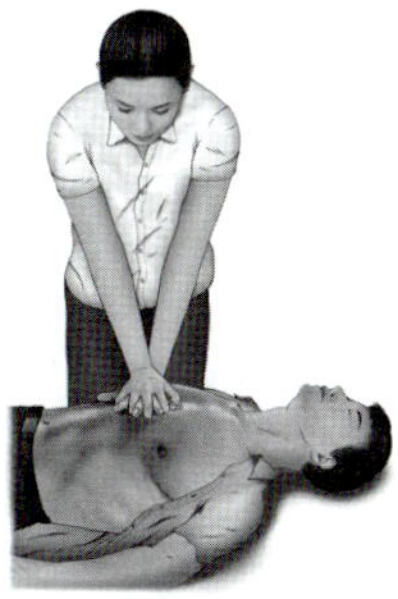

## ■ 가슴압박 30회 시행

- 환자를 바닥이 단단하고 평평한 곳에 등을 대고 눕힌 뒤에 가슴뼈(흉골)의 아래쪽 절반 부위에 깍지를 낀 두 손의 손바닥 뒤꿈치를 댄다.
- 손가락이 가슴에 닿지 않도록 주의하면서, 양팔을 쭉 편 상태로 체중을 실어서 환자의 몸과 수직이 되도록 가슴을 압박하고, 압박된 가슴은 완전히 이완되도록 한다. 가슴 압박은 1분당 100~120회의 속도로 빠르게 시행한다. '하나', '둘', '셋', ..., '서른'하고 세어가면서 규칙적으로 시행하며, 압박된 가슴은 완전히 이완되도록 한다.
  - 압박 위치: 흉곽 전후 직경(가슴 두께)의 1/2(영아 또는 소아 1/3)
  - 손의 위치: 양손을 깍지 끼고 손가락이 환자 가슴에 닿지 않도록(영아 두 손가락, 소아 한 손이나 두 손)
  - 자세: 환자는 평평하고 딱딱한 바닥 위에 위치시키고, 처치자는 다리를 어깨넓이로 하여 무릎을 꿇고, 팔꿈치를 펴고, 체중을 가한다.
  - 압박술: 속도 100~120회/분, 깊이 5~6cm(영아 또는 소아 4~5cm)

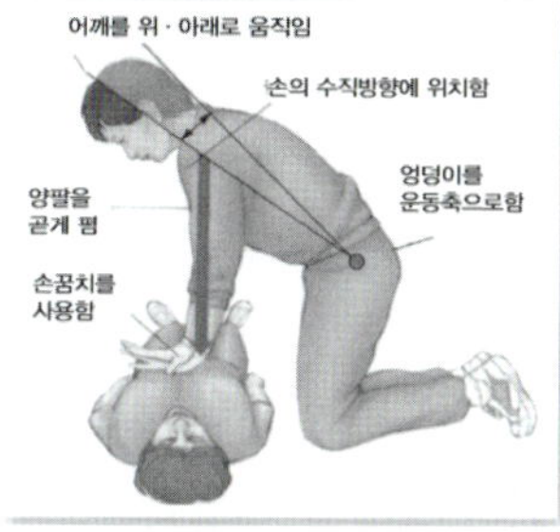


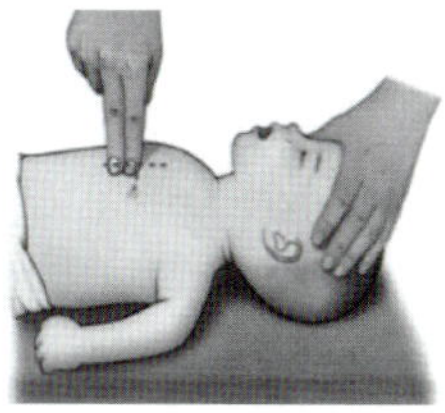

## ■ 기도 열기

- 환자의 머리를 젖히고, 턱을 들어 올려 환자의 기도를 개방시킨다. 의식이 없는 사람이 누워 있을 때 기도폐쇄의 원인은 혀가 중력에 의하여 아래로 쳐지고 목구멍의 근육도 이완된 상태에서 혀가 숨 쉬는 길을 막기 때문이다. 의식이 없는 사람은 기도가 막혀서 제대로 숨을 쉬지 못하고 사망하게 되므로, 적절한 자세교정을 하여 막힌 숨길을 열어주어야 한다.
- 일반적인 기도 확보법: 두부후굴 하악거상법 = 머리 젖히고 턱 들기
- 구체적인 방법은 이마에 한 손을 대고 이마를 뒤로 젖히며, 두 손가락으로 턱뼈를 들어 올려 턱의 끝이 하늘을 향하도록 유지한다. 머리를 너무 심하게 젖히면, 오히려 기도가 폐쇄될 수 있으므로 주의한다.

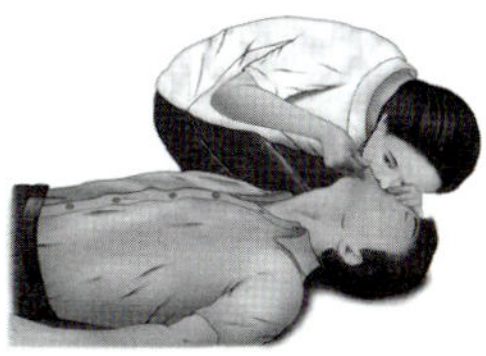

(계속)

| 단계(성인, 소아, 영아) |
|---|

■ **인공호흡 2회 시행**

머리를 젖혔던 손의 엄지와 검지로 환자의 코를 잡아서 막고, 입을 크게 벌려 환자의 입을 완전히 막은 후 가슴이 올라올 정도로 1초에 걸쳐서 숨을 불어넣는다. 숨을 불어넣을 때에는 환자의 가슴이 부풀어 오르는지 눈으로 확인한다. 절대로 팽팽하게 많이 불어넣지 않는다. 숨을 불어넣은 후에는 입을 떼고 코도 놓아주어서 공기가 배출되도록 한다. 인공호흡 방법을 모르거나, 꺼려지는 경우에는 인공호흡을 제외하고 지속적으로 가슴압박만을 시행한다(가슴압박 소생술).

**구강 대 구강법**

- 엄지와 검지로 코를 잡는다
- 숨을 적당히 들이 쉰후 환자의 입 주위를 자신의 입으로 덮는다.
- 환자의 가슴이 부풀어 오를 때까지 일정하게 불어넣는다. 약 1초에 걸쳐 1회 500~600mL(6~7 mL/kg) 불어 넣는다.
- 입과 코를 떼어 공기가 배출되도록 한다
- 호흡 1회당 약 5~6초, 분당 10~12회 실시한다.

아기가 작은 경우에는 구조자의 입으로 아기의 입과 코를 한꺼번에 막은 다음에 인공호흡을 시행한다.

---

■ **가슴압박과 인공호흡의 반복**

- 이후에는 30회의 가슴압박과 2회의 인공호흡을 119 구급대원이 현장에 도착할 때까지 반복해서 시행한다.
- 2명 이상의 구조자가 있는 경우에 한 구조자는 가슴압박을 하고, 다른 구조자는 인공호흡을 맡아서 시행하며, 심폐소생술 5주기(30:2 가슴압박과 인공호흡 5회)를 시행한 뒤에 서로 역할을 교대한다.

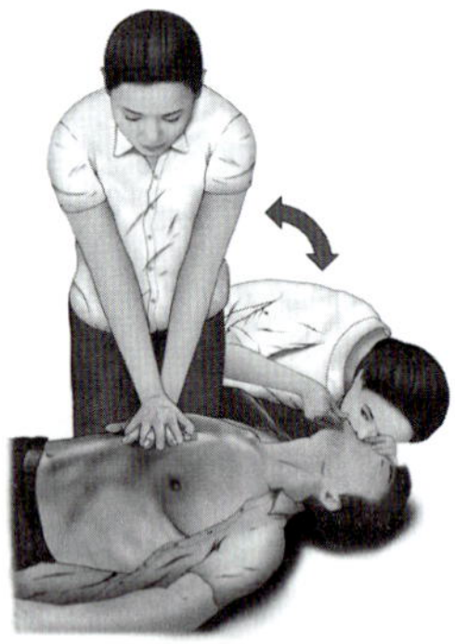

(계속)

**단계(성인, 소아, 영아)**

■ **회복자세**

- 가슴압박 소생술을 시행하던 중에 환자가 소리를 내거나 움직이면, 호흡도 회복되었는지 확인한다.
- 호흡이 회복되었다면, 환자를 옆으로 돌려 눕혀 기도(숨길)가 막히는 것을 예방한다.
- 그 후 환자의 반응과 호흡을 관찰해야 한다. 환자의 반응과 정상적인 호흡이 없어진다면 심정지가 재발한 것이므로 신속히 가슴압박과 인공호흡을 다시 시작한다.

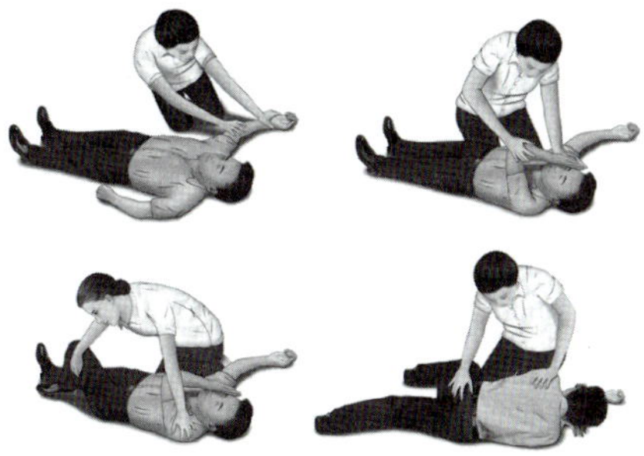

출처: 질병관리본부 만성질환관리과, 대한심폐소생협회.

**표 3-12** 기본 소생술

| 구분 | 성인 | 소아 | 영아 |
|---|---|---|---|
| 심정지의 확인 | 무반응 | | |
| | 무호흡 혹은 심정지 호흡 | | |
| 심폐소생술의 순서 | 가슴압박 – 기도유지 – 인공호흡(2회) – 호흡 확인(5~10초) – 회복 상태 파악 후 심폐소생술과 인공호흡의 재실시 여부 판단 | | |
| 가슴압박 속도 | 100~120회/분 | | |
| 가슴압박 깊이 | 5~6cm | 가슴 깊이의 1/3 (5cm) | 가슴 깊이의 1/3 (4cm) |
| 가슴 이완 | 가슴압박 사이에는 완전한 가슴 이완 | | |
| 가슴압박 중단 | 가슴압박의 중단은 최소화(불가피한 중단 시는 10초 이내) | | |
| 기도 유지 | 머리 젖히고 – 턱 들기 | | |
| 가슴압박 대 인공호흡 비율 | 30:2 | 30:2 (1인 구조자)<br>15:2 (2인 구조자) | |
| 심폐소생술 교육을 받지 않았거나 할 수 없는 일반인 구조자 | ‘가슴압박 소생술’ 시행(인공호흡 생략) | | |

출처: 행정안전부(2012).

일반인이나 보건의료인 구분 없이 소아는 만 1세부터 만 8세까지로 구분한다. 소아는 심실세동에 의한 심정지보다 질식성 심정지가 훨씬 흔하기 때문에 소아소생술을 수행할 때에는 인공호흡이 매우 중요하다. 그러나 소아 심정지 환자에서도 심폐소생술의 순서는 성인과 마찬가지로 가슴압박을 먼저하고 인공호흡을 시행한다(대한심폐소생협회).

갑자기 발생된 심정지의 대부분은 심실세동에 의해 유발되며, 심실세동의 가장 중요한 치료는 기계에 의한 전기 충격을 가하는 전기적 제세동이다. 제세동은 심정지 현장에서 신속하게 시행되어야 한다. 자동제세동기는 의료지식을 갖추지 못한 일반인이 사용할 수 있도록 환자의 심전도를 자동으로 판독하여 제세동이 필요한 심정지를 구분해 주며, 사용자가 쉽게 제세동을 할 수 있도록 유도한다. 그러므로 자동제세동기는 신속하게 사용될 수 있도록 많은 사람들이 이용하는 공공장소에 상시적으로 비치되어야 하며, 심정지 환자를 발견한 사람은 누구라도 지체 없이 자동제세동기를 환자에게 사용해야 한다(행정안전부, 2012).

**표 3-13** (자동)심장충격기(자동제세동기, AED)의 사용 순서

**단계**

**■ 전원 켜기**

- 심폐소생술을 시행하고 있는 도중에 심장충격기가 도착하더라도 두 사람 이상이 있다면 심폐소생술을 중단하지 않는다. 한 사람이 심폐소생술을 지속하면서 다른 한 사람이 심장충격기를 꺼내어 전원 버튼을 누른다.
- 구동시간이 매우 짧아서 대부분 전원을 켜면 즉시 자동제세동기가 작동되나, 일부 기기 또는 자동제세동기의 상태에 따라 구동이 느릴 수 있다. 일부 자동제세동기는 덮개를 열면 자동으로 전원이 켜지는 모델도 있다. 일부 모델은 전원이 켜지면 제세동기를 관리하는 센터에 자동으로 비상연락이 전달되는 기능을 가지고 있다.

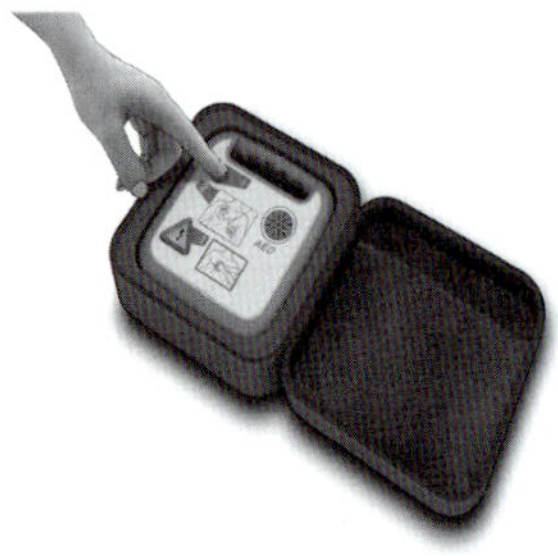

**■ 두 개의 패드 부착**

- 두 개의 패드를 포장지에 그려져 있는 대로 환자의 가슴에 단단히 부착한다. 이때 환자의 옷은 벗겨야 하며, 패드 부착 부위에 땀이나 기타 이물질이 있으면 제거한 뒤에 패드를 부착한다. 심장충격기의 부착하는 위치가 패드에 그림으로 그려져 있으므로 이를 보고 같은 위치를 찾아 붙이면 된다.
- 우측 패드의 위치는 우측 빗장뼈 밑에, 우측 빗장뼈의 중심선과 패드의 중심선이 일치하게 붙인다. 이때 패드가 우측 빗장뼈를 덮으면 안 된다. 좌측에 붙이는 패드는 패드의 중심이 좌측 5~6번째 갈비 사이 공간과 중심겨드랑선이 만나는 부위에 붙인다. 쉽게 설명하면 좌측 젖꼭지 바깥쪽 아래쪽에 붙이도록 한다. 붙인 패드가 좌측 젖꼭지보다 가슴의 위쪽으로, 좌측 젖꼭지 안쪽으로 위치해서는 안 된다.
- 소아에게는 크기가 성인보다 작은 소아용 패드를 사용한다.

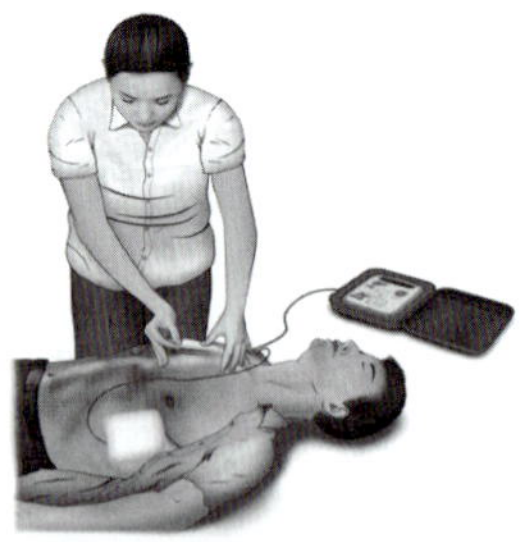

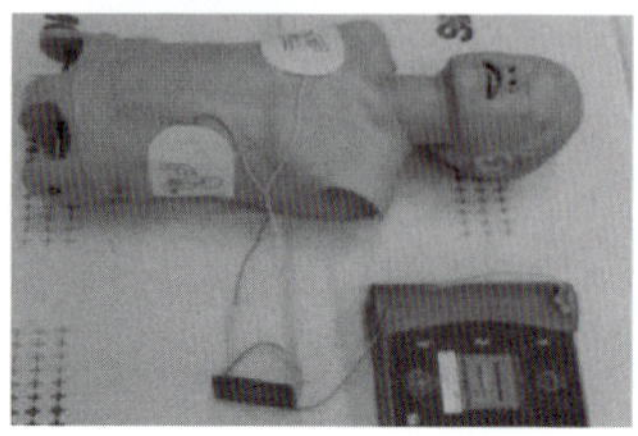

소아에게 자동제세동기 패드 사용 위치



(계속)

| 단계 |
| --- |

• 소아에서 오른쪽 패드는 오른쪽 빗장뼈 밑에, 왼쪽 패드는 왼쪽 중간겨드랑 선에 붙인다.
• 영아용 패드는 그림에 표시되어 있는 대로 왼쪽 패드는 가슴 앞에, 오른쪽 패드는 등에 부착한다.
• 소아가 너무 작거나 소아용 패드를 영아에게 붙여야 하는 경우에는 소아용 패드를 영아용 패드처럼 붙일 수도 있다. 이때에는 왼쪽에 붙이는 패드를 가슴 앞에 오른쪽에 붙이는 패드를 등에 부착한다.
• 성인용 자동제세동기를 소아에게 사용해야 하는 경우에 제세동에 의한 심근 손상이 커지겠지만, 제세동에 의한 소생이 더 중요하므로 성인용 자동제세동기를 소아에게 사용하는 것이다. 작은 소아나 영아에게는 패드가 너무 크기 때문에 가슴에 부착된 두 개의 패드가 인접하거나 맞닿아 제세동의 효율이 떨어질 수 있다. 그렇기 때문에 두 패드가 너무 가깝게 맞닿지 않도록 주의해야 하며, 소아나 영아가 두 개의 패드를 부착하기에 너무 작다면 앞뒤로 패드를 부착해야 한다.

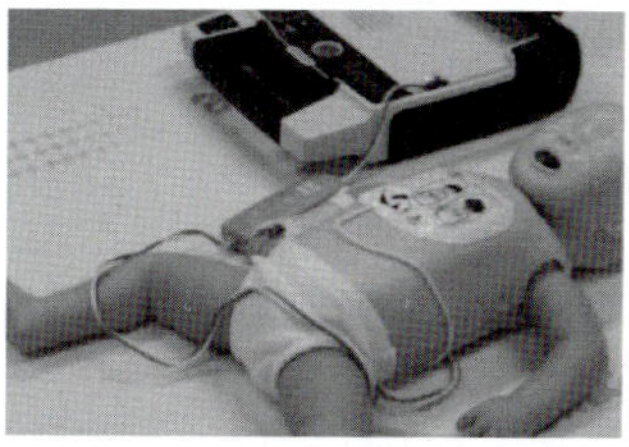
영아에게 자동제세동기 패드 사용위치

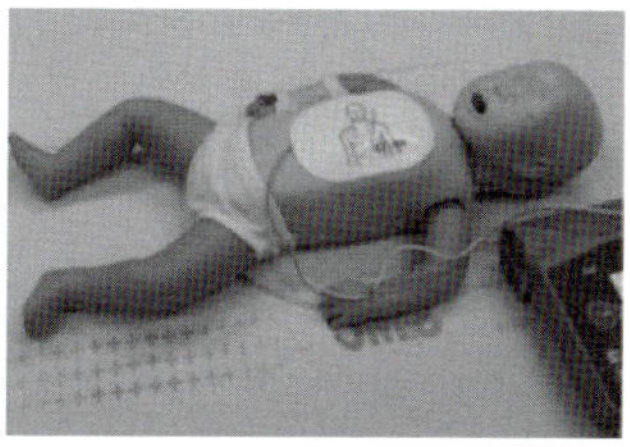
영아에게 성인용 자동제세동기 패드 사용위치

■ **심장리듬 분석**

• 심장충격기가 환자의 심전도를 분석하는 동안은 심폐소생술을 잠시 중단하며, 혼선을 주지 않기 위해 환자와의 접촉을 피하고, 환자의 몸이 움직이지 않도록 한다. 몇 초 지나면 분석이 끝나는데, 제세동이 필요한 경우라면 '제세동이 필요합니다'라는 음성 또는 화면 지시와 함께 심장충격기 스스로 제세동 에너지를 충전한다.

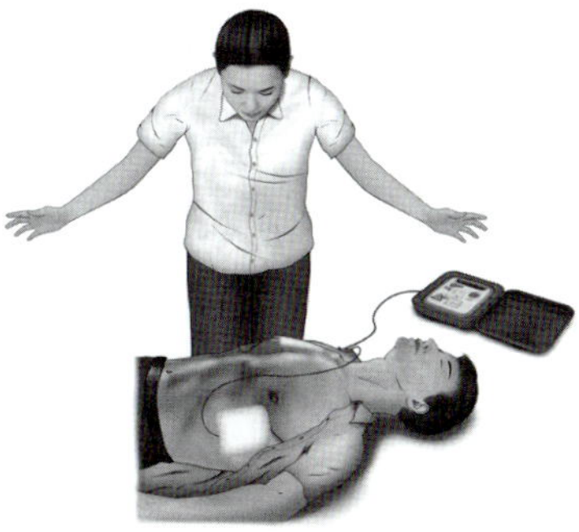

■ **심장충격(제세동) 시행**

• 이후에 '제세동 버튼을 누르세요'라는 음성 또는 화면 지시가 나오면, 환자와 접촉한 사람이 있는지 확인한 뒤에 제세동 버튼을 누른다. 쇼크가 전달될 때 환자의 몸에 접촉하고 있는 사람에게도 제세동 에너지가 같이 전달되어 강한 충격 또는 심정지가 발생할 수도 있다. 따라서 쇼크가 전달될 때 어떠한 사람도 환자의 몸에 접촉하고 있지 않다는 것을 확인하고, 만약 접촉한 사람이 있다면 물러나게 한다.

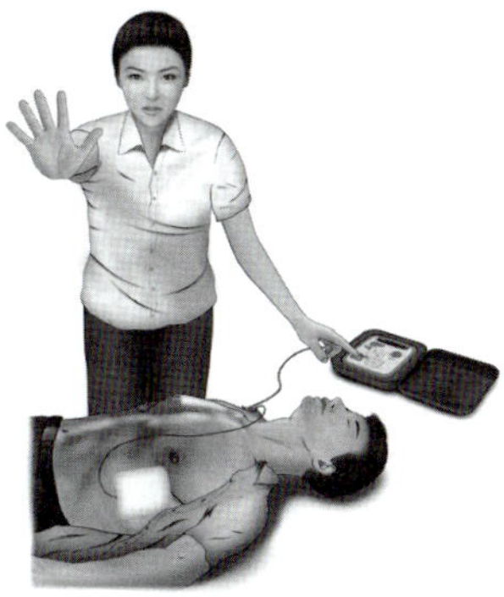

(계속)

| 단계 |
|---|
| ■ 심폐소생술 다시 시행<br>• 제세동을 시행한 뒤에는 지체 없이 심폐소생술을 다시 시작해야 하며, 심장충격기가 '제세동이 필요하지 않습니다'라고 분석한 경우에도 마찬가지로 심폐소생술을 즉시 다시 시작한다.<br>• 심장충격기는 2분마다 환자의 심전도를 자동으로 분석하여 제세동의 필요성을 판단한다. 그러므로 구조자는 환자에게 심장충격기를 적용한 상태로 119 구급대가 현장에 도착하거나 환자가 회복되어 깨어날 때까지 심폐소생술과 제세동을 반복하여 실시해야 한다. 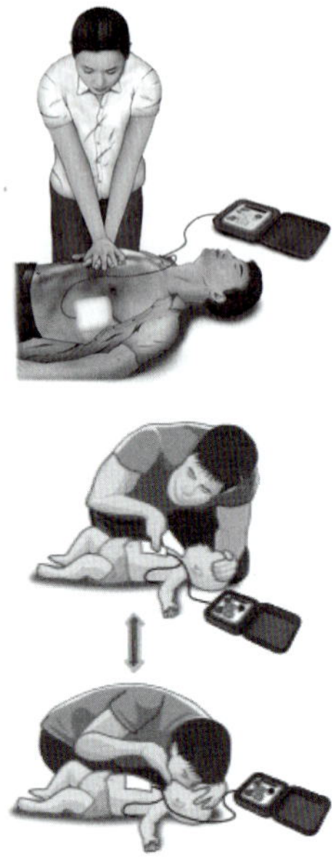 |

출처: 국가건강정보포털 의학정보, 대한심폐소생협회, 행정안전부.

만 8세 미만 소아에서는 제세동이 필요한 빈도가 성인에 비해서는 낮지만, 심장충격기를 사용해야 하는 심정지가 약 4~17%를 차지한다. 소아에서 심장충격기를 사용할 경우에는 소아용 패드를 사용하거나, 에너지 용량 조절이 가능한 경우 용량을 조절하여 사용하는 것이 좋지만, 이런 것들이 구비되어 있지 않은 경우에는 성인과 같은 패드, 같은 용량으로 심장충격기를 사용할 수 있다(국가건강정보포털 의학정보, 국가건강정보포털).

1세 미만의 영아에서는 수동제세동기가 권장되지만, 영아에서도 자동제세동기가 성공적으로 적용된 사례가 보고되었고, 이후에 영아에서도 자동제세동기를 사용할 것을 권장하고 있다(대한심폐소생협회).

■ **심폐소생술 시행 순서**

심폐소생술은 심정지 이후 4분 이내에 시행되어야 한다.

1. 확인: 어깨를 두드리며 반응을 확인한다
2. 신고: 119 신고 및 자동심장충격기(AED)를 요청하고, 호흡을 확인한다.
3. 압박: 분당 100~120회로 강하고 빠르게 30번 압박한다
4. 호흡: 기도를 열고 가슴이 부풀어 오르도록 2회의 인공호흡을 한다.
5. 반복: 가슴 압박과 인공호흡을 30:2로 119 구급대원이 오기 전까지 반복한다.
6. AED: 자동심장충격기가 도착하면 기계의 지시에 따라 행동한다.

■ **자동심장충격기 사용법**

1. 전원 켜기: 전원이 켜지면 자동심장충격기에서 나오는 안내에 따라 행동한다.
2. 패드 부착: 상의를 벗긴 후 안내 문구와 같이 상체에 패드를 부착한다.
3. 심장리듬 분석: "모두 물러나세요"라고 외치며 환자와 접촉하지 않는다.
4. 심장충격(제세동): "모두 물러나세요"라고 외치며 버튼을 눌러 심장충격을 가한다.
5. 심폐소생술 재시행: 심장충격을 시행한 뒤 지체 없이 가슴 압박을 시행한다.
6. 반복: 자동심장충격기는 2분마다 심전도를 자동으로 재분석하므로, 그 사이 심폐소생술을 시행한다.

출처: 삼성서울병원 건강상식. 심폐소생술과 자동심장충격기.

## 2) 기도폐쇄

기도란 사람이 호흡을 할 때에 외부의 공기가 폐로 들어오거나 나가는 통로를 가리킨다. 기도가 막히면 혈액으로의 산소공급이 중단되어 4분 이내에 의식을 잃으며, 4~6분이 경과되면 뇌가 손상되고, 10분이 경과하면 사망할 가능성이 높다. 그러므로 기도가 폐쇄되는 경우에는 신속한 응급처치가 시행되어야만 환자의 생명을 구할 수 있다(행정안전부, 2012).

기도가 완전히 막히면 말을 하지 못하면서 양손으로 목을 감아쥐는 행동이 나타나면서 얼굴과 입술이 파랗게 변하는 청색증이 관찰된다. 기도가 일부 막히면 환자가 기침을 하지만 말을 할 수 없으며, 안절부절못하는 행동이 나타난다. 영아의 경우도 기침을 하거나 울음소리를 낸다면 기도가 부분적으로 폐쇄된 상태이다. 일반적으로 영아가 흥분하지 않도록 유의하며 편안한 자세를 유지할 수 있도록 한다. 기도폐쇄가

계속 진행되어 영아가 기침, 울음소리를 내지 못하고 얼굴을 포함하여 전신이 파랗게 변하는 경우 기도가 완전히 폐쇄된 상태이다(행정안전부, 2012).

기도가 폐쇄되는 대표적인 경우는 다음과 같다.

표 3-14 기도가 폐쇄되는 경우의 대표적 사례

| 구분 | 내용 |
|---|---|
| 소아 및 노인 | 이물질(사탕, 고기, 땅콩 등)을 삼키다가 기도가 막히는 경우 |
| 외상/사고 | 입안이 손상되어 부러진 치아나 출혈 등에 의해 기도가 막히는 경우 |
| 의식이 없는 경우 | 혀가 뒤로 말리는 바람에, 또는 구토물에 의해 막히는 경우 |

기도폐쇄에 대한 처치 중 의식이 있고 기침을 할 수 없는 경우에는 하임리히법을 시행한다. 그 방법은 환자의 등 뒤에 서서 주먹을 쥔 손의 엄지손가락 방향을 상복부에 대고 다른 한 손을 위에 겹친 후 환자의 배꼽에서 명치 사이의 복부를 두 손으로 후상방으로 이물질을 제거하고 이물질 제거를 확인한다(대한심폐소생협회).

가벼운 기도폐쇄 증상을 보이고 기침을 하고 있다면 환자의 자발적인 기침과 호흡하기 위한 노력을 방해하지 않도록 한다. 심각한 기도폐쇄의 징후를 보이는 성인과 만 1세 이상의 소아는 의식유무와 관계없이 즉시 119에 연락을 한 후 기도폐쇄의 징후가 해소되거나 환자가 의식을 잃기 전까지 복부밀어내기를 반복한다(대한심폐소생협회).

복부밀어내기가 효과적이지 않거나 임신, 비만 등으로 인해 복부를 감싸 안을 수 없는 경우에는 가슴밀어내기를 사용할 수 있다. 환자가 의식을 잃으면 구조자는 환자를 바닥에 눕히고 즉시 심폐소생술을 시행한다. 인공호흡을 하기 전 입안을 확인하여 이물질이 보이는 경우에만 제거한다. 만 1세 미만의 영아에서는 강한 압박으로 인해 복강 내 장기손상이 우려되기 때문에 복부 압박이 권고되지 않는다. 영아에서 기도폐쇄가 발생하면, 구조자는 영아의 머리를 아래로 한 후 가슴 누르기와 등 두드리기를 각 5회씩 반복한다(대한심폐소생협회).

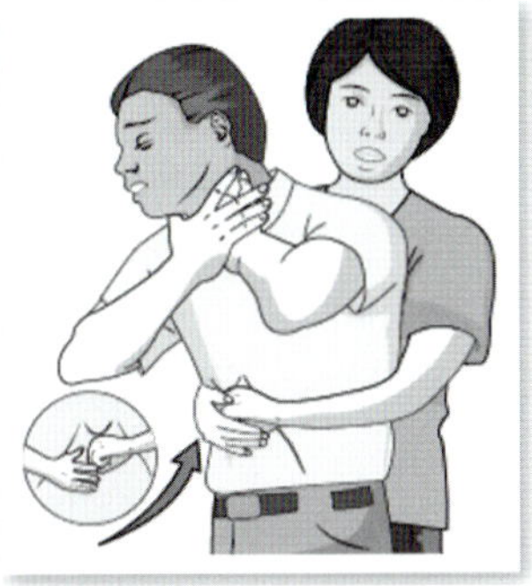

그림 3-10 하임리히법

출처: 대한심폐소생협회.

회복자세는 환자가 반응은 없으나 정상적인 호흡과 효과적인 순환을 보이고 있는 경우에 권장된다. 회복자세는 혀나 구토물로 인해 기도가 막히는 것을 예방하고 흡인의 위험성을 줄이기 위한 방법이다. 회복자세를 취해 주는 방법은 몸 앞쪽으로 한쪽 팔을 바닥에 대고 다른 쪽 팔과 다리를 구부린 채로 환자를 옆으로 돌려 눕힌다(대한심폐소생협회).

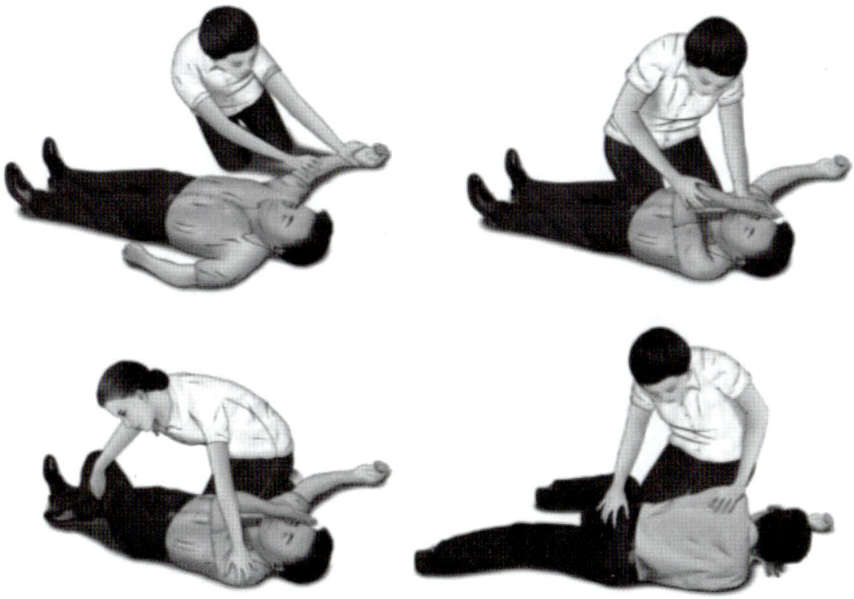

그림 3-11 회복자세

출처: 대한심폐소생협회.

**표 3-15** 성인/소아의 기도폐쇄 응급처치 방법

<table>
<tr><th>의식이 있는 성인/소아의 기도폐쇄</th><th>의식을 잃은 성인/소아의 기도폐쇄</th></tr>
<tr><td>

■ **목에 이물질 유무를 확인한다.**
- "목에 뭐가 걸렸나요?"
- 환자가 말을 하지 못하고 고개만 끄덕이거나 표정으로 대답하면 완전 기도폐쇄를 의심한다.

■ **환자 등 뒤에 선다.**
- "제가 도와 드리겠습니다."
- 환자 뒤에 서서 한쪽 다리를 환자 다리 사이에 넣어 몸이 흔들리지 않도록 지탱하며, 가슴을 환자의 등에 밀착한다.

■ **환자 복부에 주먹을 댄다.**
- 배꼽 위치를 찾는다.
- 한쪽 주먹의 엄지와 검지손가락 부분을 환자의 명치와 배꼽 사이 중간에 댄다.
- 나머지 한 손으로 주먹을 감싸 쥔다.

■ **복부밀어내기를 실시한다.**
- 주먹 쥔 손으로 환자의 복부를 빠르고 강한 동작으로 뒤쪽-위쪽으로 밀쳐 올린다.
- 이물질이 나오거나 환자가 의식을 잃을 때까지 이 동작을 계속 반복한다.
- 환자가 의식을 잃으면, 즉시 심폐소생 술을 실시한다.
- 환자의 키가 작을 경우에는 구조자가 무릎을 꿇어서 키를 맞춘다.

</td><td>

■ **"입 안의 이물질 확인"**
- 환자를 눕힌 뒤에, 입안을 확인하여 이물질이 보이면 손가락 훑어내기(finger sweep)로 제거한다.
- 이물질이 보이지 않는데 손가락을 넣어서는 안 된다.
- 가슴압박 실시 후 인공호흡을 하기 전 입안을 확인하여 이물질이 보이면 손가락으로 제거한다.

</td></tr>
</table>

출처: 대한심폐소생협회.

**표 3-16** 영아의 기도폐쇄 응급처치 방법

| 의식이 있는 영아의 기도폐쇄 | 의식을 잃은 영아의 기도폐쇄 |
|---|---|
| **■ 기도폐쇄 확인**<br>• 기침소리, 청색증, 말하거나 숨쉬기 힘든 호흡곤란 등의 징후<br><br>**■ 5회 등두드리기**<br>• 영아를 구조자의 두 팔 사이에 위치시켜 영아의 몸을 지지하고 들어 올려 영아의 얼굴이 아래로 향하도록 돌린다.<br>• 한쪽 팔로 영아의 몸을 지지하고 손으로는 영아의 입을 막거나 목을 조르지 않도록 주의하며 얼굴과 턱 부위를 잡는다.<br>• 영아의 머리를 가슴보다 낮게 위치시키고, 양 어깨뼈(견갑골) 사이를 강하게 5회 내려친다(1회에 약 1초).<br><br>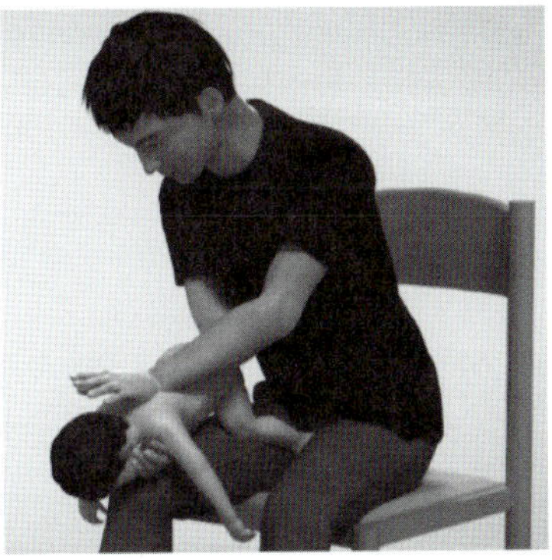<br><br>**■ 5회 가슴압박**<br>• 두 팔 사이에 영아를 위치시킨 후 그대로 들어올려 얼굴이 위로 향하도록 돌린다.<br>• 한쪽 팔로 영아의 등을 지지하고 손으로는 영아의 목뒤의 윗부분을 잡아준다.<br>• 머리를 가슴보다 낮게 위치시키고, 양쪽 젖꼭지를 잇는 가상선과 가슴뼈가 만나는 지점 바로 아래를 손가락 2개를 나란히 붙여 강하게 5회 압박한다(1회에 약 1초).<br>※ 영아는 성인에 비해 간이 상대적으로 크고 쉽게 손상받을 수 있으므로, 영아에게 복부밀어내기(하임리히법)를 시행하지 않는다. | **■ 기도열기 및 입안의 이물 확인**<br>• 한 손은 이마, 다른 한 손은 턱을 들어 올려 중립위치를 유지한다.<br>※ 영아의 경우 너무 과도한 신전은 기도를 오히려 막을 수 있으니 주의한다.<br>• 이물이 보일 경우에만 조심스럽게 이물질을 제거한다.<br>※ 이물이 보이지 않으면 절대 입안으로 손을 넣어서는 안 된다.<br><br>**■ 이물질이 보이지 않으면 1회 인공호흡 실시**<br>• 이때 호흡이 들어가지 않으면 기도개방 재시도 후 다시 1회 인공호흡을 실시한다.<br><br>**■ 30회의 가슴압박 실시**<br>• 두 번의 인공호흡이 모두 들어가지 않고 가슴의 상승이 이루어지지 않았을 때, 즉시 분당 100~120회의 속도로 가슴압박을 30회 실시한다.<br><br>**■ 계속 심폐소생술 시행**<br>• 영아의 의식이 돌아오거나 119구급대원이 도착하여 인계하기 전까지 인공호흡과 가슴압박을 반복하여 실시한다.<br><br> |

(계속)

<table>
<tr><th>의식이 있는 영아의 기도폐쇄</th><th>의식을 잃은 영아의 기도폐쇄</th></tr>
<tr><td>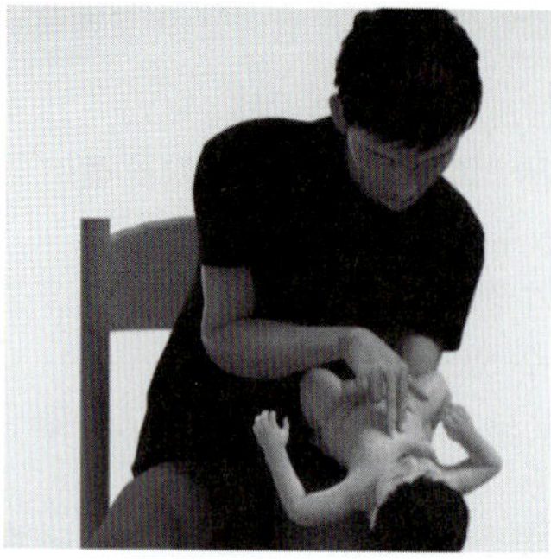<br><br>■ 등두드리기와 가슴압박 반복시행<br>• 의식을 잃거나 이물질을 뱉어낼 때까지 시행<br>※ 등두드리기와 가슴압박은 서 있는 자세에서 구조자의 한쪽 허벅지 위에 영아를 지지하고 있는 팔을 위치시킨 후 시행할 수도 있고, 구조자가 무릎을 꿇고 앉거나 의자에 앉은 자세에서도 같은 요령으로 시행할 수 있다.</td><td></td></tr>
</table>

출처: 대한심폐소생협회.

### (1) 영유아의 기도폐쇄 예방법(대한심폐소생협회)

- 작은 조각으로 분해되기 쉬운 장난감을 주지 않는다.
- 음식물을 너무 빨리 먹지 않도록 한다.
- 음식물을 먹을 때는 의자에 앉아서 먹도록 한다.
- 영유아가 씹기 쉽도록 음식물을 조그맣게 잘라서 준다.
- 영아의 손이 닿는 곳에 단추, 동전, 구슬 등과 같은 작은 물체를 두지 않는다.
- 땅콩, 포도, 방울토마토, 팝콘 등과 같이 삼키기 쉬운 음식물을 영아에게 주지 않는다.

### (2) 응급처치 시 지켜야 할 원칙(행정안전부, 2012)

- 응급처치를 하는 사람 자신부터 안전을 확보해야 한다. 구조자가 위험한 상태에서 환자에게 달려드는 것은 양쪽 모두에게 해로운 일이다.
- 언제나 신속, 침착, 질서 있게 대처해야 한다.

- 여러 환자가 있는 경우 긴급한 환자부터 처치해야 한다. 이때 누가 긴급한 환자인지 구별하는 중증도 분류가 필요할 수 있다.
- 이송이 필요한 상태라면 지체 없이 119에 신고하여 도움을 받아야 한다.
- 음식물을 줄 때는 신중을 기한다. 특히 무의식 환자에게 음식물 제공은 기도를 막아 숨을 못 쉬게 할 수 있으므로 절대 금지해야 하며, 심각한 손상, 심한 출혈 등 수술이 필요한 환자에게 음식물 제공은 수술 시작 시간을 지연시킬 수 있다.
- 부상자 운반 시 제대로 고정하지 않고 이송하는 행동은 상태를 악화시킬 수 있다.

### (3) 선의의 응급의료에 대한 면책[선한 사마리아인 법](행정안전부, 2012)

「응급의료에 관한 법률」에 선의의 응급의료에 대한 면책조항이 있다. 이 법 제5조 제2항(선의의 응급의료에 대한 면책)은 "생명이 위급한 응급환자에게 해당하는 응급의료 또는 응급처치를 제공하여 발생한 재산상 손해와 사상에 대하여 고의 또는 중대한 과실이 없는 경우, 그 행위자는 민사책임과 상해에 대한 형사책임을 지지 아니하며 사망에 대한 형사책임은 감면한다"고 규정함으로써, 선의의 구조자를 보호할 수 있는 법적 근거를 제공하고 있다. 상기 법률의 해당 행위자에게는 일반인 및 업무수행 중이 아닌 때의 의료종사자가 포함된다.

## 응급처치 동의서 및 비상 연락

학년 반: ________ 학생명: ________ 생년월일: ________ 성별: 남 · 여

1. 응급처치의 절차

본교에서는 사고 발생 시 날짜와 시간을 가장 먼저 학부모에게 연락합니다.

| 학생과의 관계 | 부 | 학생과의 관계 | 모 |
|---|---|---|---|
| 이 름 | | 이 름 | |
| 전화번호 | | 전화번호 | |

2. 응급상황 시 학부모와 연락이 되지 않을 경우, 본교에서는 다음의 사람들에게 연락을 합니다.

| 학생과의 관계 | | 학생과의 관계 | |
|---|---|---|---|
| 이 름 | | 이 름 | |
| 전화번호 | | 전화번호 | |

3. 필요한 경우 119구조대로 연락할 것이며, 본교에서 지정한 의료기관이나 학부모께서 정하신 의료 기관( )으로 응급 수송할 것입니다.
   ▶ 비용은 관련규정에 의합니다.
4. 의료기관 수송 후에는 다음의 의료보험으로 신속한 치료를 받을 수 있도록 합니다.

| 의료보험의 종류 | 직장, 지역, 의료보험 중 기재 |
|---|---|
| 번 호 | |
| 기 관 | |

사고 발생 시 응급처치는 학부모 동의를 얻어야 합니다.
본교에서는 사고 시 응급처치에 대한 신속한 처치가 이루어질 수 있도록 상기 연락처로 연락을 취할 것이며, 다음의 절차에 따라 응급처치를 하는 경우, 그 권한을 본교에 위임할 것을 동의합니다.

### 개인정보 수집 · 이용 동의서

수집되는 개인정보는 「개인정보보호법」에 따라 보호되며, 동 법률에 따라 수집 · 이용 동의가 필요합니다.

1. 수집이용목적: 응급시 보호자 연락학생 출석 및 귀가 지도
2. 수집항목: 학년, 반, 성명, 가구유형, 보호자연락처 등
3. 이용 및 보유기간: 5년
4. 동의를 거부할 수 있으나, 대상자 선정에서 제외 등 불이익이 발생할 수 있습니다.

| 개인정보 수집 · 이용 동의 | ㅁ예 | ㅁ아니요 |
|---|---|---|

작성일 2ㅇㅇㅇ년 ㅇ 월 ㅇ일 보호자 성명:________________ (서명)

교 육 기 관 장 귀 하

출처: 서울시 교육청.

**표 3-17 안전캘린더**

| 월 | 사고유형 | 안전수칙 |
|---|---|---|
| 1월 | 스키/눈썰매 안전 | • 초급자가 사고가 많이 나므로 전문가로부터 강습을 받는 것이 중요하다.<br>• 몸에 잘 맞는 장비를 사용한다.<br>• 부츠나 바인딩, 스키에 때나 소금기가 없도록 깨끗하게 유지한다.<br>• 바인딩에 잘 적응할 수 있어야 발목 부상을 줄일 수 있다. 초급자는 미리 바인딩에서 빠져나올 수 있는 능력을 테스트해 볼 필요가 있다.<br>• 리프트는 조심하며 접근해야 한다. 긴 스카프 등은 로프에 얽힐 수 있음을 알아야 한다.<br>• 절대로 자신의 능력 이상의 슬로프에서 타지 않는다.<br>• 스키 · 스노보드 전용 헬멧을 착용하도록 하고 적절하게 조정되는 바인딩과 부츠 제품을 선택한다.<br>• 본인의 능력에 맞는 스키 · 스노보드를 사용하고 혼자 타지 않는 것이 좋다.<br>• 보온이 잘되면서 몸에 밀착되는 옷을 입는다. 헐렁한 옷은 스키 리프트 · 스키 폴 · 끈 등에 걸려 사고가 날 우려가 있다. |
| | 명절 안전사고 | • 우리나라 사람들이 좋아하는 '푹 고는' 음식을 할 경우 국물과 고기가 너무 많으면 솥 안에서 끓으면서 뚜껑에 고깃점과 기름이 튀어 압력 조절장치의 노즐을 막아 솥이 터지므로 노즐을 미리 확인해 막히지 않도록 하고 재료를 솥의 절반 이상은 넣지 말아야 한다.<br>• 사고를 막기 위해서는 사용 전, 압력 추를 빼서 노즐이 막히지 않았는지 확인하고 막혔을 때는 핀으로 뚫어 사용하며, 불꽃이 솥 옆으로 퍼져 나오면 몸체가 과열되어 고무 패킹이 변형되면서 압력이 샐 수 있으니 불 조절을 잘 하고 불을 끄고 뚜껑을 열기 전 김을 완전히 빼는 것에 주의해야 한다.<br>• 명절음식 식중독을 예방하기 위해서는 손질과 보관에 유의해야 한다. 상하기 쉬운 나물이나 생선은 설 전날 아침 일찍 사는 것이 좋다.<br>• 육류는 가능한 한 냉동 보관하고 생선류는 물기를 없애는 것이 중요하다.<br>• 냉장실과 냉동실은 2/3만 채운다.<br>• 육류와 생선류를 취급하는 칼과 도마는 다른 과일, 채소류를 사용하는 것과 구분한다.<br>• 햇과일은 오래두고 먹기 때문에 모양과 맛의 변화에 주의한다. |
| | 전기/매트류 안전 | • 어린이는 어른들보다는 피부에서 온도조절하고 반응하고 하는 게 약하기 때문에 쉽게 화상을 입을 수 있으므로 어린이에게 사용해서는 안 된다.<br>• 옥매트 위에 이불을 덮어놓은 상태로 오래 방치해 두면 열에 의해서 화재가 발생할 우려가 많고 전열선 등도 노후로 인해서 합성될 가능성이 많으므로 주의해야 한다.<br>• 사용하지 않는 옥매트의 콘센트는 꼭 뺄 것과 옥매트 보관 때 내부 전선이 꼬이지 않도록 하는 것이 중요하다. |

(계속)

| 월 | 사고유형 | 안전수칙 |
|---|---|---|
| 2월 | 가정 내 화재사고 | • 성냥, 라이터나 인화물질은 어린이의 손이 닿지 않는 곳에 잠가 보관하고 불이 켜진 초나 램프를 어린이나 애완동물이 건드리지 못하는 곳에 두고 방치하지 말아야 한다.<br>• 연기감지기(또는 화재경보기)를 설치하고 정기적으로 배터리를 갈아주고 점검한다.<br>• 화재 발생 시를 대비한 대피로와 계획표를 짜두고 연습해 둔다.<br>• 화재 발생 시 대처 요령 불이 났을 때에는 제일 먼저 밖으로 나간다.<br>• 화재 시에는 절대로 승강기를 타지 않는다.<br>• 연기가 많은 곳에서는 팔과 무릎을 이용하여 기어서 밖으로 나가야 한다. (뜨거운 연기는 위에서 내려오고 깨끗한 공기는 바닥면에서 30~60cm 사이에 있다)<br>• 연기를 마시면 유독성 물질로 인해 기도와 폐에 손상을 주거나 생명을 잃을 수도 있으므로 연기를 마시지 않도록 입과 코를 손이나 물에 적신 수건으로 막아야 한다.<br>• 옷에 불이 붙은 경우 옷에 불이 붙었을 경우 그 자리에 멈춰 선다.<br>• 바닥에 엎드려 두 손으로 눈과 입을 가린다.<br>• 불이 꺼질 때까지 뒹굴어야 한다. |
| | 어린이 중독사고 | • 모든 가정용품과 약품은 어린이의 눈에 띄지 않고 만질 수 없는 곳에 보관한다. 독성이 의심되는 가정용품을 사용하는 중에는 잠그지 않은 상태로 내버려 두지 않도록 한다.<br>• 전화기 옆에는 응급실 등의 전화번호를 적어둔다.<br>• 구토제 시럽은 의사의 처방에 의해서만 사용하도록 한다.<br>• 항상 제품설명서를 읽고 지시에 따라 어린이의 체중과 나이에 맞게 약을 먹이고 어린이의 약과 함께 제공된 계량스푼만 사용한다.<br>• 집안에 납 성분이 포함된 페인트를 사용하였는지 점검한다. 납 성분이 든 페인트라면 봉함제로 덧바르거나 전문가에 의뢰하여 제거하도록 한다. 납이 든 먼지의 위험을 감소하기 위해 어린이의 손, 장난감, 고무젖꼭지, 우유병 등을 자주 씻어 납의 오염을 줄이도록 한다.<br>• 살충제나 다른 가정용 화학제품을 사용하기 전에는 어린이나 어린이 장난감, 애완동물을 격리시킨다. 어린이와 애완동물은 살충성분이 완전히 마르거나 표시에서 권장하는 시간동안 격리시킨 채 둔다.<br>• 절대로 살충제를 어린이가 음식이나 음료로 오인할 수 있는 용기에 옮겨 담지 않으며 쥐약이나 바퀴벌레 약을 어린 아이가 손댈 수 있는 곳에 설치하지 않는다.<br>• 몸에 뿌리는 해충약을 어린이에게 사용할 때에는 먼저 지시사항을 먼저 읽은 다음 상처나 과민한 피부에 뿌려서는 안 되고 눈이나 입, 손, 얼굴에 직접 뿌려서는 안 된다. 피부를 충분히 감싼 뒤나 옷을 입은 위에 뿌리도록 하되 속옷 위에 뿌려서는 안 된다. |

(계속)

<table>
<tr><th>월</th><th>사고유형</th><th>안전수칙</th></tr>
<tr><td>3월</td><td>어린이<br>교통사고</td><td>■ 차량탑승 시<br>• 엄마가 아기를 안고 타지 않으며, 어린이 차량 안전장구를 사용하도록 한다.<br>• 어린이용 차량 안전장구나 안전벨트를 연령에 맞게 선택하고 설명서를 숙지하여 올바르게 사용한다.<br>• 12세 이하의 어린이는 뒷좌석에 앉히도록 한다.<br>• 뒤쪽을 향하거나 전환가능한 안전시트는 에어백이 장착된 앞좌석에 앉혀서는 안 된다.<br>• 일단 사고가 났던 어린이용 차량 안전장구는 다시 사용하지 않도록 한다.<br><br>■ 보행 중<br>• 10세 미만의 어린이가 횡단보도를 혼자 횡단하지 않게 한다. 어린이가 교통 안전 기술과 판단력을 익힐 때까지는 성인의 감시가 필수적이다.<br>• 어린이가 횡단보도를 건너기 전에는 먼저 좌우를 살피도록 하고 횡단하는 중에는 다시 왼쪽을 살피며 완전히 다 건널 때까지 계속해서 눈을 떼지 않고 살피도록 한다. 횡단보도에서 절대로 뛰어 건너지 않게 한다.<br>• 도로를 건널 때에는 통학버스의 3m 앞에서 도로를 횡단하도록 하고 어른을 기다릴 때에는 통학버스 승하차 지점과 같은 인도에서 기다리도록 한다.<br>• 횡단보도는 우측통행이 안전하지만 일반 도로는 좌측통행이 안전하다.<br>• 차도, 도로, 주차장, 도로에 인접한 담이 없는 뜰에서 노는 것을 금지한다.<br>• 좁은 이면 도로에서 차가 오면 우선 멈춘 다음 길 안쪽으로 몸을 붙여서 차가 지나갈 때까지 서 있도록 한다.<br>• 차를 등지고 통행하는 것이 차를 보면서 통행하는 것보다 사고 위험이 4배나 높으므로 차를 등지고 걷지 않는다.<br>• 천천히 걷는 경우보다 뛰면 사고 위험이 7배, 차량 사이 또는 차량 앞, 차량 뒤로 뛸 경우 사고 위험이 18배나 높다.<br>• 눈, 비 올 때 등 길이 미끄러울 때는 넘어질 수 있으므로 차로부터 멀리 떨어져 걷는다.<br><br>■ 통학버스 이용 시<br>• 어린이가 통학버스정류장에 일찍 도착하게 하고 도로에 접근하기 전에 버스가 완전히 멈출 때까지 기다리게 하고 차가 오는지 잘 살피도록 하며 운전자 사각지대를 피하도록 한다.<br>• 버스나 통학버스 안에서는 가만히 자리에 앉아 있도록 하고 머리와 손은 차 밖에 내놓지 못하도록 한다.<br>• 버스에서 내릴 때에는 버스가 완전히 정류장에 멈출 때까지 기다리도록 하고 낙상을 방지하기 위해 손잡이를 사용하여 앞에서부터 내리도록 하고 버스 앞을 지날 때에는 최소 3미터는 앞에서 횡단하도록 한다.<br>• 옷자락이나 신발 끈이 끼이지 않도록 잘 여미고 가방이 문이나 손잡이에 걸리지 않게 조심한다.</td></tr>
</table>

(계속)

| 월 | 사고유형 | 안전수칙 |
|---|---|---|
| 3월 | 어린이<br>교통사고 | • 통학버스 주변을 뛰어다니거나 버스 안의 친구와 장난치지 않게 한다.<br>• 통학버스를 타고 내릴 때에는 통학 버스가 완전히 정차한 후, 교사가 타고 내려도 좋다는 신호를 보내면 승차한다.<br>• 통학버스에서 내리면 빨리 안전한 보도 위로 올라서도록 한다.<br>• 통학 버스 가까이에 물건을 떨어뜨린 경우, 절대로 유아가 줍지 못하게 하고 반드시 운전자에게 말을 한 후 보호자가 줍도록 한다. |
| | 학교주변<br>안전사고 | **■ 교실**<br>• 교실에 위험한 부분이 있으면 선생님께 알리고 조치를 취한다.<br>• 교실에서 뛰거나 소리를 지르지 않고 술래잡기나 공놀이를 하지 않는다.<br>• 책상이나 걸상 위로 걸어 다니지 않는다.<br>• 칼, 자, 연필, 가위 등 학용품을 가지고 장난치지 않는다.<br>• 창 밖으로 물건을 던지지 않는다.<br>• 창가에서 장난치지 말고 창턱에 걸터앉지 않으며 창문으로 고개를 내밀고 장난치지 않는다.<br><br>**■ 계단, 복도**<br>• 계단을 오르내릴 때에는 뛰거나 장난하지 않고 한 계단씩 앞을 똑바로 보고 오르내린다.<br>• 계단 안전봉에서 미끄럼을 타지 않는다.<br>• 복도에서는 절대로 뛰거나 장난치지 않고 복도에서는 안쪽으로 걷는다.<br>• 복도를 통행할 때에는 교실에서 나오는 사람을 살피며 걷는다.<br>• 복도에서는 여럿이 늘어서서 걷지 않는다.<br>• 복도에서는 미끄럼을 타거나 신발을 끌고 다니지 않는다.<br><br>**■ 운동장, 체육시간**<br>• 축구나 야구와 같은 공운동은 다른 친구들이 놀고 있는 곳에서는 하지 않는다.<br>• 운동장에서는 위험한 놀이를 하지 않는다.<br>• 운동 기구를 운반할 때에는 여러 명이 안전하게 운반한다.<br>• 운동기구가 파손되어 위험한 부분이 생기면 바로 선생님께 알린다.<br>• 운동기구로 장난치지 않는다.<br>• 운동하기 전에는 충분한 준비운동을 한다.<br>• 체육시간에 몸이 불편하면 미리 선생님께 이야기한다.<br>• 운동장의 놀이기구는 올바른 이용법으로 안전사고에 유의한다.<br><br>**■ 등, 하교 시**<br>• 우산, 신발주머니 등 손에 든 물건을 휘두르거나 던지지 않는다.<br>• 공사장 근처는 피해 다니고 안전한 길로 다닌다.<br>• 정해진 길로 다닌다.<br>• 길에서 장난하지 않고 주위를 살피며 걷는다. |

(계속)

| 월 | 사고유형 | 안전수칙 |
|---|---|---|
| 4월 | 어린이 승용물안전 | • 도로교통법 및 시행규칙에서는 ①킥보드 ②롤러스케이트 ③롤러블레이드 ④스케이트보드 ⑤제1호 내지 제4호의 놀이기구와 비슷한 놀이기구를 탈 때에는 인명을 보호할 수 있는 것으로서 제24조제3항 제1호 및 제3호 내지 제7호의 규정에 의한 기준에 적합한 안전모를 착용하도록 하여야 한다고 규정하고 있다.<br>• 적절한 안전장구를 몸에 맞게 착용하고 몸의 크기에 맞는 놀이기구를 선택하도록 한다.<br>• 끈이 달려 있거나 늘어지는 등의 안전하지 못한 옷차림으로는 타지 말아야 한다.<br>• 만 5세 이하의 어린이는 아직 차가 다니는 도로에서 위급상황 발생 시 대처 능력이 없기 때문에 바퀴 달린 놀이기구는 공원이나 인도의 차가 다니지 않는 곳에서 타도록 해야 하며 집 근처에서 탈 때에도 방심해서는 안 된다.<br>• 리프트는 조심하며 접근해야 한다. 긴 스카프 등은 로프에 얽힐 수 있음을 알아야 한다.<br>• 어린이는 어른들에 비해 시야가 좁고 특히 밤에 물체를 알아보는 능력이 떨어지기 때문에 밤에 바퀴달린 놀이기구를 타게 해서는 안 된다. |
| | 베란다 추락사고 | • 베란다나 창문에는 난간 세로 창살이 반드시 설치되어야 한다. 난간의 높이는 난간이 시작되는 바닥으로부터 최소한 120cm 이상으로 어린이의 몸의 중심보다 높아야 한다. 난간 세로대의 간격은 머리가 빠지면 몸통도 빠질 수 있으므로 머리의 크기보다 좁아야 한다. 10cm 이하이면 안전하다고 할 수 있다.<br>• 베란다나 창문 주변에 받침대가 될 만한 가구나 물건을 두지 않는다.<br>• 베란다나 창문 위에는 아무것도 올려두지 않는다.<br>• 베란다 문이나 창문에 잠금 장치를 하여 어린이가 혼자 문을 열 수 없도록 한다. |
| 5월 | 장난감 안전사고 | • 만 3세 이하의 어린이는 모든 것을 입에 넣는 습관이 있으므로 작은 부품으로 되어 질식 위험이 있는 큰 어린이용 장난감을 구입하는 것은 피한다.<br>• 어린 아이에게 질식위험을 줄 수 있으므로 약 4.5cm(1.75인치)보다 작은 구슬, 공, 구슬이 있는 장난감은 피한다.<br>• 날카롭거나 뾰족한 장난감은 피해야 한다.<br>• 만 8세 미만의 어린이는 터진 풍선이나 불지 않은 풍선에 의해 질식할 수 있다. 만약 고무풍선을 사용해야 한다면 어린이 손이 닿지 않는 곳에 보관하고 어린이가 풍선을 불지 못하도록 한다. 풍선을 사용한 후에는 공기를 빼고 즉시 버리도록 한다.<br>• 장난감을 선택할 때에는 어린이의 나이, 관심, 기술수준을 고려한다. 작은 부품 등이 견고하게 부착된 튼튼한 제품을 구입하도록 하고 용도에 맞게 사용하고 표시에 지시하는 바를 따르도록 한다.<br>• 장난감을 안전한 환경에서 사용하게 한다. 타고 노는 장난감은 계단, 교통지역, 수영장 근처에서는 사용하지 못하도록 한다.<br>• 어린이가 놀 때에는 항상 지켜보아야 한다. 놀이에 함께 참여하여 상호작용을 하면서 감독하는 것이 더욱 효과가 좋다. |

(계속)

| 월 | 사고유형 | 안전수칙 |
|---|---|---|
| 5월 | 장난감 안전사고 | • 아이가 놀고 난 후에는 장난감을 안전하게 치우도록 교육한다. 어린아이용 장난감은 좀 큰 아이들의 것과 분리하여 보관한다.<br>• 만 3세 이하 어린이에 질식위험을 줄 수 있는 작은 부품이 든 장난감은 구매를 고려한다.<br>• 규칙적으로 장난감이 파손된 것은 없는지 검사하고 즉시 수선하거나 폐기하도록 한다. |
|  | 놀이시설 안전사고 | • 만 5세 이하의 어린이를 감독하기 위해서는 최소 1명의 어른이 두 명의 어린이를 데리고 다닐 수 있어야 한다.<br>• 어린이가 무서워하는 놀이기구는 태우지 말아야 한다.<br>• 어린이가 놀이기구를 타다가 무서워질 때에는 어떻게 해야 하는지 알려주어야 한다. 즉, 운행 중에는 놀이기구에서 내리려 하지 말고 끝날 때까지 가만히 앉아서 손과 발을 안전하게 기구 안에 두어야 함을 알려주어야 한다.<br>• 덩치가 작거나 나이가 어린 어린이는 놀이기구에 절대로 타지 못하게 해야 한다.<br>• 먼저 내리려고 서두르거나 다음 기구를 타기 위해 움직이고 있는 중에도 나가려고 하는 경우가 있으므로 어린이에게 놀이기구를 탈 때에는 기구가 완전히 멈추기 전에는 일어서지 못하게 한다.<br>• 어린이가 얼마나 안전요원의 지시를 잘 지키고 가만히 앉아 있을 수 있는지 잘 판단하여 놀이기구를 선택하여 태우도록 한다.<br>• 어린이가 놀 때에는 항상 지켜보아야 한다. 놀이에 함께 참여하여 상호작용을 하면서 감독하는 것이 더욱 효과가 좋다.<br>• 어린이가 길을 잃어버릴 때를 대비하여 만날 장소를 어린이와 미리 약속해 두는 것도 필요하다. |
| 6,7월 | 폭죽사고 | • 주의사항과 지시사항을 읽고 따라야 한다.<br>• 사용하는 모든 폭죽은 어른이 책임감 있게 관리 감독하여야 한다.<br>• 어린이가 가지고 놀거나 불붙이는 행위는 절대로 허용해서는 안 된다.<br>• 폭죽에 불붙이기 전에 주변에 사람들이 없도록 해야 한다.<br>• 절대로 사람을 향하여 폭죽을 터트리거나 던지지 말아야 한다.<br>• 반드시 집, 마른 잎, 불타기 쉬운 물질에서 멀리 떨어진 평평한 곳에서 사용하여야 한다.<br>• 여러 개를 함께 사용해서는 안 되며 한 번에 하나의 폭죽만 불붙이고 불붙인 즉시 뒤로 물러난다.<br>• 폭죽을 제조나 개조하지 않고 원래의 용도대로 사용해야 한다.<br>• 완전히 작동하지 않은 폭죽을 다시 불붙이지 않는다.<br>• 폭죽을 주머니에 가지고 다니거나 금속이나 유리상자 내에서 터트리지 않는다.<br>• 오작동하거나 화재가 날 경우를 대비하여 가까운 곳에 물통이나 호스를 준비한다. |

(계속)

| 월 | 사고유형 | 안전수칙 |
|---|---|---|
| 6,7월 | 장마철 감전사고 | **■ 대피 명령 시 전기설비 조치사항**<br>• 폭우로 인한 가옥침수가 예상될 경우에는 제일 먼저 누전차단기를 차단하거나 인입개폐기 또는 안전기(두꺼비집)를 열어 전기의 공급을 끊어야 한다.<br>• 이때 발이 물에 잠겨 있거나 손이 물에 젖었을 경우 발과 손을 말리고 안전기 손잡이를 마른천으로 감싸서 조심스럽게 열거나 고무장갑을 사용하여야 한다.<br>• 시간적 여유가 있을 경우에는 가전기기 등이 물에 젖지 않도록 안전한 장소로 옮기는 것이 좋다.<br><br>**■ 대피 후 귀가 시 조치사항**<br>• 가옥 침수 시 물이 빠져 나간 후 반드시 한전이나 전기안전공사에 연락하여 누전 여부를 확인 후 전기공급을 받아야 한다.<br>• 누전차단기가 동작되어 정전이 되었을 경우에는 직결사용(누전 차단기를 거치지 않고 전선끼리 바로 연결)해서는 안 되며, 반드시 전기안전공사, 전업사(전기공사업체) 등에 의뢰하여 누전의 원인을 제거한 후 사용해야 한다.<br>• 침수된 가전기기는 충분히 말리고 가전업체 대리점이나 인근 전파사 등에 의뢰하여 이상유무를 점검한 후 사용해야 한다.<br>• 양수펌프를 사용할 때 전원플러그, 펌프 전원용 전선이 물에 젖지 않도록 하시고 젖은 손으로 절대 만지면 안 된다. 땅이나 바닥이 젖었을 경우 양수기용 전선은 지지대를 세워, 땅에서 충분히 띄워서 설치하도록 한다.<br>• 양수기 취급 및 스위치 조작은 마른손으로 장갑을 끼고 하여야 하며, 위치 이동이 필요할 경우 반드시 전원스위치를 끈 후 이동시키도록 한다.<br>• 침수 · 파손된 가옥 수리 시에는 전기선에 손상이 가지 않도록 각별히 유의해야 한다.<br>• 포크레인과 같은 복구장비를 사용할 때 주위 전기선에 근접되지 않도록 작업위치를 잘 선정하도록 한다.<br>• 강풍 등으로 쓰러진 간판, TV안테나 등을 세울 경우 다시 쓰러지더라도 전기선에 접촉되지 않도록 안전거리(안테나 길이의 1.5 배 이상)를 충분히 확보하여 설치해야 한다.<br><br>**■ 피해 전기설비 관련사항**<br>• 재해 발생 전 · 후에는 TV나 라디오, 가두방송을 통하여 전기안전 관련사항을 경청하거나 전기안전 홍보물을 읽어둔다.<br>• 만약 감전으로 사람이 다쳤을 경우에는 즉시 인공호흡을 실시하고 빠른 시간 내에 의사의 진료를 받아야 한다.<br>• 누전 등의 사유로 전기공급이 늦어질 경우 이웃집이나 다른 전기 설비 등에서 무단으로 전기선을 연결하여 사용하면 안 된다. |

(계속)

<table>
<tr><th>월</th><th>사고유형</th><th>안전수칙</th></tr>
<tr><td>8월</td><td>물놀이 사고</td><td>• 수영을 하기 전에는 준비운동을 하도록 한다.<br>• 물의 깊이를 확인하지 않고 함부로 다이빙하지 않는다.<br>• 물놀이나 수영 중에 음식을 먹으면 위험하다. 질식이나 심장마비가 올 수 있다.<br>• 수영장에 들어오고 나갈 때는 반드시 수영장 벽에 설치되어 있는 사다리를 이용해야 안전하다.<br>• 친구와 물 속에서 장난치지 않는다.<br>• 수영장 바닥은 물기로 인하여 미끄러우므로 심하게 달리거나 장난치지 말아야 한다.<br>• 강, 바다에서 수영할 때에는 안전요원이나 보호자가 보이는 곳에서 벗어나지 말아야 하고 깊은 곳에서 수영하면 안 된다(발이 닿고 허리 정도까지가 적당하다).<br>• 수영 중간 중간에 휴식시간을 가져야 한다.</td></tr>
<tr><td rowspan="2">9월</td><td>가정 내 익사사고</td><td>• 가정에서 어린이를 물속이나 근처에 소홀히 두지 말고 모든 사용한 용기는 즉시 내용물을 비우고 어린이 손이 닿지 않는 곳에 보관하여야 한다.<br>• 수영장이나 욕조에서는 어린이에게서 잠시도 눈을 떼지 말아야 한다.<br>• 변기 뚜껑은 항상 닫아둔다. 잠금 장치를 하는 것도 좋다.<br>• 어린이가 움직이다 빠지기 쉬우므로 목욕물은 반만 받아 사용한다.<br>• 심폐소생술(CPR, Cardio Pulmonary Resuscitation)을 익혀두고 응급전화번호를 가까이에 둔다.<br>• 준비운동을 한 뒤에 물에 들어가고 중간 중간 휴식시간을 갖도록 한다.<br>• 항상 어른이나 안전요원이 있는 곳에서만 물놀이를 한다.<br>• 배꼽 정도 깊이의 물이 안전하다.<br>• 벗겨지지 않는 신발을 착용하도록 한다.<br>• 사람이 물에 빠졌을 때에는 물 밖으로 나온다.</td></tr>
<tr><td>식중독 사고</td><td>• 여름철에는 반드시 물을 끓여 먹고 손을 깨끗하게 씻는 것만으로도 식중독과 이질을 70% 가량 예방할 수 있다.<br>• 보다 안전한 식품을 조리 · 가공 · 생산하기 위해서는 식품을 청결히 취급하고, 조리식품은 가급적 빠른 시간에 섭취하며, 저장이 불가피할 경우 냉각 또는 가열 보관하여야 하며, 이를 식품취급의 3대 원칙이라고 한다.<br>• 알레르기 체질인 사람이 건어물, 생선, 조기 통조림을 먹은 후 30분~1시간 내에 몸에 발진과 함께 구토, 설사의 증상을 보이면 이때는 병원을 찾아야 한다.<br>• 대부분의 식중독은 일단 한두 끼 금식을 하고 그동안 이온 음료나 당분이 포함된 음료 등으로 수분 및 칼로리를 보충하면서 기다리면 하루 이내에 회복되는 것이 보통이다. 그러나 구토나 설사의 정도가 심하고 탈수, 발열, 발진 등의 증상이 있으면 바로 병원을 찾아야 한다.<br>• 집에서 설사약을 함부로 먹는 것이 병을 더 악화시킬 수도 있다. 구토나 설사를 통해 해로운 물질을 몸 밖으로 배출하려는 우리 몸의 자구적인 노력을 강제로 멈추게 해 오히려 균이나 독소의 배출을 막을 수 있기 때문이다. 따라서 약물 복용은 의사의 지시에 따르는 것이 좋다.</td></tr>
</table>

(계속)

| 월 | 사고유형 | 안전수칙 |
|---|---|---|
| 10월 | 놀이터 안전사고 | • 놀이터의 바닥은 모래, 고무조각 등의 부드러운 충전재로 되어 있어야 하며 두께는 최소 30cm(12인치)는 되어야 한다. 또한 설치하는 놀이기구 주변으로 최소한 1.8m(6피트) 정도의 반경을 유지해야 한다. 단, 놀이기구가 높을수록 반경은 더 넓어야 한다.<br>• 어린이가 놀이터를 이용할 때에는 보호자가 항상 감독하면서 곁에 있어야 한다.<br>• 어린이에게 놀이기구에서 밀고 당기는 장난을 치거나 부적절한 사용을 못하도록 하고 안전한 이용방법에 대해 교육한다.<br>• 어린이의 나이에 알맞은 놀이기구를 이용하도록 하고 5세 미만의 어린이는 별도의 공간을 마련해 주는 것이 좋다.<br>• 어린이의 옷차림은 모자가 달리거나 끈, 리본이 달린 것을 피하고 목도리나 끈 달린 장갑을 착용하였거나 소지품을 휴대한 채 이용하는 것을 못하도록 한다.<br>• 흙 묻은 손으로 얼굴, 눈을 비비지 않고 놀이터를 이용한 후에는 반드시 손 등을 깨끗이 씻도록 한다. |
| | 스포츠 안전사고 | • 어린이의 건강을 점검해 본 후에 스포츠에 참여하도록 한다.<br>• 어린이가 스포츠 활동에 참여할 때에는 해당 스포츠 종목을 위한 안전장구를 몸에 맞도록 착용하고 참가하도록 한다.<br>• 어린이가 새로운 종목을 익힐 때에는 적절한 훈련으로 기술을 습득할 수 있도록 해 주어야 하며, 어린이가 스포츠 게임에 참여할 때에는 안전한 환경에서 안전장비를 갖추고 어른의 관리감독하에 스포츠 프로그램에서 제공하고 있는 안전수칙을 지키도록 해야 한다. 또한 어린이의 신체 및 정신적인 상태가 좋은 경우에만 활동에 참가할 수 있도록 한다.<br>• 기술 수준이나 몸무게, 신체의 성숙도에 따라 비슷한 어린이들로 그룹을 만들어 활동하게 한다.<br>• 어린이가 운동경기에 참여하고 있을 때에는 충분한 양의 수분을 섭취할 수 있도록 하고 덥거나 습기가 많은 날씨에는 자주 쉴 수 있도록 해야 한다.<br>• 운동을 하기 전 충분한 준비운동을 하고 무리한 행동을 하지 않도록 한다.<br>• 성인의 경우에도 적절한 운동 장비를 갖추고 참여하도록 하며 위험한 행동은 하지 않도록 해야 한다. |
| 11월 | 영유아 질식사고 | • 아기는 기준에 맞는 견고하고 평평한 아기용 침대에서 똑바로 뉘어 재우고 베개나 두꺼운 이불, 인형, 그 밖의 부드러운 제품은 침대에 두지 않도록 한다. 침대에는 18cm(7인치) 이상 되는 끈이나 리본으로 된 장난감 등을 달거나 걸쳐두지 않아야 한다.<br>• 어린 아기를 성인용 침대에서 재우는 것은 위험하다.<br>• 어린이가 음식을 먹을 때에나 놀이를 할 때에는 항상 잘 살펴보고 5세 이하의 어린이가 작고 둥글거나 딱딱한 것을 먹지 못하도록 해야 한다. 오래된 것이나 새 장난감이나 정기적으로 손상을 점검해야 한다.<br>• 어린이의 겉옷의 모자나 목둘레의 끈을 제거하고 놀이터에서 놀 때에는 목걸이나 목도리, 지갑, 끈 달린 옷을 입혀서는 안 된다. |

(계속)

| 월 | 사고유형 | 안전수칙 |
|---|---|---|
| 11월 | 영유아 질식사고 | • 창문 블라인드나 커튼의 줄은 잘 고정해 두어 어린이가 손댈 수 없도록 하고 아기 침대를 창문 근처에 두어서는 안 된다.<br>• 5세 이하의 어린이는 이층침대의 위 침대에 자게 해서는 안 되고, 가드레일이나 헤드보드, 풋보드 등 침대 프레임과 매트리스와의 틈이 없도록(9센티, 3.5인치) 확인해야 한다.<br>• 어린이와 함께 자동차를 이용할 때에는 주의하여 어린이가 차 안에 남겨지는 일이 없도록 해야 하며 통학버스 운전자와 인솔교사는 차에서 내릴 때는 모든 어린이가 내렸는지 철저히 확인해야 한다.<br>• 화재 발생 시 대피가 원활한 통로를 확보하고 대피 계획을 미리 준비해둔다.<br>• 어린이 놀이터의 기구에 몸이 끼일 수 없도록 촘촘히 하거나 몸의 통행이 자유롭게 넓혀 안전사고를 예방해야 한다. |
| 12월 | 어린이 화상사고 | • 어린이 혼자 욕실이나 주방에 남겨 두지 않고 들어가야 하는 때는 함께 들어가도록 한다.<br>• 화재경보기를 설치하고 정기적으로 배터리를 갈고 제대로 작동하는지 점검하도록 한다.<br>• 온수를 40℃ 이하로 설정한다. 수도꼭지와 샤워기 입구에 항증기장치를 설치하도록 한다.<br>• 성냥, 라이터 등 모든 인화성 물질은 어린이 근처에 두지 않는다.<br>• 점화장치가 뒤에 달린 가열기구를 사용하고 조리 중에는 냄비 손잡이를 뒤로 가게 한다.<br>• 가전제품의 코드는 어린이들이 닿지 않는 곳에 두도록 하고, 특히 뜨거운 음식이나 물이 담겨져 있는 경우라면 각별히 조심한다.<br>• 사용하지 않는 전기 콘센트는 안전장치로 덮어둔다.<br>• 뜨거운 음식이나 물은 테이블 가장자리에서 멀리 떨어뜨려 놓는다. 뜨거운 음식이나 음료와 어린이를 동시에 들거나 잡지 않는다.<br>• 어린이는 절대 폭죽을 사용하게 해서는 안 된다.<br>• 전기밥솥은 어린이가 손댈 수 없는 곳에 두고, 취사 중일 때에는 어린이가 접근하지 못하게 하여 증기로 인한 화상사고가 발생하지 않도록 주의한다.<br>• 어린이가 가스레인지를 만지지 못하게 하고 항상 중간밸브는 잠그고 가스누설차단 장치를 설치한다.<br>• 오븐이나 전자레인지의 열기로 인한 화상을 막기 위해 뚜껑을 닫고 열을 식힌다.<br>• 강산이나 알칼리와 같은 화학제품에 의해 화상을 입을 수 있으므로 어린이의 손이 닿지 않는 곳에 보관하고 잠가 둔다.<br>• 성냥이나 라이터는 높은 선반이나 자물쇠가 있는 캐비닛에 보관하고 위험함을 가르친다.<br>• 난로 구입 시에는 안전장치가 된 것을 구입한다.<br>• 난로 주위에는 불이 붙을 만한 물건을 모두 없애고 충분한 공간을 확보한다.<br>• 가스난로는 통풍이 잘 되는 곳에 두어야 하며 침실이나 화장실은 피한다. |

출처: 한국소비자원 소비자위해감지시스템.

## [안전교육 활동의 실제]

**활동 1**

| 활동명 | 준비운동 시작! |
|---|---|
| 활동 목표 | 1. 건강하고 안전하게 지낼 수 있는 방법에 관심을 갖는다.<br>2. 신체 조절과 기본 운동능력을 갖는다. |
| 활동 자료 | 준비운동 영상, 체조, 스트레칭 영상 등 |
| 활동 방법 | 1. 안전하게 놀이를 하는 방법에 대해 이야기를 나눈다.<br>– 놀이를 안전하게 하려면 어떻게 해야 할까요?<br>– 바깥놀이를 하기 전에 준비운동을 해 보았어요?<br>2. 바깥놀이를 하기 전 준비운동의 필요성에 대해 알아본다.<br>– 바깥놀이를 하기 전에 준비운동을 왜 해야 할까요?<br>– 간단한 준비운동으로 몸을 풀어주지 않고 바로 뛰면 몸이 깜짝 놀라서 다칠 수도 있어요.<br>– 몸이 놀라지 않도록 준비운동을 하고나서 바깥놀이를 해야 안전해요.<br>3. 바깥놀이 준비운동을 따라해 본다.<br>– 즐거운 준비운동 영상을 보면서 함께 체조해봐요.<br>– 어깨 돌리기 동작은 어떻게 했었어요?<br>– 하나, 둘, 셋, 넷! 둘, 둘, 셋, 넷! 구령에 맞춰서 해봐요.<br>– 순서에 맞추어서 다리 뻗기를 해봐요.<br>4. 활동을 평가한다.<br>– 바깥놀이를 하기 전에 무엇을 해야 한다고 했어요?<br>– 바깥놀이를 하기 전에 준비운동을 해보니 어땠어요? |
| 활동 평가 | 1. 건강하고 안전하게 지낼 수 있는 방법에 관심을 갖는지 평가한다.<br>2. 신체 조절과 기본 운동능력을 갖는지 평가한다. |

활동 2

| 활동명 | 건너가는 길! 길조심! |
|---|---|
| 활동 목표 | 1. 길을 건널 때 지켜야 할 교통안전 규칙을 안다.<br>2. 다양한 방법으로 노래를 듣고 즐긴다. |
| 활동 자료 | 노랫말 카드, 악보, 가사판 등 |
| 활동 방법 | 1. 우리가 지켜야 할 교통안전 규칙에 대해 이야기를 나눈다.<br>– 길을 건널 때에는 어떻게 길을 건너야 안전할까요?<br>– 길을 안전하게 건너기 위해 어떤 약속을 지켜야 할까요?<br>– 신호등의 색깔별로 신호를 말해볼 수 있어요?<br>2. '길조심 or 건너가는 길' 노래를 듣는다.<br>– 교통안전 규칙은 매우 중요해요. 오늘은 교통 안전규칙을 알 수 있는 노래를 소개할게요. 노랫말을 생각하며 노래를 들어보아요.<br>– 어떤 색의 신호등이 나왔어요?<br>– 신호등의 색깔마다 우리가 해야 하는 행동이 어땠어요?<br>– 신호등이 없을 때는 어떻게 해야 된다고 했어요?<br>3. 노래를 함께 불러본다.<br>– 한음으로 (라라라 등) 노래를 불러보아요.<br>– 한 마디씩 나누어서 불러보아요.<br>– 무릎손뼉으로 박자를 맞추며 불러보아요.<br>4. 활동을 평가한다.<br>– 노래를 불러보니 어떤 기분이 들었어요?<br>– 우리가 길을 건널 때 조심해야 할 점은 또 무엇이 있을까요? |
| 활동 평가 | 1. 길을 건널 때 지켜야 할 교통안전 규칙을 알게 되었는지 평가한다.<br>2. 노래 부르기 활동에 흥미를 가지고 참여하는지 평가한다. |

활동 3

| 활동명 | 좋아요 싫어요 |
|---|---|
| 활동 목표 | 1. 타인으로부터 내 몸을 보호하는 방법을 안다.<br>2. 자신의 감정을 적절한 방법으로 표현한다. |
| 활동 자료 | 동시판 등 |
| 활동 방법 | 1. 간단한 이야기를 들려주며 주의 집중하도록 한다.<br>– 부모님께서 안아주고 뽀뽀해줄 때 어떤 기분이 들어요?<br>– 옆집 사람이 안아주려고 하는데, 그림 속 친구는 싫은 느낌이 들었어요.<br>2. 동시를 감상하고, 함께 읊어본다.<br>– 동시를 들어보도록 해요.<br>– 다 함께 동시를 읊어보아요.<br>– 한 연씩 번갈아가며 읊어 보아요.<br>3. 동시의 내용에 대해 이야기 나눈다.<br>– 동시에서 언제 기분이 좋다고 했어요?<br>– 아빠가 안아줘서 기분이 좋을 때는 어떤 말을 할 수 있을까요?<br>– 모르는 사람이 안아주는데 기분이 나쁘면 어떻게 말해야 할까요?<br>4. 활동을 평가한다.<br>– 동시를 함께 들어보고 읽어보니 어떤 생각이 들었어요?<br>– 아는 사람이더라도 함부로 몸을 만지려고 해서 기분이 나쁘면 "싫어요"라고 이야기 하도록 해요. |
| 활동 평가 | 1. 타인으로부터 내 몸을 보호하는 방법을 아는지 평가한다.<br>2. 자신의 감정을 언어적으로 표현하는지 평가한다. |

활동 4

| 활동명 | 이로운 약, 해로운 약 O, X 퀴즈 |
|---|---|
| 활동 목표 | 1. 약을 올바르게 복용하는 방법을 알아보고, 지킬 수 있도록 약속한다.<br>2. 아픈 곳에 따라 약과 도구를 사용함을 안다. |
| 활동 자료 | O, X 퀴즈판 등 |
| 활동 방법 | 1. 약을 먹어본 경험에 대해 이야기 나눈다.<br>- 약을 먹어본 적이 있나요?<br>- 약은 왜 먹는 것일까요?<br>- 만약에 아프지도 않은데 약을 먹으면 어떻게 될까요?<br>2. 어떤 경우에 어떤 약을 사용해야 하는지 알아본다.<br>- 몸이 아픈 친구들에게 알맞은 약을 알려주도록 해요.<br>- 상처가 난 상황에는 어떤 약이 필요할까요? 소독약, 연고 등<br>- 기침을 하고 열이 많이 나는 상황에는 어떤 약이 필요할까요? 해열제 등<br>3. 약을 안전하게 먹는 방법을 알아본다.<br>- 약은 무엇과 함께 먹어야 할까요?<br>- 탄산음료나 주스와 함께 먹으면, 약의 성질이 변할 수 있어요.<br>- 조금만 아파도 약을 먹으면 우리 몸은 어떻게 될까요?<br>- 면역체가 점점 약해질 수 있죠.<br>- 달콤한 물약은 먹고 싶은 만큼 먹어도 될까요?<br>- 정해진 양만큼 먹어야 몸이 다시 건강해질 수 있어요.<br>- 유효기간이 지난 약을 먹어도 될까요?<br>- 절대 혼자서 약을 먹지 않아야 해요.<br>- 약을 먹기 전 무슨 약인지 확인해보아요.<br>- 약을 먹을 때 정해진 용법(투여시간, 양)을 지켜서 먹어야 해요.<br>- 먹는 약 이외에 다른 약(비타민, 한약)은 함께 먹지 않아요.<br>- 알약을 먹기 힘들거나 싫다고 쪼개거나 갈아서 먹지 않고, 알약 그대로 먹어요.<br>- 약을 먹고 난 후, 입안에 남아있는 지 확인해요.<br>4. '이로운 약, 해로운 약'에 대한 O, X 퀴즈활동을 통해 약을 올바르게 복용하는 방법에 대해 확인한다.<br>약이 쓰면, 주스나 우유와 함께 먹는다. (X)<br>부모님이나 선생님이 안 계실 때 약을 혼자서 먹는다. (X)<br>약은 정해진 시간과 정해진 양을 먹는다. (O)<br>알약을 먹기 힘들거나 싫다고 쪼개거나 갈아서 먹는다. (X)<br>5. 활동을 평가한다.<br>- 약은 어떻게 먹어야 한다고 했어요?<br>- 약을 바르게 먹는 방법을 살펴보니 어떤 생각이 들었어요?<br>- 알아본 것을 잘 지켜서 건강하게 지낼 수 있겠어요? |
| 활동 평가 | 1. 약을 올바르게 복용하는 방법을 알고, 지킬 수 있도록 약속하는지 평가한다.<br>2. 아픈 곳에 따라 약과 도구를 사용함을 아는지 평가한다. |

활동 5

| 활동명 | 미세먼지가 나쁜날 |
| --- | --- |
| 활동 목표 | 1. 미세먼지의 위험성과 예방법에 대해 안다.<br>2. 미세먼지가 나쁜 원인을 이해하여 이를 개선하기 위한 방법을 찾아본다. |
| 활동 자료 | 미세먼지 나쁜 날 사진, 학교 미세먼지 대응 단계별 조치사항, 대기환경의 나침반 통합대기환경지수(CAI) 등 |
| 활동 방법 | 1. 미세먼지에 대해 이야기를 나눈다.<br>– '미세먼지'라는 말을 들어본 적 있어요?<br>– '미세먼지'는 뭘까요?<br>– 미세먼지가 많은 날엔 날씨가 어떤가요?<br>2. 미세먼지가 나빠지는 원인을 찾아본다.<br>– 미세먼지가 나쁜 사진을 보니 어떤 것 같아요?<br>– 사진 속에 건물들이 왜 잘 안 보이는 걸까요?<br>– 오늘의 미세먼지가 어떤지 색깔로 나타낼 수 있대요. 좋은(나쁜) 날씨는 어떤 색일 것 같아요?<br>– 요즘 미세먼지가 좋은(나쁜) 날이 많은 것 같아요?<br>– 왜 미세먼지 나쁜 날이 점점 많아지는 걸까요?<br>– 미세먼지가 계속 나쁘면 어떻게 될까요?<br>– 뇌: 혈전 만들고 세포 손상시켜 뇌졸중–치매 유발<br>눈: 가려움증 유발, 알레르기성 결막염, 각막염<br>코: 흡입하면 혈액 속으로 들어감, 알레르기성 비염<br>피부: 모공으로 들어가 모공 확대, 알레르기성 피부염, 아토피 피부염을 일으킴<br>기관지 및 폐: 기관지염, 폐포 손상시키고 염증 반응 일으킴, 기침, 천식 악화<br>심장: 산화스트레스 증가로 부정맥 발생<br>– 미세먼지가 나쁜 날 우리 건강을 지키는 방법에는 어떤 것들이 있을까요?<br>3. 미세먼지를 개선하기 위한 방법에 대해 이야기 나눈다.<br>– 미세먼지가 더 이상 나빠지지 않도록 할 수 있는 방법이 있을까요?<br>– 어떻게 하면 미세먼지가 좋은 깨끗한 공기가 많도록 할 수 있을까요?<br>4. 미세먼지 개선방안, 대처방안을 알고 지킨다.<br>– 여러 가지 방법 중에서 우리가 할 수 있는 일들이 있을까요?<br>– 우리들이 이렇게 미세먼지가 좋아지도록 생각한 방법을 열심히 실천한다면 어떻게 될까요?<br>– 미세먼지가 많은 날에 우리가 지켜야 하는 약속은 무엇일까요?<br>– 바깥놀이 하지 않기, 외출할 땐 마스크 착용, 외출 후 손, 발, 얼굴 잘 씻고, 물 많이 마시기, 창문 열지 않기 등 |

| | |
|---|---|
| | 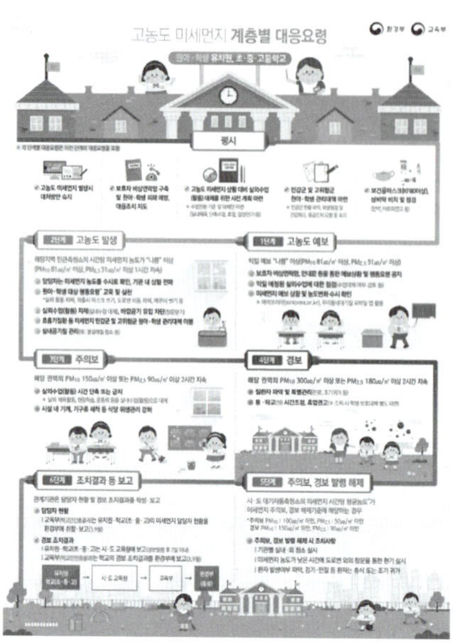  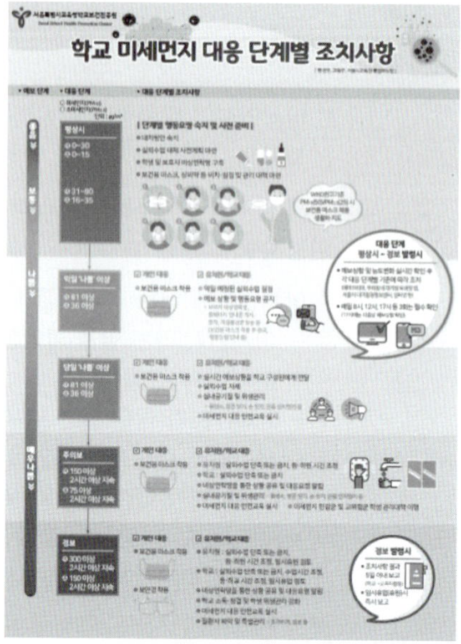  |
| 활동 평가 | 1. 미세먼지의 위험성을 알고 미세먼지가 나쁜 날 지켜야 할 생활수칙에 대해 아는지 평가한다.<br>2. 미세먼지가 나쁜 원인을 찾아 이를 개선시킬 수 있는 방법, 예방할 수 있는 방법을 모색하는지 평가한다. |

활동 6

| 활동명 | 불이야! 불이야! |
|---|---|
| 활동 목표 | 1. 비상시 신속하게 대피하는 경로와 방법을 안다.<br>2. 불이 난 상황을 알리는 행동을 해본다. |
| 활동 자료 | 화재 대처 동영상 – 행정안전부 안전한 TV 유튜브 동영상, 출발점, 반환점, 도착점 칼라콘, 소방안전송, 노랫말 카드, 악보, 가사판 등 |
| 활동 방법 | 1. 화재 대피에 대한 동영상을 감상한다.<br>– 만약 불이 없다면 어떻게 될까요?<br>– 고마운 불이 우리에게 위험한 이유는 무엇일까요?<br>– 불이 났을 경우 어떻게 해야 하는지 동영상을 보면서 이야기 해보도록 해요.<br>2. 불이 난 상황에서의 대처방법을 연습해본다.<br>– 불이 나면 가장 먼저 해야 되는 행동이 무엇인지 알고 있어요?<br>– 하던 일을 어떻게 해야 할까요?<br>– 누군가를 기다리거나 숨으면 어떻게 될까요?<br>– 화재가 나면 커다란 불길이 무서워서 불을 피하기 위해 책상 아래나 사물함, 화장실 같은 곳에 숨는 친구들이 있어요. 이렇게 구석이나 어떤 장소에 숨으면 불을 완전히 피할 수 없어요. 숨어 있는 동안 불길이 더 세져서 우리가 숨어 있는 공간까지 덮칠 수 있어요. 그리고 어딘가에 숨어 있으면 우리를 구하러 온 소방관 아저씨들이 우리를 찾기 어려우실 거예요.<br>– '불이야!'라고 큰 소리로 외쳐서 다른 사람들도 알 수 있도록 하고, 빠르게 대피해야 해요.<br>– 코와 눈을 막아야하는 이유는 무엇일까요?<br>– 연기는 위에서 내려오기 때문에 이렇게 기어서 빠르게 움직여야 해요. 손수건이나 옷으로 코와 입을 막고 가야 위험한 연기를 덜 들이마실 수 있어요. 자세는 앉은뱅이처럼 낮춰서 손으로 바닥을 짚어 대피해요.<br>– 어디를 따라 나와야 할까요?<br>– '불이야!'하고 외치면서 비상대피소로 대피해요.<br>3. 불이 나서 비상구로 대피하는 상황을 게임 형태로 해본다.<br>– 불이 난 상황이 그려져 있는 주사위가 있네요.<br>– 출발점에서 주사위를 던져서 불이 난 그림이 나오면 '불이야!'하고 큰 소리로 외치고 비상구(도착점)로 대피하면 돼요.<br>– 주사위를 던졌을 때 아무 것도 그려져 있지 않은 그림이 나오면 외치지 않고 반환점을 돌아오면 돼요.<br>• 출발점과 반환점, 도착점을 표시하고 출발점에서 주사위를 던져서 활동해본다.<br>4. 노래를 부르며 활동을 마무리한다.<br>– 불이야! 불이야! 동요를 함께 불러봐요.<br>– 불이 나면 어떻게 해야 한다고 했어요?<br>– 불이 났을 때 안전하게 대피할 수 있겠어요? |
| 활동 평가 | 1. 비상시 신속하게 대피하는 경로와 방법을 아는지 평가한다.<br>2. 불이 난 상황을 알리는 행동을 해보는지 평가한다. |

활동 7

| 활동명 | 세균이 나타났다! 뽀득뽀득 손 씻기 |
|---|---|
| 활동 목표 | 1. 손을 씻어야 하는 상황과 올바른 손 씻는 방법을 안다.<br>2. 스스로 손을 씻는 습관을 기르고 실천한다. |
| 활동 자료 | 손 씻기 5단계 등 |
| 활동 방법 | 1. 손을 씻어야 하는 상황과 이유에 대해 이야기 나눈다.<br>- 손을 씻어본 적이 있어요? 언제 손을 씻어야 할까요?<br>- 화장실 다녀온 후, 음식을 먹기 전, 바깥놀이를 하고 난 후, 동물을 만지고 난 후 등<br>- 왜 손을 씻어야 할까요? 어떻게 세균이 생길까요?<br>- 우리는 손을 이용해서 물건을 만지고 다른 사람들과 접촉해요. 접촉을 통해 세균들이 우리 손으로 옮겨지게 되고, 세균은 시간이 지날수록 더 많아져요. 그래서 세균들로부터 우리 몸을 보호하고 질병을 예방하기 위해 손을 씻는 거예요.<br>- 씻지 않은 손으로 입과 코를 만지면 어떻게 될까요?<br>- 입과 코를 통해 손에 있는 세균들이 우리 몸에 들어와 여러 가지 질병에 걸릴 수 있어요.<br>2. 올바른 손 씻는 방법에 대해 알아본다.<br>• 바르게 손 씻는 방법의 사진이나 그림 자료를 제시하여 활동을 진행한다.<br>- 어떻게 하면 더러운 세균이 없어질까요?<br>- 물로만 씻으면 어떻게 될까요?<br>- 비누는 어떻게 사용하는 걸까요?<br>- 손의 어느 부분을 씻어야 하는 걸까요?<br>- 손톱은 어떻게 씻어야 하는 걸까요?<br>3. 손 씻는 순서를 익히고 따라 해본다.<br>- 손에 물과 비누를 묻혀 거품을 낸다.<br>- 손바닥과 손바닥을 마주대고 문지른다.<br>- 손가락을 마주 잡고 문지른다.<br>- 손등과 손바닥을 마주대고 문지른다.<br>- 엄지손가락을 다른 편 손바닥으로 돌려주면서 문지른다.<br>- 손바닥을 마주 대고 손깍지를 끼고 무지른다.<br>- 손가락을 반대편 손바닥에 놓고 문지르며 손톱 밑을 깨끗하게 한다.<br>- 흐르는 물에 손을 깨끗이 행군다.<br>- 마른 수건에 물기를 닦는다.<br>4. 손을 깨끗이 씻어본다.<br>- 선생님이 알려준 방법대로 손을 씻어볼 수 있겠어요?<br>- 뽀득뽀득 깨끗하게 손을 씻어보도록 해요.<br>5. 활동을 마무리한다.<br>- 손 씻는 방법에 대해 알아보니 어땠어요?<br>- 배운 방법대로 손을 깨끗이 씻어 보니 어땠어요?<br>- 우리 몸을 건강하게 지키기 위한 방법으로 또 어떤 것이 있을까요? |
| 활동 평가 | 1. 스스로 손을 씻을 수 있음을 알게 되었는지 평가한다.<br>2. 손을 깨끗이 씻는 방법을 알고 실천하였는지 평가한다. |

04

Chapter

# 영유아교육기관의 안전한 환경

# 1 안전한 놀이 환경

성장이 계속 진행되고 있는 영유아는 성인보다 화학물질에 더 민감하다. 또한 영유아는 성인에 비해 화학물질의 독성을 제거하는 능력이 떨어진다. 어머니의 모유나 태반을 통해 아기에게 화학물질이 전달될 수 있으며, 기어 다니거나 손을 입에 넣는 행동으로 인해 더 쉽게 화학물질에 노출될 수 있다. 따라서 같은 화학물질에 노출되더라도 독성이 더 크게 나타날 수 있고, 어릴 적 유해한 화학물질에 많이 노출되면 성인이 되어서도 건강에 해로울 수 있다.

영유아들은 가정, 영유아교육기관, 놀이터 등에 이르기까지 영유아가 활동하는 공간에서 화학물질에 접촉하게 된다. 따라서 영유아가 활동하는 공간이라면 항상 청결하고 안전하게 조성되어야 한다.

영유아들이 사용하는 교재 · 교구 및 매트, 놀잇감에는 여러 화학물질이 함유되어 있다. 화학물질에 자주 노출되면 호르몬과 면역 기능이상, 피부염, 알레르기 및 전염성 질환 등을 일으킨다.

교실 안팎의 벽을 칠하는 페인트에서 휘발성유기화합물이 발생할 수 있고, 오래된 건물인 경우에는 석면을 방출할 수도 있다. 석면에 노출되면 기침을 유발하고, 폐에 심각한 손상을 줄 수도 있다. 책상, 의자, 사물함에서는 접착제로 사용된 포름알데하이드나 페인트를 사용할 때 발생되는 중금속, 또는 표면처리를 위해 니스 등을 사용한 경우 휘발성유기화합물에 노출될 수 있다(환경부 어린이와 화학물질).

영유아 놀잇감(고무공, 플라스틱 놀잇감 등), 영유아용 식기세트(컵, 수저, 식기 등), 영유아용품(놀이매트, 젖병, 치아발육기, 고무젖꼭지 등), 영유아용 플라스틱 가구 등에는 물체를 말랑말랑하게 하는 프탈레이트 또는 표면을 매끄럽게 하는 비스페놀-A가 포함되는 경우가 있다. 이 성분은 영유아에게 독성을 일으킬 수도 있다. 영유아용 화장대, 식탁, 의자와 같은 가구에는 포름알데하이드, 휘발성유기화합물이 포함되어 눈, 코, 목, 피부를 자극하고, 아토피나 천식 등의 증상을 악화시킬 수 있다. 또한 연필, 물감, 크레파스, 색연필 등과 같은 학용품에는 색깔을 내기 위한 납과 같은 중금속이 포함될 수 있고, 풀, 접착제 등에는 포름알데하이드가 포함될 수 있다. 이 성분은 피부를 자극하거나 알레르기 반응을 일으키고, 때로는 접촉성 피부염을 일으킬 수 있으므로 주의해야 한다(환경부 어린이와 화학물질).

## 놀잇감 안전수칙(행정안전부, 환경부 어린이와 화학물질)

- 연령에 맞는 완구를 선택한다.
- 견고하게 부착된 제품인지 확인한다.
- 소리가 크지 않은지 확인한다.
- 착색료가 빠져 나오지 않는지 확인한다.
- 완구에 대한 표시 및 주의사항을 읽는다.
- 직경 3.17cm 이하의 완구는 질식사를 유발할 수 있으므로 피한다.
- 장시간 현란한 빛을 발생하는 완구는 피한다.
- 질식, 목 졸림 또는 상해위험이 높은 완구는 피한다.

### ▪ 위생관념을 심어준다

영유아에게 건강하고 안전하게 생활하기 위해 철저한 위생관념을 심어주어야 한다. 오염된 화학물질이 제거될 수 있도록 자주 손을 씻고, 손을 입에 넣고 빼는 습관을 고쳐야 한다. 오염된 신발은 항상 실외에서 털고 실내로 들어온다.

### ▪ 환기와 청소를 한다

오염물질이나 화학물질이 자연적으로 배출될 수 있도록 자주 환기를 시키고, 정기적으로 청소해야 한다. 새로 구입한 교재 · 교구나 매트, 놀잇감 등은 통풍이 잘 되는 곳에 두어 화학물질을 방출시킨 후 사용한다.

### ▪ 친환경 제품을 사용한다

프탈레이트 같은 환경 호르몬이나 유해한 중금속이 포함되지 않은 놀잇감이나 학용품을 사용한다. 어린이 활동 공간에서는 오염물질의 방출이 적은 벽지나 바닥재, 페인트 등 친환경 건축자재를 사용한다. 항상 성분을 확인하는 습관을 들이고, 해당 용품이 국가에서 공인한 기관에서 안전검사를 받았는지 표시나 마크를 꼭 확인한다.

「어린이제품 안전 특별법」 제17조(안전인증 등) 제3항에 따라 안전인증기관은 산업통상자원부장관이 고시하는 제품검사의 안전기준(어린이제품 공통안전기준을 포함한다. 이하 같다), 공장심사의 기준에 적합한 경우 안전인증을 하여야 한다. 다만, 안전기준이 고시되지 아니하거나 고시된 안전기준을 적용할 수 없는 안전인증대상어린이제품에 대하여는 관련 국제기준 또는 국내외의 국가표준 등을 준용하여 산업통상자원부령으로 정하는 바에 따라 안전인증을 할 수 있다.

**표 4-1 친환경인증 제품**

| 유해화학물질 사고 예방 및 다양한 대응 정보, 유해화학물질 정보, 화학물질로 인한 사고 예방 및 대응에 관한 다양한 정보는 화학물질안전관리센터(http://ccsms.nier.go.kr)에서 확인 | |
|---|---|
| 환경인증마크 정보는<br>http://el.keiti.re.kr/ 에서 확인 | 친환경<br>환경부 |
| 인증제품 해당 여부는 "녹색제품정보시스템"<br>www.greenproduct.go.kr 에서 확인 | GPIS<br>녹색제품정보시스템<br>Green Product Information System |
| 녹색매장 방문 구매<br>전국 지정매장에서 원하는 제품을 눈으로 확인하고 구매 가능<br><br>온라인 매장을 이용한 구매<br>녹색장터 : http://shop.greenproduct.go.kr | |

출처: 환경부 실내공기질 관리 행동지침.

영유아는 위험한 상황을 인식하고 대처할 수 있는 민첩성과 조정 능력이 부족하기 때문에 사고를 당하기 쉽다. 놀이터에서 기구에 오르다가 추락할 수 있으며 움직이는 기구에 부딪히기도 한다. 기구들이 비좁게 비치되어 있으면 기구 자체에 충돌할 수 있으며 많은 영유아들이 한꺼번에 기구를 사용하다가 사고가 나기도 한다. 기구의 설계나 관리가 잘못되어 날카로운 부분에 다칠 수도 있다(행정안전부 재난대비 국민행동요령).

철재로 된 미끄럼틀, 그네와 시소에 페인트칠을 한 경우, 페인트에 묻어 있는 중금속이 손을 통해 전달되어 체내로 흡수될 수 있다. 또한 목재로 된 것에는 나무가 썩지 않도록 방부제를 사용하기 때문에 크롬, 카드뮴, 비소 등과 같은 중금속에 노출될 수 있다. 이러한 중금속에 노출되면 피부염이나 암을 유발시킬 수 있다.

놀이터 바닥은 모래나 푹신푹신한 충전재로 되어 있는 경우가 많다. 모래에 주변 기구에서 벗겨진 페인트 조각으로 중금속에 오염된 경우나 충전재로 된 바닥에도 폐타이어 중 발암물질인 PAHs(다환방향족탄화수소류)나 납과 같은 중금속 성분이 포함되어 있는 경우 손을 통해 체내로 들어올 수 있기 때문에 주의해야 한다(환경부 어린이와 화학물질).

영유아가 주로 활동하거나 머무르는 공간으로는「어린이놀이시설 안전관리법」제2조 제2호에 따른 어린이놀이시설,「영유아보육법」제2조 제3호에 따른 어린이집의 보육실,「유아교육법」제2조 제2호에 따른 유치원의 교실이 있다.

「환경보건법 시행령」제16조(어린이 활동공간에 대한 환경안전관리기준) 법 제23조 제1항에 따른 어린이활동공간에 대한 환경안전관리기준은 다음과 같다.

### 어린이 활동공간에 대한 환경안전관리기준

1. 어린이활동공간에 설치된 시설물은 녹이 슬거나 금이 가거나 도료(페인트 등)가 벗겨지지 아니하게 관리하여야 한다.
2. 어린이활동공간에 사용되는 도료나 마감재료는 다음 각 목의 기준을 모두 충족하여야 한다.
   가. 실내 또는 실외의 활동공간에 사용되는 도료 또는 마감재료에 함유된 물질이 다음의 기준을 모두 충족할 것
      1) 납, 카드뮴, 수은 및 6가크롬의 합은 질량분율(質量分率)로 0.1퍼센트 이하일 것
      2) 납은 질량분율로 0.06퍼센트 이하일 것
   나. 실내 활동공간에 사용되는 도료나 마감재료는「실내공기질 관리법」제2조 제3호에 따른 오염물질을 방출하지 아니할 것
3. 어린이활동공간의 시설에 사용한 목재에는 다음 각 목의 방부제를 사용하지 아니한 것이어야 한다. 다만, 제2호의 기준에 적합한 도료를 사용하여 목재 표면을 정기적으로 도장(塗裝)하는 경우는 그러하지 아니하다.
   가. 크레오소트유 목재 방부제 1호 및 2호(A-1, A-2)
   나. 크롬 · 구리 · 비소 화합물계 목재 방부제 1호, 2호, 3호(CCA-1, CCA-2, CCA-3)
   다. 크롬 · 플루오르화구리 · 아연 화합물계 목재 방부제(CCFZ)
   라. 크롬 · 구리 · 붕소 화합물계 목재 방부제(CCB)
4. 어린이활동공간의 바닥에 사용된 모래 등 토양은 다음 각 목의 기준을 모두 충족하여야

한다.

가. 모래 등 토양에 함유된 납, 카드뮴, 6가크롬, 수은 및 비소는 환경부령으로 정하는 기준에 적합할 것

나. 기생충란이 검출되지 않을 것

5. 어린이활동공간에 사용되는 합성고무 재질 바닥재의 표면재료는 다음 각 목의 기준을 모두 충족하여야 한다.

가. 해당 표면재료에 함유된 납, 카드뮴, 수은 및 6가크롬의 합은 질량분율로 0.1퍼센트 이하일 것

나. 해당 표면재료의 포름알데하이드 방출량이 75mg/kg 이하일 것

**표 4-2** 어린이 활동공간 환경안심 인증기준

<table>
<tr><th colspan="2">구분</th><th>실내 · 외</th><th>적용대상</th><th>적용 항목</th></tr>
<tr><td colspan="2">제1호</td><td>실내 · 외</td><td>전체 시설<br>(담장 등 고정시설이나 바닥, 벽체, 천정 등에 고정적으로 설치 · 사용되는 재료)</td><td>녹이 슬거나 금이 가거나 도료가 벗겨지지 않아야 함</td></tr>
<tr><td rowspan="2">제2호</td><td>가목</td><td>실내 · 외</td><td rowspan="2">페인트를 칠한 시설, 시트지 · 벽지 등 마감재료를 사용한 시설</td><td>납, 카드뮴, 수은, 6가크롬 합 : 1,000mg/kg 이하<br>납 : 600mg/kg 이하</td></tr>
<tr><td>나목</td><td>실내</td><td>「실내공기질 관리법」 제2조 제3호에 따른 오염물질을 방출하지 아니할 것</td></tr>
<tr><td colspan="2">제3호</td><td>실내 · 외</td><td>목재 시설, 마감재</td><td>위해 목재방부제 사용금지<br>① 크레오소트유 목재 방부제 1호, 2호<br>② 크롬 · 구리 · 비소 화합물계<br>③ 크롬 · 플루오르화구리 · 아연 화합물계<br>④ 크롬 · 구리 · 붕소 화합물계</td></tr>
<tr><td rowspan="2">제4호</td><td>가목</td><td>실외</td><td rowspan="2">바닥재<br>(토양)</td><td>납 : 200mg/kg 이하<br>6가크롬 : 5mg/kg 이하<br>카드뮴 : 4mg/kg 이하<br>수은 : 4mg/kg 이하<br>비소 : 25mg/kg 이하</td></tr>
<tr><td>나목</td><td>실외</td><td>기생충란이 검출되지 않을 것</td></tr>
<tr><td rowspan="2">제5호</td><td>가목</td><td>실내 · 외</td><td rowspan="2">바닥재<br>(합성고무)</td><td>납, 카드뮴, 수은, 6가크롬 합 : 1,000mg/kg 이하</td></tr>
<tr><td>나목</td><td>실내 · 외</td><td>포름알데하이드 방산량 75mg/kg 이하</td></tr>
</table>

출처: 환경부 어린이 활동공간 환경보건 업무지침(2018) 개정본.

「환경보건법」 제23조의4(어린이활동공간 환경안심 인증 등) 환경부장관은 어린이활동공간의 환경안전을 위하여 어린이활동공간의 관리자나 소유자의 신청에 따라 환경적 안전 여부를 평가하여 해당 시설을 환경안심 시설로 인증할 수 있다.

〈어린이놀이터 모래바닥재 유지관리 체크리스트의 예〉

확인자 : ○○○

| 항 목 | 점검주기 | 점검일 | 점검자 | 이상 시 조치내용 |
|---|---|---|---|---|
| 모래바닥재에 동물 배설물, 쓰레기 등 이물질이 혼입되어 있지 않은가? | 매일 | | | |
| 모래바닥재의 배수상태는 양호한가? | 매일 | | | |
| 놀이기구 주변의 모래가 유실되지는 않았는가? | 2주 | | | |
| 모래바닥재의 모래는 충분히 두껍게(30cm 이상) 깔려 있는가? | 2주 | | | |
| 모래바닥재를 체가름한 결과 모래의 입도는 적정한가? (1~3 mm) | 2주 | | | |
| 모래바닥재에 진흙 등 주변 토양이 유입되어 있지는 않은가? | 2주 | | | |
| 모래바닥재가 딱딱하게 굳어있지는 않은가? | 2주 | | | |
| 어린이놀이터 이용 시 주의사항 안내판이 훼손되어 있지는 않는가? | 매일 | | | |
| 기생충 · 기생충란이나 병원성미생물에 오염되어 있지는 않는가? (샘플링 후 시험의뢰) | 1년<br>(봄~여름) | | | |
| 기생충 · 기생충란이나 병원성미생물에 오염된 경우, 모래세척이나 모래소독을 실시하였는가? | 1년<br>(필요시) | | | |
| 모래바닥재가 유해물질에 오염되어 있지는 않는가? (샘플링 후 시험의뢰) | 2년 | | | |
| 유해물질에 오염된 경우, 모래세척이나 모래교체 작업을 실시하였는가? | 1년<br>(필요시) | | | |

〈어린이놀이터 고무바닥재 유지관리 체크리스트의 예〉

확인자 : ○○○

| 항 목 | 점검주기 | 점검일 | 점검자 | 이상 시 조치내용 |
|---|---|---|---|---|
| 고무바닥재 표면에 물이 고여 있지는 않은가? | 매일 | | | |
| 고무바닥재 설치 기반층의 배수상태는 양호하며, 악취는 나지 않는가? | 매일 | | | |
| 고무바닥재 표면의 물청소는 실시하였는가? | 매일 | | | |
| 고무바닥재 표면에 동물 배설물, 쓰레기, 먹다 남은 음식물 등 이물질이 방치되거나 부착되어 있지 않은가? | 매일 | | | |
| 고무바닥재 표면이 평탄하지 않거나 파인 부분은 없는가? | 매일 | | | |
| 고무바닥재 표면이 평탄하지 않거나 파인 부분이 발견된 경우 해당 부분을 즉시 교체하거나 보수하였는가? | 발견 시 | | | |
| 고무바닥재 표면에서 고무분말이 떨어져 나간 곳은 없는가? | 매일 | | | |
| 고무바닥재 표면에서 고무분말이 떨어져 나간 곳이 발견된 경우 해당 부위를 즉시 보수하였는가? | 발견 시 | | | |
| 어린이놀이터 이용 시 주의사항 안내판이 훼손되어 있지는 않은가? | 매일 | | | |

## 어린이 활동공간의 시설 및 바닥재 위생관리기준

1. 어린이 활동공간 중 실내 · 외 공간은 다음과 같이 위생적으로 관리하여야 한다.
   가. 실내 공간에서 학업, 놀이 등 정규활동을 끝 낸 후에는 바닥, 벽면 등을 청결하게 청소하여야 한다.
   나. 월 1회 이상 천장, 창틀 및 방충망 등에 먼지가 쌓이지 않도록 청소하고, 벽면 등에 곰팡이 등이 발견될 경우 즉시 제거 · 소독하여야 한다.
   다. 청소 시 사용하는 세정제는 환경마크 인증제품 등 어린이 건강 및 환경에 미치는 영향을 최소화한 제품을 사용한다. 이 경우, 표준 사용량, 희석비율 등 용기에 표시된 제조업체의 권장사항을 준수하여야 한다.

2. 어린이 활동공간 중 실내 · 외 공간의 병원성 미생물에 대한 위생소독은 다음에 따라 실시하여야 한다.
   가. 「전염병예방법 시행규칙」 제20조 별표4 적용대상 시설은 별표4에 규정된 소독횟수에 따라 같은 법 시행규칙 제20조의6 별표3의 소독방법에 따라 조치한다.
   나. 「전염병예방법 시행규칙」 제20조 별표4 적용대상 외 시설은 가)항에 따라 조치하거나 "식품 등의 한시적 기준 및 규격 인증기준(식약청 고시 제2009-30호)"의 '기구 등의 살균 · 소독제'로 인정받은 소독제를 사용하여 가)항에서 규정하고 있는 소독방법에 따라 조치한다.
   다. 의류, 침구, 용구, 도서, 서류 그 밖의 물건으로서 증기소독, 약물소독 등 방법으로 소독할 수 없는 경우에는 일광소독을 실시한다.

3. 어린이 활동공간 중 바닥은 다음과 같이 적합하게 관리하여야 한다.
   가. 바닥재 모래의 유실 및 진흙 등 토사 유입 여부를 월 1회 이상 점검하고, 두께는 30 cm 이상 유지되도록 하여야 한다.
   나. 바닥재 모래는 사람과 애완견 등 외출이 많은 4월부터 10월까지 1회 이상 기생충(란)에 대한 검사를 실시하고, 그 결과 검출시 위생소독 혹은 모래 교체 등 적절한 대책을 강구하여야 한다.
   다. 고무바닥재 표면이 평탄하지 않거나 고무분말이 떨어져 나가는 등 파손 또는 훼손된 곳이 있는지 수시 점검하고, 해당 부위가 발견되면 즉시 교체 또는 보수하여야 한다.
   라. 실외 공간 바닥에는 쓰레기, 유리, 철조각 등 이물질 및 동물 배설물이 방치되지 않도록 청결하게 관리하여야 한다.
   마. 빗물 배수가 잘 이루어지도록 배수구에 쓰레기, 토사 등이 쌓이지 않게 수시로 점검 조치하여야 한다.

4. 어린이 활동공간의 시설 및 바닥재 위생관리기준을 효율적으로 준수하고 그 적합성을 증빙할 수 있는 자료를 비치하여야 한다.

어린이 놀이기구는 어린이가 놀이를 위하여 사용할 수 있도록 제조된 것으로 「어린이제품 안전 특별법」 제2조 제9호에 따른 안전인증 대상 어린이제품을 일컫는다. 놀이기구의 종류에는 그네, 미끄럼틀, 공중 놀이기구, 회전 놀이기구(뺑뺑이, 회전목마 등), 흔들놀이기구(시소 등), 정글짐, 구름다리 등이 있다. 철봉, 평균대, 늑목과 체육

활동에 주로 이용되는 기구이더라도 어린이 놀이기구와 동일한 공공장소의 공간 내에 설치되어 있는 것은 어린이 놀이기구로 본다.

**표 4-3 어린이 놀이기구의 유형 및 분류**

| 유형 | 분류기준 |
|---|---|
| 그네 | 하중 지지대에 매달려 있는 좌석 · 받침판이 앞뒤 · 좌우 등으로 움직이도록 설계될 것 |
| 미끄럼틀 | 경사면을 가진 구조물로서 이용자가 규정된 트랙 내에서 미끄러져 내려갈 수 있도록 설계될 것 |
| 정글짐 | 통나무 · 파이프 · 타이어 등으로 구성된 육면체, 둥근 지붕 또는 탑모양의 구조물로서 자유롭게 매달릴 수 있도록 설계될 것 |
| 공중놀이기구 | 손잡이를 잡고 매달리거나 공중에 매달려 있는 좌석에 앉아서 케이블을 따라 이동할 수 있도록 설계될 것 |
| 회전놀이기구 | 한개 이상의 좌석 · 받침판 · 손잡이가 설치되어 축을 중심으로 회전하도록 설계될 것 |
| 흔들놀이기구 | 아랫부분의 구성체가 좌석이나 자리를 지지하는 형태로서 이용자가 그 좌석이나 자리에서 그 놀이기구를 직접 움직일 수 있도록 설계될 것 |
| 오르는기구 | 봉 · 로프 · 그물 등으로 이루어진 구조물로서 손으로 붙잡고 오르내리도록 설계될 것 |
| 건너는 기구 | 일어서거나 기거나 매달려서 앞뒤 · 좌우로 이동할 수 있도록 설계될 것 |
| 조합놀이터 | 위의 놀이기구 중 두 가지 이상의 놀이기구가 결합된 형태 일 것 |
| 충격흡수용표면재 | 어린이가 안전하게 놀 수 있도록 하기 위하여 충격을 흡수할 수 있는 재료가 사용될 것 |
| 기타 놀이기구 | 상기 유형 이외의 놀이기구로서 어린이가 놀이에 이용할 수 있도록 설계될 것 |

「어린이놀이시설 안전관리법」 제15조(안전점검 실시) 제1항에 의거 관리 주체는 설치된 어린이놀이시설의 기능 및 안전성 유지를 위하여 대통령령이 정하는 주기 · 방법 및 절차 등에 따라 당해 어린이놀이시설에 대한 안전점검을 실시하여야 한다.

「어린이제품 안전 특별법」 제2호 제9항 "안전인증대상어린이제품"이란 구조 · 재질 및 사용방법 등으로 인하여 어린이의 생명 · 신체에 대한 위해 또는 재산상 피해에 대한 우려가 크다고 인정되는 어린이제품 중에서 안전인증을 통하여 그 위해를 방지할 수 있다고 인정되는 어린이제품으로서 산업통상자원부령으로 정하는 것을 말한다.

「어린이놀이시설 안전관리법 시행령」 제11조(안전점검 실시) 제1항에 관리주체는 법 제15조 제1항에 따라 안전점검을 월 1회 이상 실시하여야 한다. 이에 따른 안전점검의 항목 및 방법은 다음과 같다.

• 안전점검 항목
- 어린이 놀이시설의 연결상태
- 어린이 놀이시설의 노후 정도
- 어린이 놀이시설의 변형 상태
- 어린이 놀이시설의 청결상태
- 어린이 놀이시설의 안전수칙 등의 표시 상태
- 부대시설의 파손 상태 및 위험물질의 존재 여부

• 안전점검 방법

어린이놀이시설의 관리 주체는 점검 항목에 대하여 다음 기준에 따라 구분하여 안전점검을 한 후, 그 결과를 안전점검 실시대장에 기록하여야 한다.

- 양호: 어린이놀이시설의 이용자에게 위해(危害)·위험을 발생시킬 요소가 없는 경우
- 요주의: 어린이놀이시설의 이용자에게 위해·위험을 발생시킬 요소는 발견할 수 없으나, 어린이 놀이기구와 그 부분품의 제조업체가 정한 사용연한이 지난 경우
- 요수리: 어린이놀이시설의 이용자에게 위해·위험을 발생시킬 요소가 되는 틈, 헐거움, 날카로움 등이 생길 가능성이 있거나, 어린이놀이시설이 더럽거나 안전관련표시가 훼손된 경우
- 이용금지: 어린이 놀이시설의 이용자에게 위해·위험을 발생시킬 수 있는 틈 헐거움 날카로움 등이 있거나 위해가 발생한 경우

「어린이놀이시설 안전관리법」 제17조(점검결과 등의 기록·보관) 관리 주체는 제15조 제1항 및 제16조 제1항의 규정에 따라 안전점검 및 안전진단을 실시한 결과를 행정안전부령으로 정하는 바에 따라 기록·보관하여야 한다.

「어린이놀이시설 안전관리법 시행규칙」 제17조(점검결과 등의 기록 보관) 법 제17조에 따라 관리 주체는 안전점검 또는 안전진단을 한 결과에 대하여 서식에 맞춰 안전진단실시대장을 작성하여 최종 기재일부터 3년간 보관하여야 한다.

「어린이놀이시설 안전관리법」 제15조(안전점검 실시) 제3항 관리주체는 제1항의 규정에 따른 안전점검 결과 해당 어린이놀이시설이 어린이에게 위해를 가할 우려가 있다고 판단되는 경우에는 그 이용을 금지하고 1개월 이내에 안전검사기관에 안전진단을 신청하여야 한다. 다만, 해당 어린이놀이시설을 철거하는 경우에는 안전진단 신청을 생략할 수 있다.

**표 4-4 어린이놀이시설 안전점검 내용 및 주기**

| 구분 | 내용 | 점검주기 | |
|---|---|---|---|
| | | 권고 | 의무 |
| 부대시설 | 울타리, 의자, 가로등의 고장 또는 파손 | 매일 | 월간 |
| | 화장실의 파손 및 청결한 상태 | 매일 | 월간 |
| | 식수대, 쓰레기 처리대의 파손 및 청결 | 매일 | 월간 |
| | 놀이터, 표지판의 파손 및 내용물 지워짐 | 1주 | 월간 |
| 놀이터 공동사항 | 모든 놀이기구 및 시설의 낙후, 휘어짐 | 1주 | 월간 |
| | 움직임이 많은 영역에 밧줄이나 전선의 늘어짐 | 매일 | 월간 |
| | 놀이터 내에 전기, 고압선, 유독물질, 유리조각, 돌부리 등의 위험물질 존재 | 매일 | 월간 |
| | 유실모래의 보충 | 2주 | 월간 |
| | 놀이터의 배수, 쓰레기 및 입구 주차상태 | 매일 | 월간 |
| | 기둥의 고정 및 조임장치의 조임상태 | 매일 | 월간 |
| | 기구 및 베어링의 윤활 | 매일 | 월간 |
| | 기구 및 시설의 도장상태 | 2주 | 월간 |
| 그네 | 그네고리('s' 훅)의 풀림 및 파손 | 매일 | 월간 |
| | 그네 좌석판의 파손 | 매일 | 월간 |
| | 그네 회동구 베어링의 윤활유 주입상태 | 매일 | 월간 |
| | 그네줄의 꼬임 | 매일 | 월간 |
| | 그네 체인 모양 변형 | 1주 | 월간 |
| | 그네 줄의 균형상태 | 매일 | 월간 |

(계속)

| 구분 | 내용 | 점검주기 | |
|---|---|---|---|
| | | 권고 | 의무 |
| | 그네 추락지대까지 바닥재의 충분상태, 추락 시 상해 가능 장애물의 존재 | 매일 | 월간 |
| | 신체부위가 낄 수 있는 틈새의 존재 | 매일 | 월간 |
| | 금속재질의 녹 상태 발생 | 1주 | 월간 |
| | 금이 간 곳의 존재 | 매일 | 월간 |
| | 페인트 칠이 벗겨짐 | 2주 | 월간 |
| | 돌출부나 거친면의 존재 | 1주 | 월간 |
| | 볼트나 나사의 풀림형태 | 1주 | 월간 |
| 미끄럼틀 | 미끄럼틀 보호벽(난간)의 파손 | 1주 | 월간 |
| | 미끄럼틀 계단의 파손 | 1주 | 월간 |
| | 미끄럼틀 활주판의 요철 및 파손 | 1주 | 월간 |
| | 착지판의 흙 및 물의존재 | 1주 | 월간 |
| | 신체부위에 낄 수 있는 틈새의 존재 | 매일 | 월간 |
| | 녹슨 부분은 없는가 | 매일 | 월간 |
| | 금이 간 곳은 없는가 | 매일 | 월간 |
| | 페인트 칠이 벗겨진 곳은 없는가 | 2주 | 월간 |
| | 돌출부나 거친면은 없는가 | 1주 | 월간 |
| | 볼트나 나사가 풀리지 않았는가 | 매일 | 월간 |
| 흔들놀이기구 | 시소의 무게균형의 정확성(각도가 기준치의 초과) | 매일 | 월간 |
| | 충격완화용 타이어의 파손 | 1주 | 월간 |
| | 지지대와 시소판의 연결부위의 원활성 및 회전성 | 1주 | 월간 |
| | 시소가 좌우로 흔들림 | 1주 | 월간 |
| | 손잡이가 흔들임 | 1주 | 월간 |
| | 신체부위(손, 발, 머리)가 낄 수 있는 틈새의 존재 | 매일 | 월간 |
| | 금속부분의 녹슴, 목재부분의 부식 | 1주 | 월간 |
| | 가구의 금이 간 곳 | 매일 | 월간 |
| | 페인트칠이 벗겨짐 | 2주 | 월간 |
| | 돌출부나 거칠음 | 매일 | 월간 |
| | 볼트나 너트 등의 나사풀림 | 매일 | 월간 |

(계속)

| 구분 | 내용 | 점검주기 | |
|---|---|---|---|
| | | 권고 | 의무 |
| 회전놀이기구 | 회전상태(베어링 상태) | 2주 | 월간 |
| | 손잡이의 파손 | 매일 | 월간 |
| | 회전판이 정상기준에서의 기울어짐이나 흔들림 | 1주 | 월간 |
| | 회전축의 강도 | 1주 | 월간 |
| | 손잡이가 흔들림 | 1주 | 월간 |
| | 신체부위(손, 발, 머리)가 낄 수 있는 틈새의 존재 | 매일 | 월간 |
| | 금속부분의 녹슴, 목재부분의 부식 | 1주 | 월간 |
| | 금이 간 곳은 없는가 | 매일 | 월간 |
| | 페인트칠이 벗겨짐 | 2주 | 월간 |
| | 돌출부나 거칠음 | 1주 | 월간 |
| | 볼트나 너트 등의 나사풀림 | 매일 | 월간 |
| 정글짐, 건너는 기구 | 파이프가 휘어짐 | 1주 | 월간 |
| | 하강지역에 모래높이 및 량의 적정성 | 매일 | 월간 |
| | 금속부분의 녹슴 | 1주 | 월간 |
| | 금이 간 곳은 없는가 | 매일 | 월간 |
| | 페인트칠이 벗겨짐 | 2주 | 월간 |
| | 돌출부나 거칠음 | 1주 | 월간 |
| | 볼트나 너트 등의 나사풀림 | 매일 | 월간 |
| 오르는 기구 | 그물망(체인, 타이어) 사이의 연결 부위 고정성 | 매일 | 월간 |
| | 손잡이(파이프, 체인, 타이어)의 파손(갈라짐, 휘어짐, 엉킴, 벗겨짐) | 매일 | 월간 |
| | 지지대가 느슨해졌는지 여부 | 매일 | 월간 |
| | 신체부위(손, 발, 머리)가 낄 수 있는 틈새 | 매일 | 월간 |
| | 금속부분의 녹슴, 목재부분의 부식 | 1주 | 월간 |
| | 금이 간 곳의 존재 | 매일 | 월간 |
| | 페인트칠이 벗겨짐 | 2주 | 월간 |
| | 돌출부나 거칠음 | 1주 | 월간 |
| | 볼트나 너트 등의 나사풀림 | 매일 | 월간 |

(계속)

| 구분 | 내용 | 점검주기 | |
|---|---|---|---|
| | | 권고 | 의무 |
| 건너는 기구, 공중놀이기구 | 손잡이 파이프(혹은 링)가 파손(갈라짐, 휘어짐) | 1주 | 월간 |
| | 신체부위(손, 발, 머리)가 낄 수 있는 틈새 | 매일 | 월간 |
| | 금속부분의 녹슴, 목재부분의 부식 | 1주 | 월간 |
| | 금이 간 곳의 존재 | 매일 | 월간 |
| | 페인트칠이 벗겨짐 | 2주 | 월간 |
| | 돌출부나 거칠음 | 1주 | 월간 |
| | 볼트나 너트 등의 나사풀림 | 매일 | 월간 |
| 물이용 놀이기구 | 급 · 배수 상태(물공급 노즐, 오버플로우, 배수구 등) | 매일 | 월간 |
| | 매달려 있는 구동구조물 상태(베어링, 이중안전장치 등) | 2주 | 월간 |
| | 미끄럼방지 조치 상태(테잎, 매트 등) | 1주 | 월간 |
| | 수질오염 상태(부유물질 등) | 매일 | 월간 |
| | 기초부, 연결부 등의 물고임 및 부식 상태 | 매일 | 월간 |

출처: 행정안전부 어린이 놀이시설 안전관리 시스템 http://www.cpf.go.kr

## 놀이터에서의 안전수칙(행정안전부 재난대비 국민행동요령)

### ■ 놀이터 설계

- 기구 높이와 동일한 지름의 낙상지대를 설계한다.
- 바닥의 두께는 추락의 충격을 흡수할 수 있도록 15cm 이상이어야 한다.
- 좋은 바닥은 톱밥이나 짚, 잔디나 흙, 아스팔트나 콘크리트 순이다.
- 기구나 울타리가 보호자의 시야를 막아서는 안 된다.
- 놀이기구에서 180cm 이상 떨어진 높이 120cm 이상의 담장을 쌓는다.
- 계단 손잡이나 보호 장치가 제대로 되어 있어야 한다.
- 모서리나 돌출부위, 이음새의 처리가 제대로 되어 있어야 한다.

### ■ 오르기 기구

- 가로대를 양손으로 잡고 올라간다.
- 다른 사람이 내려오는 방향으로 올라가지 않는다.
- 위에 있는 사람의 발을 잡거나 흔들지 않는다.
- 내려올 때는 아래를 잘 살핀다.
- 젖어 있는 기구에서는 놀지 않는다.

■ **그네**

- 완전히 정지한 후에 타고 내린다.
- 줄을 양손으로 잡고 타며 그네가 움직이는 도중에 뛰어 내리지 않는다.
- 한가운데에 앉아서 탄다.
- 배를 깔고 엎드려서 타거나 서서 타지 않는다.
- 사슬을 꼬지 않는다.
- 다른 사람이 타고 있을 때 앞뒤로 지나가지 않는다.

■ **미끄럼틀**

- 미끄럼 판으로 올라가지 않고 반드시 계단을 이용한다.
- 앞사람이 올라간 다음 올라간다.
- 손잡이를 꼭 잡고 한 계단씩 올라간다.
- 다른 사람을 밀거나 당기지 않는다.
- 한 사람씩 앉아서 내려온다.
- 엎드려 타거나 서서 타지 않는다.
- 내려온 뒤에는 다음 사람이 내려오다 부딪치지 않도록 빨리 비켜준다.

■ **시소**

- 함께 타는 친구와 마주보고 탄다.
- 반동으로 튕겨나갈 수 있으므로 손잡이를 꼭 잡고 탄다.
- 시소를 탄 채 자리에서 일어나거나 뛰지 않는다.
- 내릴 때는 같이 타는 친구에게 미리 말하고 조심하여 내린다.
- 시소 밑에 발을 둔 채로 내리지 않는다.
- 같이 타고 있는 친구에게 충격을 주므로 시소 끝을 땅에 세게 내리지 않는다.

■ **철봉**

- 자신의 키보다 너무 높은 철봉에 매달리지 않는다.
- 거꾸로 매달리지 않는다.
- 내려올 때는 발에 충격이 올 수 있으므로 주의한다.

## 수업 중 안전수칙(어린이 교육기관 안전사고 예방수칙)

### ■ 과학활동

- 교사 허락 없이 준비물을 맛보거나 냄새 맡기, 만지기 등을 하면 안 된다.
- 유리로 된 실험 도구가 깨질 경우 깨진 유리 조각에 다칠 염려가 많으므로 특별히 주의하여야 한다.
- 불을 사용할 경우 불이 붙을 수 있으므로 더욱 안전에 주의해야 한다.
- 수업 중에 실험 도구로 친구들과 장난치지 않는다.
- 실험이 끝나면 실험 도구 등을 원래의 위치에 정리 정돈하고 안전점검을 철저히 한다.

### ■ 신체활동

- 운동을 하기 전에는 충분한 준비운동을 해야 한다.
- 선천적으로 허약하거나 질병이 있는 경우 교사는 미리 알고 있어야 한다.
- 개인 운동기구는 반드시 한 사람씩 이용한다.
- 모든 운동은 난이도에 따라 쉬운 것을 충분히 익힌 다음에 어려운 것을 하도록 한다.
- 충분히 공간을 두고 활동하며, 매달리는 기구 주위에서 장난치지 않도록 한다.
- 매트 운동을 할 때에는 앞 사람이 완전히 매트를 떠날 때까지 대기한다.

### ■ 미술활동

- 미술 도구나 용품을 바닥에 떨어뜨리거나 흘리지 않는다. 흘린 경우는 즉시 닦아 바닥을 깨끗이 한다.
- 미술 도구나 재료를 입에 넣지 않는다. 어떤 재료들은 피부에 닿는 것만으로도 해로울 수 있다.
- 모든 도구와 재료는 자기 자리에서 정돈해 가며 사용하고, 자리 주변을 어질러 놓아 지나가는 영유아들이 날카로운 것에 찔리거나 걸려 넘어지는 일이 없도록 한다.
- 가위, 펀치 등의 도구를 사용할 때에는 무리하게 힘을 주지 말고 조심해서 사용하며 도구를 가지고 장난치지 않아야 한다.
- 종이에 손이 베지 않도록 주의를 해야 한다.

### ■ 교실 내 안전수칙

- 교실에서 뛰지 않도록 한다. 뛰어다니다가 친구들과 부딪히거나 책상 모서리에 부딪히면 크게 다칠 수 있다.
- 가위 등 위험한 물건으로 장난치거나 놀잇감 등으로 장난을 치면 다치기 쉬우므로 조심해야 한다.
- 끈이나 줄로 목을 잡아당기는 장난은 몹시 위험하므로 삼가도록 한다.

■ **복도 및 계단에서의 안전수칙**

- 복도나 계단에서는 한쪽으로 통행을 하며, 천천히 걸어서 다른 사람의 활동을 방해하지 않도록 주의해야 한다.
- 복도에서 달리기나 장난을 하면, 다른 사람에게 피해를 주고 다치기 쉬우므로 주의를 해야 한다.
- 복도나 계단에 휴지나 간식 부스러기를 흘리지 않는다. 이로 인해 걸리거나 미끄러져 넘어질 수 있기 때문이다.
- 학급 단위로 계단 이동 시 앞뒤 사람과 충분한 거리를 두고 이동하는 것이 안전하다.
- 계단을 두 칸씩 뛰다가 헛디뎌 다치는 경우가 있으며, 한눈을 팔면 발을 잘못 디뎌 다치게 되므로 주의해야 한다.
- 계단을 오르내릴 때에는 난간을 잡고 이동하는 것이 안전하다.
- 계단 난간에 매달리거나 난간 사이에 머리를 넣는 등의 위험한 행동은 하지 않도록 한다.

■ **화장실에서의 안전수칙**

- 화장실에서는 절대 뛰거나 장난치지 않는다. 교육기관 안의 다른 공간보다 미끄러운 화장실에서는 더욱 큰 사고가 날 수 있다.
- 변기나 세면대 위에 올라가지 않는다.
- 물이나 거품으로 장난치지 않는다.
- 기다리는 사람이 많을 경우 차례를 지키며, 화장실 내에서는 시끄럽게 떠들지 않는다.

■ **바깥놀이 시 안전수칙**

- 서로 부딪혀 다치는 경우를 예방하기 위해 규칙을 잘 지킨다.
- 공이 멀리가면 공을 찾기 위해 차도로 뛰어들지 않는다.
- 놀이 기구나 공 등에 걸려 넘어지지 않도록 자기 주변을 항상 확인한다.
- 놀이 기구들의 사용 방법을 바르게 익혀 안전하게 이용하며 놀이 기구 위에서 친구와 장난치지 않는다.
- 친구들에게 모래나 흙을 뿌리지 않는다.
- 바닥에는 날카로운 쇳조각이나 유리 조각이 떨어져 있을 수 있으므로 맨발로 놀지 않는다.
- 여름철에는 놀이기구가 햇볕에 의해 심하게 뜨거워지는 경우가 있으므로 놀이기구를 잡을 때 주의한다.

■ **기타 교육기관생활 안전수칙**

**※ 출입문 또는 현관문**

- 교실 출입문이나 건물 현관문에 매달리거나 장난치지 않는다. 특히 현관문은 다른문에 비해 무거우며 유리문의 경우 크게 다칠 수 있다.
- 문을 여닫을 때에 뒷사람이 없는지 확인한다.
- 문을 너무 세게 여닫으면 문이 망가지거나 주변 벽에 부딪혀 벽을 상하게 할 수 있으니 조심스럽게 사용한다.
- 친구들이 못 들어오게 문으로 막거나 손잡이에 매달리는 등 장난치지 않는다.

**※ 점심 시간**

- 반드시 손을 씻고 식사를 한다.
- 뜨거운 국을 잘못 다루면 다른 사람에게 엎질러 화상을 입힐 수 있으므로, 식판을 들고 이동할 때에는 조심해야 한다.
- 식사할 때 수저나 포크를 가지고 장난치지 않는다.
- 음식물을 바닥에 흘리지 않도록 주의해야 한다.
- 점심시간에는 이리저리 급식실을 돌아다니지 않고 바르게 앉아서 식사를 한다.
- 다른 친구들에게 방해가 되지 않도록 너무 큰 소리로 떠들지 않는다.

**※ 다른 공간으로 이동 시**

- 교실을 이동하여 수업을 할 때에 교사의 인솔에 따라 조용하고 질서 있게 이동해야 하며, 앞뒤 사람과 일정한 거리를 유지한다.
- 교사는 전등/전기 기구 등을 끄고 이동한다.
- 빈 교실에 남아 있는 영유아가 없도록 해야 한다.

05

Chapter

# 영유아를 위한 안전교육의 방법 및 평가

# 1 영유아를 위한 안전교육의 원리

영유아 안전교육의 효과를 높이려면 교육의 원리를 이해하는 것이 중요하다. 안전교육의 원리는 다음과 같다(행정안전부, 2012).

첫째, 일회성의 원리이다. 단 1회의 교육 시실 여부에 따라 생존과 사망을 결정할 수 있는 특성이다. 인간의 생명은 기회가 한번 뿐이라는(일회성의 원리) 엄숙함이 있다. 교육기관나 가정 · 사회 등에서 한번이라도 지도상의 결함이 발생하면, 그것은 바로 영유아의 생명을 잃게 하는 사고로 이어지게 될 위험성이 높다. 따라서 일회성의 원리를 고려하지 않는다면 안전교육이 제대로 이루어지지 않음은 물론 타인의 생명을 존중하고 아끼는 안전의식도 저버릴 수 있다(정은주, 2017).

둘째, 인성교육의 원리이다. 안전교육은 인격에 관한 교육으로서 타인의 생명을 존중하고 복지에 관심을 갖게 되는 교육이다. 따라서 안전교육은 자신과 타인 그리고 가정, 사회, 국가를 위한 생명 존중 및 복지 실현을 할 수 있게 된다.

셋째, 이해와 실천의 원리이다. 안전교육을 통하여 안전태도 및 습관을 형성해야 한다. 또한 잠재적인 위험상황을 예측할 수 있고 올바른 대처 기술을 습득해야 한다. 이렇듯 사고와 안전에 대한 지식을 실천적으로 이해함으로써 안전 능력을 기를 수 있다.

넷째, 지역적 특수성의 원리이다. 사고와 안전은 지역에 따라 그 유형이 다르기 때문에 지형, 산업, 인구구조 등 지역적 특수성을 고려하여 안전교육을 실시하여야 한다. 다시 말해, 환경의 차이가 심한 도시와 농 · 어촌, 공해가 심한 지역과 심하지 않은 지역, 산간지역과 해안지역 등 지역에 따라, 그리고 인간의 생활방식에 따라 안전교육에도 차이가 있어야만 교육효과가 있을 것이다. 물론 한 지역에서 일생을 사는 일은 없고, 신체적 조건이 항상 같은 것이 아니므로 다양한 지역조건 및 환경에 따른 안전교육이 필요하다.

# 2 영유아를 위한 안전교육의 방법

영유아교육기관 안전교육을 효과적으로 실시하기 위해서는 영유아들의 발달단계에 부응하는 다양한 교육방법이 개발되어 활용되어야 한다. 시청각 매체활용은 단순 강의보다는 현장감을 갖게 하는 데 기여한다. 그러나 일반적으로 안전교육과 관련해서는 시청각 매체 및 강의 중심의 안전교육은 영유아들에게 안전교육에 대한 가치와 의미, 실현성 등을 정확하게 전달하는 데 한계가 있으므로, 체험중심의 안전교육이 실시될 수 있도록 다양한 교육방법이 필요하다. 단순한 내용이라도 개인의 생활과 연관지어 기억하도록 함으로써 유사시에 적절히 대응할 수 있는 안전교육은 체험중심의 안전교육이 더욱 적합하기 때문이다(학교안전공제중앙회, 2011). 또한 영유아에게 안전교육이 유의미한 경험이 되기 위해서는 다양한 교수접근이 필요하다.

영유아 안전교육의 방법을 설명 및 시연, 토의, 문제해결, 역할놀이, 모델링, 시뮬레이션으로 구분하였다.

## 1) 설명 및 시연

설명과 시연은 직접적인 안전교육 방법이다. 교사가 유아에게 직접 설명하거나 시범보이기, 현장견학, 예행연습, 실행연습, 반복학습과 같은 형태로 이루어지는 교수의 형태이다.

행동변화에 중점을 둔 프로그램인 시연(rehersal)의 교육방법은 안전의 강력한 훈련에 도움이 된다. 시연의 방법은 화재에 대한 안전교육, 가정에서의 안전 및 보행자 안전기술을 학습하는 데 매우 효과적인 것으로 나타났다. 이 방법으로 지속적이고 반복적인 상호작용을 한다면 비상상황에 대한 올바른 안전행동에 대한 인식을 증진시킬 수 있다.

### 2) 토의

토의는 특정 문제에 대한 가장 좋은 해결 방법을 찾기 위해 여럿이 함께 의논하는 것이다. 특정 주제가 지닌 문제점을 이해하고, 그 원인과 실태, 전망 등에 대한 지식과 의견을 자유롭게 교환하여 주어진 주제의 의미를 정확하게 인식해야 한다. 이후 문제를 해결하기 위한 방안들을 적극적으로 제시하고 검토해야 한다. 즉, 토의는 최선의 해결방안을 함께 상의해서 결정하는 협동적인 의사소통 과정이다. 유아는 토의에 참여함으로써 자신의 생각을 정리하고 타인의 생각을 알게 되며 안전과 관련된 갈등상황(갈등에 대한 문제해결과정)에서의 문제를 파악하여 의견을 함께 나누고 자신과 다른 사람들에 대한 이해를 증진시키게 된다.

### 3) 문제해결중심 탐구학습

유아 안전교육에 있어서 문제해결중심 탐구학습은 유아의 사고 전략과 지식을 함께 길러준다. 학습자가 스스로 문제를 제기하고, 가설을 형성하고, 실천을 설계하고, 자료를 수집하고, 가설을 검정하여 결론을 내려 일반화하는 문제해결 과정이다. 이 방법은 유아로 하여금 스스로 발견하도록 조장하는 것으로 유연한 지식, 효과적인 문제해결 능력, 자기 주도 학습, 효과적인 협업 능력, 내재적 동기를 계발하도록 돕는다.

유아 안전교육에서의 이 방법은 안전을 요구하는 다양한 문제 상황을 다루기 위해서는 가능한 안전반응 대안을 이용하고, 이러한 여러 가지 대안들 중 가장 안전한 반응을 선택할 가능성을 증가시켜 주는 과정으로 활용할 수 있다. 예를 들어, 안전사고와 관련된 갈등상황을 제시하고 해결책을 유추하도록 함으로써 유아가 직접 경험하지 않은 가설상황에서의 문제해결 능력을 향상시키는 경험을 제공하는 것이다.

### 4) 역할놀이

역할놀이는 유아로 하여금 다양한 역할을 수행해 보게 하여 자신과 타인의 행동과 태도를 이해하고 경험해 보게 할 뿐 아니라 자신의 행동과 태도를 재조정하도록 하는 교수방법이다. 역할극에서는 참여자와 관찰자 모두가 서로의 느낌을 탐색하고 태도,

가치를 통찰하며 문제해결의 기능과 태도를 습득하게 된다. 특히 문제해결 기능에 있어서는 문제규명 및 대안평가 능력, 대안에 대한 경험과 그것에 기초한 선택결정 능력 등을 학습할 수 있는 기회가 된다. 유아 안전교육에서의 이 수업모형은 생활 주변에서 부딪치는 여러 가지 위험 상황을 경험해 봄으로써 적극적인 대처방법이나 자발적인 문제해결력을 길러준다(이기숙, 장영희, 정미라, 배소연, 박희숙, 2008). 즉, 역할놀이는 유아의 관찰력, 의사결정, 문제해결 능력, 의사소통기술 등을 기르는 데 효과적인 방법으로 유아는 역할놀이를 통하여 위험상황에 대한 인과관계를 배워나감으로써 안전기술을 습득하게 된다.

### 5) 모델링

인간 행동은 직접적인 경험을 통해서 학습될 뿐만 아니라 다른 사람(모델)들의 경험을 관찰함으로써 습득되고 촉진될 수 있다. 유아는 주변에 있는 사람(부모, 교사, 친구)들 또는 매스컴(영화, 텔레비전, 인터넷 등)의 가상 모델의 행동을 관찰하여 행동적 · 인지적 · 정의적 영역의 학습을 도모하게 된다. 간접적인 안전교육 방법인 모델링은 간접강화를 통해 안전에 대한 태도학습을 촉진시킬 수 있다. 또는 가상모델의 행동을 관찰함으로써 학습하는 데 그 초점을 두기에 잠재적 변화 가능성을 예상할 수 있다.

안전교육에 있어서 모델링이 안전행동 · 기술을 연습하고 학습하는 데 효과적이나 교사는 기계적인 시범을 보이거나 그에 대한 유아의 단순한 모방으로 그치지 않도록 해야 하며, 지속적인 관찰을 통하여 내면화할 수 있도록 세심한 주의를 기울여야 한다.

### 6) 시뮬레이션

시뮬레이션은 실제와 가장 유사한 상황을 제공하여 직접경험을 하게 하는 학습이다. 유아들은 문제 상황에 직접 참여하고 행동의 결과를 경험할 수 있는 기회를 가짐으로써 안전을 위한 올바른 태도 및 지식을 형성할 수 있다. 안전사고의 실제 상황에서는 유아에게 위험이 수반되므로 시뮬레이션은 실제와 가장 유사한 상황에서 직접경험을 하게 함으로써 안전과 관련된 여러 분리된 경험을 유아들이 통합해 가는 데 도움을 주게 된다. 상황적 시뮬레이션기법(situational simulation)은 실제와 유사한 상황을 유아에게 제공하여 유아로 하여금 행동하도록 요구하는데, 유아는 교사의 설명이나 시연 등의 일방적인 관계를 벗어나 현실과 근접한 모의상황에서의 연습을 통하여 실제 현장에서 우연하게 발생할 수 있는 돌발 사태에서 유아들이 안전 행동을 하도록 기대하게 된다. 여러 가능한 상황에서의 바람직한 행동에 대한 무의식적인 연습을 통하여 유아가 예상되는 돌발 사태에 대한 이해를 높이고 궁극적으로 다양한 문제해결 능력을 기르고자 함이다.

또한 안전 학습의 과정에 능동적으로 참여하여 현실 감각을 부여하고 학습동기를 격려할 수 있는 반면, 모의된 상황을 설정할 때는 현실의 상황과 얼마나 유사하게 구성했는가가 유아의 안전교육 결과에 관건이 될 수 있으므로 이에 유의하여야 한다.

로젠바움과 드라만(Rosenbaum & Drabman, 1981)은 유아로 하여금 화재나 지진과 같은 비상상황에 알맞게 대처하는 행동을 익히도록 반복적인 훈련을 실시한 결과 유아들이 비상상황에 대처하는 행동 능력이 향상되었다고 한다. 유아 안전교육은 사고예방에 대한 교육이므로 예상되는 여러 위험상황에 대한 모의연습을 통한 체험적인 학습의 기회의 폭을 넓힘으로써 유아들로 하여금 유의미한 학습의 경험이 될 수 있도록 해야 한다.

한편, 지역사회(찾아가는 안전교육 전문단체 및 안전교육체험관 방문)와 연계하여 영유아 안전교육을 할 수 있다. 안전교육을 전문적으로 지원해 주는 단체(한국중앙교육개발센터, 한국어린이안전재단, 보건복지부 · 한국보건복지인력개발원 아동안전사이버 교육센터 등)에 의뢰하면 해당기관의 담당교사가 직접 영유아교육기관을 방문하여 영유아를 대상으로 체계적인 안전교육을 실시해 준다. 또한 영유아교육기관에 인접한 거리에 있는 지역사회기관에 방문하여 해당 기관에서 영유아를 대상으로 제공하는 안전교육프로그램을 경험할 수도 있다.

**표 5-1 전국 체험시설 세부 현황 목록표**

| 시도명 | 시설명 | 위치 | 연락처 | 규모(지하/지상) | 체험유형 | 시설 구분 | 운영주체 |
|---|---|---|---|---|---|---|---|
| 서울 | 광나루안전체험관 | 서울특별시 광진구 능동로 238 | 02-2049-4061 | 1/3 | 종합 | 체험관 | 소방 |
| 서울 | 보라매안전체험관 | 서울특별시 동작구 여의대방로20길 33 | 02-2027-4100 | 1/3 | 종합 | 체험관 | 소방 |
| 서울 | 노원어린이집교통공원 | 서울특별시 노원구 중계동 500 | 02-973-3925 | 2 | 교통 | 안전교실 | 지자체 |
| 서울 | 구로구어린이교통공원 | 서울특별시 구로구 신림동 285-22 | 070-7008-9870 | 야외시설 | 교통 | 안전교실 | 지자체 |
| 서울 | 강서구새싹어린이교통공원 | 서울특별시 강서구 방화동 583 | 02-2664-4987 | 야외시설 | 교통 | 안전교실 | 지자체 |
| 서울 | 라이온스 서초구 어린이교통안전교육장 | 서울특별시 서초구 양재동 바우뫼로12길 43 | 02-2057-1199 | 2 | 교통 | 안전교실 | 단체 |
| 서울 | 송파안전체험교육관 | 서울특별시 송파구 성내천로 35길 | 02-406-5868 | 1/4 | 종합 | 체험관 | 지자체 |
| 서울 | 양천생활안전체험교육관 | 서울특별시 양천구 목동서로 363 | 02-2620-4397 | 2 | 생활, 응급 | 안전교실 | 지자체 |
| 서울 | 광진구민방위교육훈련센터 | 서울특별시 광진구 광나루로56길 8 | 02-450-7257 | 1/2 | 생활 | 안전교실 | 지자체 |
| 서울 | 성동생명안전배움터 | 서울특별시 성동구 마조로 11길 6 | 02-2286-6087 | 1 | 생활 | 안전교실 | 지자체 |
| 서울 | 도로교통공단 어린이 교통안전 체험관 | 서울특별시 양재대로 242 도로교통공단서울지부지하 1층 | 02-3498-2027 | 1 | 교통 | 안전교실 | 단체 |
| 부산 | 부산119안전체험관 | 부산광역시 동래구 우장춘로 117 | 051-760-5870 | 1/3 | 종합 | 체험관 | 소방 |
| 부산 | 해운대구 생활안전체험관 | 부산광역시 해운대구 재반로 184번길 31 | 051-782-8455 | 4 | 종합 | 안전교실 | 지자체 |
| 부산 | 스포원 재난안전체험관 | 부산광역시 금정구 체육공원로 399 | 051-550-1428 | 지하1층 | 종합 | 안전교실 | 단체 |
| 부산 | 금정구 민방위실전훈련센터 | 부산광역시 금정구 중앙대로 1777 | 051-519-4132 | 지하2, 3층 | 재난 | 안전교실 | 지자체 |

(계속)

| 시도명 | 시설명 | 위치 | 연락처 | 규모 (지하/지상) | 체험 유형 | 시설 구분 | 운영 주체 |
|---|---|---|---|---|---|---|---|
| 부산 | 부산진구 안전체험장 | 부산광역시 부산진구 진남로 328번길 62 | 051-605-4645 | 2 | 재난, 응급 | 안전교실 | 지자체 |
| 대구 | 대구시민안전테마파크 | 대구광역시 동구 팔공산로 1155 | 053-980-7770 | 1/2 | 종합 | 체험관 | 소방 |
| 대구 | 대구어린이교통랜드 | 대구광역시 수성구 동대구로 176 | 053-765-3401 | 1/2 | 교통 | 체험센터 | 지자체 |
| 대구 | 상리자전거교통안전교육장 | 대구광역시 서구 장산로 32길 77 | 053-663-3622 | 2 | 교통 | 안전교실 | 지자체 |
| 인천 | 부평안전체험관 | 인천광역시 부평구 굴포로 110 | 032-509-3940 | 1/5 | 재난 | 체험관 | 지자체 |
| 인천 | 계양구 어린이교통교육관 | 인천광역시 계양구 용종로 38 | 032-450-5928 | 2 | 교통 | 안전교실 | 지자체 |
| 인천 | 인천교통공원 어린이교통안전교육장 | 인천광역시 동구 방축로 231 | 032-770-6202 | 1 | 교통 | 안전교실 | 지자체 |
| 인천 | 부평꿈나무교통나라 | 인천광역시 부평구 영성동로18번길 51 | 032-509-8887 | 2 | 교통 | 안전교실 | 지자체 |
| 인천 | 중앙어린이 교통공원 체험관 | 인천광역시 미추홀구 문화로 22 | 032-880-4778 | 1 | 교통 | 안전교실 | 지자체 |
| 인천 | 항공안전체험교육장 | 인천광역시 중구 공항로 271 인천국제공항교통센터지하 1층 | 032-610-0840 | 지하1층 | 교통 | 안전교실 | 단체 |
| 광주 | 광주광역시 안전체험관 | 광주광역시 서구 내방로 111 | 062-613-2670 | 1 | 종합 | 안전교실 | 지자체 |
| 광주 | 광주광역시 서구청 안전체험센터 | 광주광역시 서구 경열로 33 | 062-360-7533 | 지하2층 | 재난 | 안전교실 | 지자체 |
| 광주 | 광주광역시 어린이교통공원 | 광주광역시 북구 임방울대로 877 | 062-972-0054 | 1 | 교통 | 체험센터 | 지자체 |
| 광주 | 광주소방학교 이동안전체험차량 | 광주광역시 광산구 소촌로 53-84 | 062-613-8985 |  | 단층형 | 이동안전체험차량 | 소방 |
| 대전 | 대전119시민체험센터 | 대전광역시 서구 복수서로 63 | 042-270-1137 | 1/3 | 생활, 재난, 응급 | 체험센터 | 소방 |

(계속)

| 시도명 | 시설명 | 위치 | 연락처 | 규모(지하/지상) | 체험유형 | 시설 구분 | 운영주체 |
|---|---|---|---|---|---|---|---|
| 대전 | 대전교통문화연수원 | 대전광역시 유성구 대덕대로 480 | 042-250-1445 | 1/3 | 교통 | 체험관 | 지자체 |
| 대전 | 대전교육청 이동안전체험차량 | 대전광역시 서구 복수서로 63 | 042-270-6144 | | 복층형 | 이동안전체험차량 | 소방 |
| 울산 | 울산안전체험관 | 울산광역시 북구 산하중앙2로 87-33 | 052-279-6589 | 1/3 | 종합 | 체험관 | 소방 |
| 울산 | 어린이 교통안전공원 | 울산광역시 남구 대공원로 94 | 052-226-0304 | 1 | 교통 | 체험센터 | 지자체 |
| 울산 | 울산학생교육원 안전체험관 | 울산광역시 울주군 상북면 배내무 등골길 42 | 052-255-1332 | 2 | 생활, 교통, 응급 | 안전교실 | 교육청 |
| 울산 | 동구생활안전체험관 | 울산광역시 동구 봉수로 155 동구보건소 지하3층 | 052-209-3779 | 2 | 생활 | 안전교실 | 지자체 |
| 울산 | 행복안전체험관 | 울산광역시 남구 여천로 40 | 052-226-5285 | 2 | 종합 | 안전교실 | 지자체 |
| 세종 | 세종시교육청 이동식 안전행복버스 | 세종특별자치시 한누리대로 2154 | 044-300-8462 | | 단층형 | 이동안전체험차량 | 교육청 |
| 경기 | 용인시 꿈이룸 안전체험교실(용인초등학교) | 경기도 용인시 처인구 금학로 367번길 14 | 031-324-2497 | 1 | 생활, 교통, 재난, 응급 | 안전교실 | 교육청 |
| 경기 | 용인시 꿈이룸 안전체험교실(성지초등학교) | 경기도 용인시 기흥구 강남서로 38 | 031-324-2497 | 1 | 생활, 교통, 재난, 응급 | 안전교실 | 교육청 |
| 경기 | 용인시 꿈이룸 안전체험교실(신월초등학교) | 경기도 용인시 수지구 풍덕천로 86 | 031-324-2497 | 5 | 생활, 교통, 재난, 응급 | 안전교실 | 교육청 |
| 경기 | 안산시 어린이교통안전체험교육장 | 경기도 안산시 상록구 석호공원로1 | 031-502-2572 | 2 | 교통 | 안전교실 | 단체 |
| 경기 | 안산시 재난안전체험관 | 경기도 상록구 예술광장1로 32 민방위교육장내 | 031-481-2164 | 3 | 생활, 재난, 직업, 응급 | 안전교실 | 지자체 |

(계속)

| 시도명 | 시설명 | 위치 | 연락처 | 규모 (지하/지상) | 체험 유형 | 시설 구분 | 운영 주체 |
|---|---|---|---|---|---|---|---|
| 경기 | 안성경찰서 교통공원 | 경기도 안성시 알미산로 140 | 031-8046-0452 | 1 | 교통 | 안전교실 | 경찰 |
| 경기 | 평택시 민방위교육장 | 경기도 평택시 평택4로 60 | 031-8024-4972 | 지하 1층 | 재난 | 안전교실 | 지자체 |
| 경기 | 평택시어린이교통공원 | 경기도 평택시 안중읍 현화6길 48 | 031-8024-8690 | 1 | 교통 | 안전교실 | 단체 |
| 경기 | 고양시어린이교통공원 | 경기도 고양시 일산동구 강송로 14 | 031-902-0661 | 1 | 교통 | 안전교실 | 단체 |
| 경기 | 의정부시 민방위 실전훈련 센터 | 경기도 의정부시 의정로 48 | 031-828-4952 | 4 | 재난, 응급 | 체험센터 | 지자체 |
| 경기 | 어린이교통안전체험교육거리 | 경기도 의정부시 민락동 735-3 | 031-828-4782 | 1 | 교통 | 체험센터 | 지자체 |
| 경기 | 시민안전교육장 | 경기도 고양시 화신로 214 | 031-8075-3051 | 1/2 | 재난, 응급 | 체험센터 | 지자체 |
| 경기 | 과천시 어린이 교통공원 | 경기도 과천시 중앙로 294 관문체육공원내 | 02-3677-2285 | 야외 시설 | 교통 | 안전교실 | 지자체 |
| 경기 | 광명시 어린이 교통교육장 | 경기도 광명시 소하동 소하일로 51 | 02-897-3223 | 1 | 교통 | 체험센터 | 지자체 |
| 경기 | 시흥시 어린이 안전체험관 | 경기도 시흥시 배곧4로 94-52 | 031-310-6755 | 1 | 종합 | 안전교실 | 지자체 |
| 경기 | 안양시 재난안전체험관 | 경기도 안양시 동안구 경수대로 504 | 031-8045-2425 | 1 | 종합 | 체험센터 | 지자체 |
| 경기 | 경기도 어린이 식품안전체험관 | 경기도 이천시 중부대로 798번길 126 환경학습관 2층 | 031-636-7743 | 2 | 생활 | 안전교실 | 지자체 |
| 경기 | 이천시 어린이 교통공원 | 경기도 이천시 진리동 159 | 031-644-2381 | 야외 시설 | 교통 | 안전교실 | 지자체 |
| 경기 | 화성시 시민안전체험센터 | 경기도 화성시 향남읍 향남로 470 동편홀 3층 | 031-369-3936 | 3 | 생활, 교통, 재난, 응급 | 안전교실 | 지자체 |
| 경기 | 부천시 어린이교통나라 | 경기도 부천시 소사로 456 | 032-340-0955 | 2 | 교통 | 안전교실 | 지자체 |

(계속)

| 시도명 | 시설명 | 위치 | 연락처 | 규모 (지하/지상) | 체험 유형 | 시설 구분 | 운영 주체 |
|---|---|---|---|---|---|---|---|
| 경기 | 연천군 한탄강 어린이 교통랜드 | 경기도 연천군 전곡읍 선사로 14-71 | 031-833-0514 | 2 | 생활, 교통 | 체험센터 | 지자체 |
| 강원 | 365세이프타운 | 강원도 태백시 평화길 15 | 033-550-3152 | 1/3 | 종합 | 체험관 | 지자체 |
| 강원 | 한라시멘트 안전교육센터 | 강원도 강릉시 옥계면 산계길 225 | 033-530-1752 | 1 | 종합 | 체험센터 | 기업 |
| 충북 | 충북도민안전체험관 | 충북 청주시 흥덕구 풍년로 180번길 37-1 | 043-220-4953 | 1/2 | 종합 | 안전교실 | 소방 |
| 충북 | 충북학생교육문화원 어린이안전체험관 | 충북 청주시 상당구 교서로 17 | 043-256-5223 | 1 | 종합 | 안전교실 | 교육청 |
| 충북 | 진천종합안전교육체험관 | 충북 진천군 진천읍 문화로 81 | 043-537-0074 | 1 | 종합 | 안전교실 | 지자체 |
| 충남 | 충청남도 안전체험관 | 충남 천안시 동남구 태조산길 267-17 | 041-559-9700 | 4 | 종합 | 체험관 | 소방 |
| 충남 | 공주시 안전체험공원 | 충남 공주시 월미동길 219 | 041-855-2458 | 2 | 종합, 생활, 교통, 재난, 응급 | 안전교실 | 지자체 |
| 충남 | 충청안전체험교육장 | 충남 공주시 반포면 금벽로 1714-77 | 041-881-9230 | 1 | 직업 | 체험센터 | 단체 |
| 충남 | 금산군 어린이 교통공원 | 충남 금산군 금산읍 금산로 1446 | 041-750-4298 | 1 | 교통 | 안전교실 | 경찰 |
| 충남 | 천안시 어린이교통공원 | 충남 천안시 동남구 청수6로 73 | 041-590-2153 | 1 | 교통 | 안전교실 | 경찰 |
| 충남 | 천안시어린이안전체험관 | 충남 천안시 서북구 성환읍 성진로 15 | 041-588-9766 | 1/2 | 종합 | 체험관 | 단체 |
| 충남 | 태안발전본부 종합안전체험장 | 충남 태안군 원북면 발전로 457 | 070-5007-3113 | 1 | 생활, 직업 | 안전교실 | 기업 |
| 충남 | 한서대학교 재난안전교육원 | 충남 태안군 남면 곰섬로 236-49 | 041-674-8106 | 3 | 교통, 재난, 응급 | 안전교실 | 단체 |
| 충남 | 홍성군 어린이교통공원 | 충남 홍성군 홍성읍 충서로 1254 홍성경찰서 | 041-630-8352 | 1 | 교통 | 안전교실 | 경찰 |

(계속)

| 시도명 | 시설명 | 위치 | 연락처 | 규모(지하/지상) | 체험 유형 | 시설 구분 | 운영 주체 |
|---|---|---|---|---|---|---|---|
| 충남 | 논산소방서 이동 안전체험차량 | 충남 논산시 대학로 17 | 041-730-0302 | | 단층형 | 이동안전 체험차량 | 소방 |
| 전북 | 전북119안전체험관 | 전북 임실군 호국로 1630 | 063-290-5660 | 1/2 | 종합 | 체험관 | 소방 |
| 전북 | 전주어린이 교통 공원 | 전북 전주시 덕진구 번영로 455 | 063-212-7711 | 1 | 교통, 재난 | 안전교실 | 지자체 |
| 전북 | 군산시 어린이 안전체험관 | 전북 군산시 동장산로 135 | 063-468-4560 | 1/3 | 생활, 교통, 재난 | 체험센터 | 지자체 |
| 전북 | 정읍어린이교통 공원 | 전북 정읍시 벚꽃로 537 | 063-531-7870 | 1/2 | 교통 | 안전교실 | 교육청 |
| 전북 | 남원어린이교통 공원 | 전북 남원시 이백면 이백로 333 | 063-620-6749 | 1 | 교통 | 안전교실 | 지자체 |
| 전북 | 삼인안전체험관 | 전북 고창군 아산면 선운사로 39-10 | 063-562-1569 | 1 | 종합, 생활, 교통, 재난, 응급 | 안전교실 | 교육청 |
| 전남 | 강진군 안전교육 종합체험관 | 전남 강진군 성전면 백운로 36 | 061-434-6613 | 1 | 생활, 교통, 재난, 응급 | 안전교실 | 지자체 |
| 전남 | 순천 어린이 교통 공원 | 전남 순천시 순천만길 200-16 | 061-749-4525 | 1 | 종합 | 안전교실 | 지자체 |
| 전남 | 해양경찰교육원 해양안전체험 | 전남 여수시 해양경찰로 122 | 061-608-2441 | 1/2 | 재난, 응급 | 체험관 | 해양경찰 |
| 경북 | 삼성전자 소방안전체험관 | 경북 구미시 3공단 3로 302 | 054-479-5119 | 1 | 재난, 응급 | 안전교실 | 기업 |
| 경북 | 구미시 민방위교육장 | 경북 구미시 박정희로 211 | 054-480-6742 | 1/2 | 재난, 응급 | 체험센터 | 지자체 |
| 경북 | 동락공원 교통안전체험장 | 경북 구미시 3공단1로 191 | 054-451-9109 | 야외 시설 | 교통 | 안전교실 | 지자체 |
| 경북 | 경산교통안전체험공원 | 경북 경산시 원효로 68 경산경찰서 | 053-770-0354 | 야외 시설 | 교통 | 안전교실 | 경찰 |
| 경북 | 상주교통안전체험교육센터 | 경북 상주시 청리면 마공공단로 80-15 | 053-530-0100 | 1/4 | 교통 | 체험관 | 단체 |

(계속)

| 시도명 | 시설명 | 위치 | 연락처 | 규모 (지하/지상) | 체험 유형 | 시설 구분 | 운영 주체 |
|---|---|---|---|---|---|---|---|
| 경북 | 포항포스코글로벌안전센터 | 경북 포항시 남구 동해안로 6213번길 15-10 | 054-220-0901 | 4 | 종합 | 체험센터 | 기업 |
| 경북 | 포항어린이교통랜드 | 경북 포항시 남구 뱃머리 39번길 21 | 054-280-9491 | 2 | 교통 | 체험센터 | 지자체 |
| 경북 | 포항유아교육 체험센터 | 경북 포항시 북구 해안로 469 | 054-252-1177 | 2 | 교통, 재난, 작업 | 체험센터 | 교육청 |
| 경북 | 안동시 안전교육체험장 | 경북 안동시 풍산단호로 835-12 | 054-840-5335 | 2 | 재난, 응급 | 안전교실 | 지자체 |
| 경북 | 울진안전직업체험관 | 경북 울진군 근남면 친환경엑스포로25 | 개관예정 | 2 | 종합 | 체험센터 | 지자체 |
| 경북 | 청통휴게소 소방안전체험관 | 경북 영천시 청통면 청통로 334-42 | 054-337-5009 | 1 | 재난, 응급 | 안전교실 | 기업 |
| 경북 | 김천시 어린이 교통공원 | 경북 김천시 공단로 58 김천환경사업소내 | 054-433-5652 | 1 | 교통 | 안전교실 | 기업 |
| 경남 | 진주시 민방위체험센터 | 경남 진주시 상봉대룡길 42 | 055-749-8828 | 1 | 재난 | 안전교실 | 지자체 |
| 경남 | 진주시어린이교통청소년모험공원 | 경남 진주시 삼계로 531 | 055-742-5670 | 2 | 교통 | 안전교실 | 지자체 |
| 경남 | 사천시 어린이 교통안전체험장 | 경남 사천시 숲뫼길 68-12 | 055-831-3366 | 1 | 생활, 교통 | 체험센터 | 지자체 |
| 경남 | 김해시 민방위 재난안전체험장 | 경남 김해시 가야로 245 | 055-330-4999 | 1 | 생활, 교통, 재난, 직업, 응급 | 안전교실 | 지자체 |
| 경남 | 김해 건설안전 가상안전 체험장 | 경남 김해시 진영읍 진영로 454번길 10-7 | 051-520-0567 | 2 | 직업, 응급 | 안전교실 | 단체 |
| 경남 | 김해 어린이 교통공원 | 경남 김해시 율하1로 49 | 055-330-6838 | 2 | 교통 | 안전교실 | 단체 |
| 경남 | 경남특수교육원 안전생활체험관 | 경남 밀양시 하남읍 대사길 77 | 055-716-1780 | 1 | 종합 | 체험센터 | 교육청 |
| 경남 | 밀양시 어린이교통공원 안전체험관 | 경남 밀양시 교통 1041-1 | 055-351-3006 | 1 | 교통 | 체험센터 | 단체 |

(계속)

| 시도명 | 시설명 | 위치 | 연락처 | 규모 (지하/지상) | 체험 유형 | 시설 구분 | 운영 주체 |
|---|---|---|---|---|---|---|---|
| 경남 | 옥포초등학교 교실형 안전체험실 | 경남 거제시 옥포로 13길 12 | 055-687-2380 | 개관 예정 | 종합 | 안전교실 | 교육청 |
| 경남 | 양산 호포차량사업소 안전체험장 | 경남 양산시 동면 호포새동내길 5 | 055-388-8005 | 5 | 교통, 재난 | 체험센터 | 단체 |
| 경남 | 양산시민안전체험관 | 경남 양산시 양산대로 849 | 055-392-5547 | 1/1 | 종합 | 체험센터 | 지자체 |
| 경남 | 함양군 어린이 안전체험 학습장 | 경남 함양군 함양읍 용평리 497-2 | 055-960-5201 | 야외 시설 | 종합 | 안전교실 | 지자체 |
| 경남 | 가조안전체험관 | 경남 가조면 지산로 1479 | 055-940-7814 | 3 | 재난 | 안전교실 | 지자체 |
| 경남 | 경남소방교육훈련장 | 경남 의령군 가례로 677 | 055-211-5446 | 1/7 | 재난 | 체험센터 | 소방 |
| 창원 | 창원시 어린이교통공원 | 경남 창원시 의창구 자전거길13번길 3 | 055-286-1190 | 1 | 교통 | 체험센터 | 단체 |
| 제주 | 어린이교통공원 | 제주특별자치도 제주시 명림로 437 | 064-710-6281 | 1 | 교통 | 체험센터 | 경찰 |

비고: 각 지역 소방서 및 소방본부에서 소방안전교실 안전체험관, 심폐소생술교육센터, 이동안전체험차량 등
출처: 학교안전정보센터.

# 3 영유아 안전교육에서의 교사의 역할

영유아가 교육기관에서 안전하게 생활할 수 있도록 교사는 영유아의 안전을 책임져야 한다. 교사는 하루일과에서 일어나는 모든 일에 최우선으로 적용되어야 할 부분이 안전으로 인적·물적 위험요인으로부터의 안전한 환경을 구성하고 제공해야 한다. 영유아의 행동은 직접적인 경험을 통해서 학습될 뿐만 아니라 주변의 모델링의 역할 경험을 바탕으로 습득되고 촉진될 수 있다. 특히 교사의 모델링은 영유아의 태도변화에 많은 영향을 준다. 따라서 교사는 안전한 행동과 위험을 예방할 수 있는 행동을 수행함으로써 영유아에게 긍정적인 역할 모델링이 되어야 한다. 이로 인해 영유아들

에게 위험이나 해로움에서 분리되고 안전한 일상생활을 할 수 있도록 도와야 한다. 영유아들에게 안전교육을 통한 적극적인 개입을 함으로써 영유아들 스스로 자신의 위험한 행동을 수정하고, 위험을 알고 대처할 수 있는 능력을 기르도록 해야 한다(이기숙 외, 2004). 또한 교사는 영유아가 사고발생 원인을 이해하고 자신을 보호할 수 있도록 안전교육을 통해 안전관련지식(위험요인 인식, 대처방법), 태도, 기능을 가르쳐야 한다. 교사는 교육과정에서 제시하는 안전교육의 특성을 파악하고 영유아들의 발달 연령과 수준에 적합한 활동을 일상생활주제와 연계된 통합교육으로 연중 지속적으로 실시해야 한다.

## 4 영유아를 위한 안전교육의 평가

안전교육 평가는 지식 습득 측면에 그치지 않고 일상생활에서 안전한 행동양식이 어느 정도 습관화되었는가 하는 측면에서 이루어져야 한다. 따라서 안전교육에 대한 평가는 지도계획, 지도방법, 지도결과의 세 측면 모두를 고려하여야 한다(이기숙 외, 2008).

지도계획 측면에서는 안전교육 내용이 연간 계획안에 균형 있게 배분되었는가, 교육기관의 지역적 특성 및 프로그램을 고려하였는가, 영유아의 발달단계를 고려하였는가 등을 평가한다.

지도방법 측면에서는 영유아의 흥미를 고려하였는가, 안전교육 내용에 따라 활동유형 및 자료를 융통성 있게 다양화하였는가, 지속적이고 일관성있게 실시하였는가 등을 평가한다.

지도결과 측면에서는 영유아가 안전하게 행동하는 것이 습관화되고 있는가 여부를 행동관찰 기록표에 측정한 결과에 의하여 평가한다.

# 부록

## ■ 붙임

1. 학교 비상연락망(예시)
2. 학교 위치 및 비상대피도(예시)
3. 학사일정별 연간 안전관리계획(예시)
4. 통학차량 관련 각종 일지(예시)
5. 안전교육 연간계획표(예시)
6. 학교시설 안전관리 업무 관련 점검표
7. 학교안전 자가점검표

## ■ 별첨: 학교안전 관련 자료 현황

| 구분 | 연번 | 제목 | 출처 |
|---|---|---|---|
| 일반현황 | 1 | 학생보호인력 | 연구진 작성 |
| 교육활동 운영지침 | 2 | 학생생활지도 지침 | 서울(2013) 학생안전지침, 경기(2013) 안전교육길라잡이 |
| | 3 | 안전약자(요보호학생) 안전대책 | 경기(2013) 안전교육길라잡이 |
| | 4 | 안전사고 관리자료 | 연구진 작성 |
| | 5 | 수학여행 · 수련활동 등 현장체험학습 운영지침 | 부산광역시교육청(2018) |
| 안전교육 | 6 | 안전교육 연간 계획표 작성 방법 | 연구진 작성 |
| | 7 | 안전교육 체험시설 목록 | 교육부 |
| | 8 | 재난대비훈련지침 | 행정안전부(2017) |
| | 9 | 학교현장 재난유형별 교육 · 훈련 매뉴얼 | 교육부(2018) |
| 학교시설 안전관리 | 10 | 매월 안전점검의 날에 따른 학교시설 안전점검 | 교육부 |
| | 11 | 학교시설안전관리기준에 따른 학교시설 안전관리 | 학교안전사고 예방 및 보상에 관한 법률 |
| | 12 | 학교시설물 안전관리에 관한 개별 법령의 규정 | 서울특별시교육청교육시설관리본부(2017) 쾌적하고 안전한 학교환경 조성위한 〈유지관리 및 안전관리 지침〉 |
| | 13 | 안전점검 체크리스트 | 부산광역시교육청(2018) |
| 안전문화 | 14 | 학교안전 자가점검표 | 연구진 작성 |
| 보상제도 | 15 | 학교안전 관련 인적 · 물적 피해 보상 제도 | 연구진 작성 |

※ 별첨자료는 학교안전정보센터(www.schoolsafe.kr)에 탑재 예정

[붙임 1]

**예시 서식** ☞

# 학교 비상연락망 (예시)

2019. 3. 1. 현재

◆ 기간제교사 ◆

○ □ □ □(○시간): 000-0000-0000

○ □ □ □(○시간): 000-0000-0000

◆ 학생보호인력 ◆

○ □ □ □(○시간): 000-0000-0000

○ □ □ □(○시간): 000-0000-0000

※ 학생보호인력: 배움터지킴이, 학교보안관, 학교전담경찰관, 민간경비(야간) 등

◆ 운영사 직원 ◆

○ □ □ □ 소장: 000-0000-0000

○ □ □ □ 과장: 000-0000-0000

○ □ □ □ 주임: 000-0000-0000

○ □ □ □ 청소인력: 000-0000-0000

※ 상기 개인정보 관리 철저

[붙임 2]

예시 서식 ☞

# 학교 위치 및 비상대피도 (예시)

※ 학교 위치 및 비상대피도는 해당 학교의 내용으로 교체 바람

○ 학교 위치

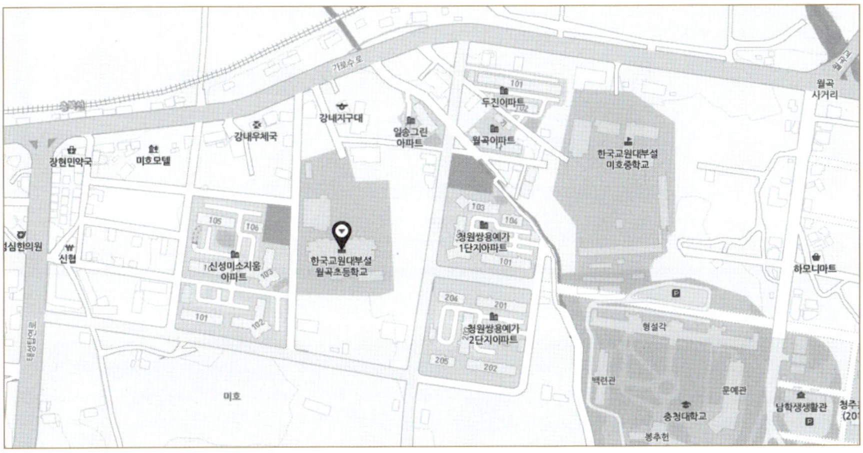


○ 소방차 진입 경로

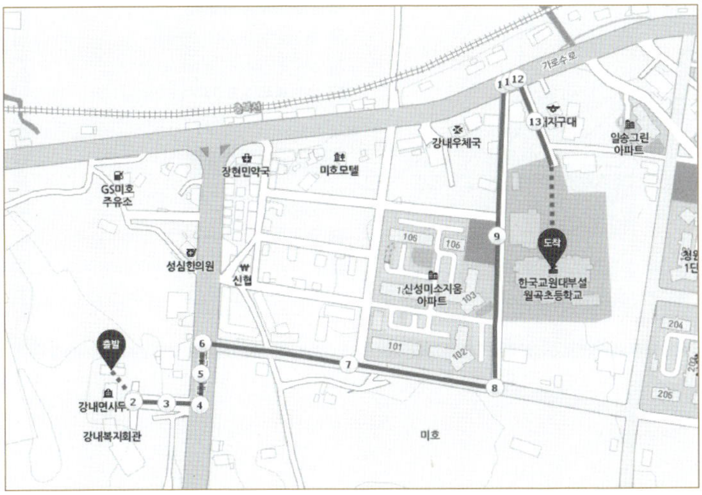

## ○ 비상대피 안내도

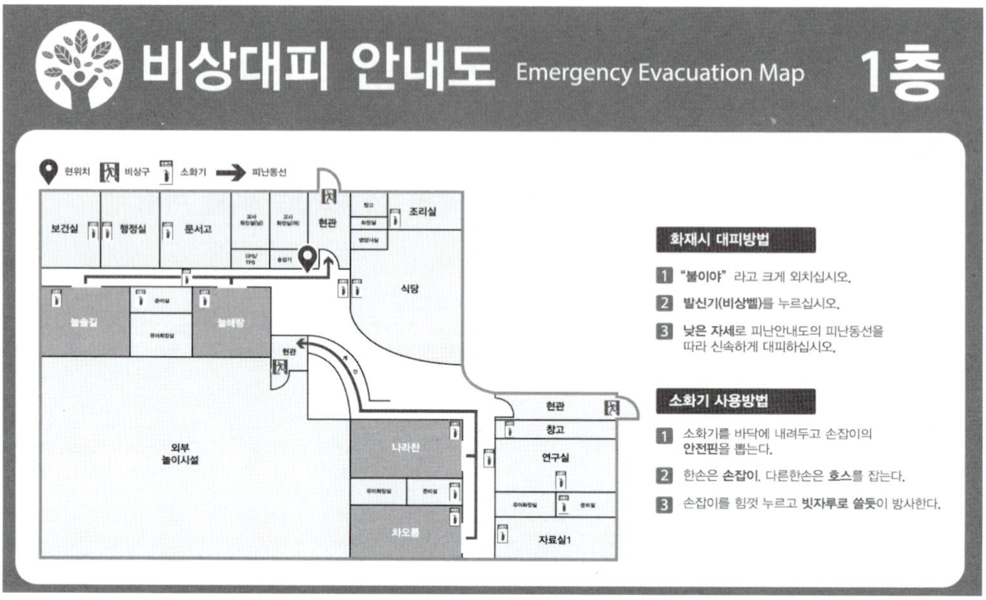

비상대피 안내도 Emergency Evacuation Map 1층
현위치 비상구 소화기 피난동선
보건실
행정실
문서고
현관
조리실
식당
현관
외부 놀이시설
나라찬
차오름
현관
창고
연구실
자료실1
화재시 대피방법
1 "불이야" 라고 크게 외치십시오.
2 발신기(비상벨)를 누르십시오.
3 낮은 자세로 피난안내도의 피난동선을 따라 신속하게 대피하십시오.
소화기 사용방법
1 소화기를 바닥에 내려두고 손잡이의 안전핀을 뽑는다.
2 한손은 손잡이, 다른한손은 호스를 잡는다.
3 손잡이를 힘껏 누르고 빗자루로 쓸듯이 방사한다.


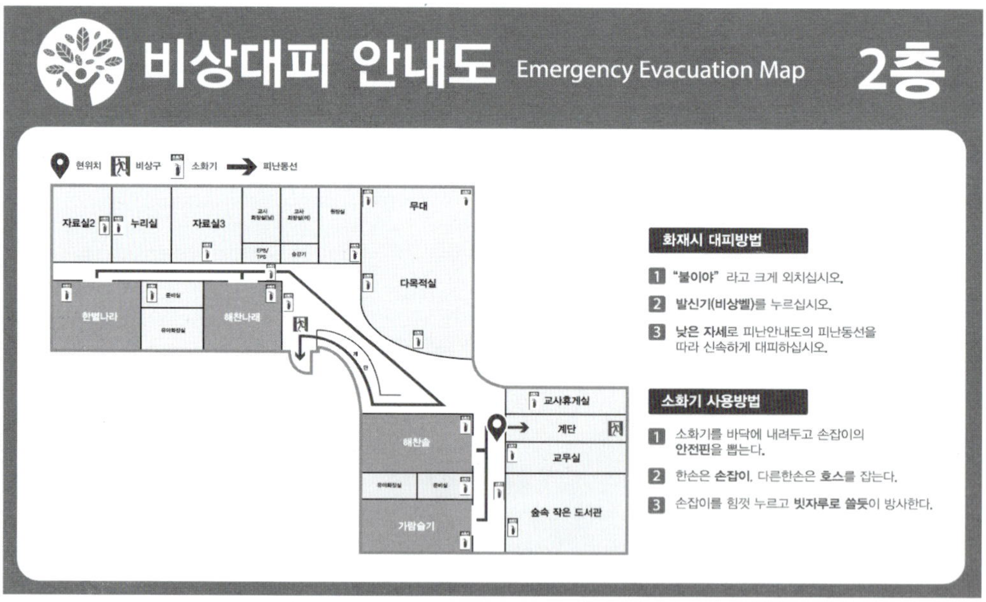

비상대피 안내도 Emergency Evacuation Map 2층
현위치 비상구 소화기 피난동선
자료실2
누리실
자료실3
무대
다목적실
한별나라
해찬나라
해찬솔
가람슬기
교사휴게실
계단
교무실
숲속 작은 도서관
화재시 대피방법
1 "불이야" 라고 크게 외치십시오.
2 발신기(비상벨)를 누르십시오.
3 낮은 자세로 피난안내도의 피난동선을 따라 신속하게 대피하십시오.
소화기 사용방법
1 소화기를 바닥에 내려두고 손잡이의 안전핀을 뽑는다.
2 한손은 손잡이, 다른한손은 호스를 잡는다.
3 손잡이를 힘껏 누르고 빗자루로 쓸듯이 방사한다.

[붙임 3]

예시 서식 ☞

# 학사일정별 연간 안전관리계획 (2019학년도 예시)

| 구분 | 학사일정 | | 안전교육 | 비상훈련 | 시설관리 |
|---|---|---|---|---|---|
| | 교내 | 교외 | | | |
| 3월 | 입학식, 개학식<br>학교안전계획<br>작성 | | 학교 교내생활<br>안전교육 | 연간 훈련계획<br>설명회<br>민방공훈련<br>(학기당 1회) | 매월 안전점검의 날 |
| 4월 | 중간고사 | 현장체험학습 | 화재 및 실험실습<br>안전교육 | 황사 · 미세먼지<br>훈련 | 매월 안전점검의 날 |
| 5월 | 춘계 체육대회 | 수학여행 | 교내 · 외 안전사고<br>예방 지도<br>재난 안전교육 | 재난대응<br>안전한국훈련<br>(화재 등 현장훈련<br>2회 포함) | 매월 안전점검의 날<br>학교시설 안전점검<br>원격연수 |
| 6월 | | 수련회 | 수상 안전 예방 지도 | | 매월 안전점검의 날<br>학교시설 안전점검<br>전달연수 |
| 7월 | 기말고사<br>여름방학 | | 폭염 관련 예방 지도 | | 매월 안전점검의 날 |
| 8월 | | 수련활동 | 물놀이 및 식중독<br>예방 지도 | | 매월 안전점검의 날 |
| 9월 | 개학<br>추계 체육대회 | | 안전사고 예방<br>중점지도 | 체험학습활동<br>버스사고 대응 훈련,<br>민방공훈련<br>(학기당 1회) | 매월 안전점검의 날 |
| 10월 | 중간고사<br>학교안전위험성<br>진단(10~12) | 현장체험학습 | 등산 및 야외활동<br>안전교육 | 화재 훈련 | 매월 안전점검의 날<br>학교시설 안전점검<br>실시 |
| 11월 | | | 화재 예방 지도<br>강화 | 실험 · 실습안전<br>훈련 | 매월 안전점검의 날<br>학교시설 안전점검<br>결과 보고 |
| 12월 | 기말고사<br>겨울방학 | | 겨울철 관련<br>안전교육 | | 매월 안전점검의 날 |
| 1월 | | | 겨울철 야외 활동<br>안전교육 | | |
| 2월 | 졸업식, 종업식 | | 졸업식 전후<br>교내 · 외 안전교육 | | 매월 안전점검의 날 |

※ 학사 일정은 학교 사정에 따라 변경할 수 있음.

[붙임 4]

**예시 서식**

# 통학차량 관련 각종 일지 (예시)<유치원, 초등학교>

## 통학차량 운행일지

2019년 월 일( 요일) 날씨:

| 담당자 | 원(교)감 |
|---|---|
| | |

| 차량번호 | | 운전원 | |
|---|---|---|---|
| 운행구간 | 등교 | | |
| | 하교 | | |

| 구분 | | 등교 | | 하교 | | 주행거리 | |
|---|---|---|---|---|---|---|---|
| 승차인원수 | 1코스 | 승차 명 | 하차 명 | 승차 명 | 하차 명 | | |
| | 2코스 | 승차 명 | 하차 명 | 승차 명 | 하차 명 | 등교 | km |
| | 3코스 | 승차 명 | 하차 명 | 승차 명 | 하차 명 | | |
| 동승 안전요원 | | | | | | | |

| 코스 | 1코스 | 2코스 | 3코스 | 1코스 | 2코스 | 3코스 | 주행거리 | |
|---|---|---|---|---|---|---|---|---|
| 준비시간 | : | : | : | : | : | : | 하교 | km |
| 출발시간 | : | : | : | : | : | : | 일일 주행 | km |
| 도착시간 | : | : | : | : | : | : | | |

## 자동차 일일 점검표

점검자: 운전원 (인)

| 점 검 내 역 | | 상태 등교 | 상태 하교 | 조치사항 |
|---|---|---|---|---|
| 운행전 점검 | 엔진오일은 정상이며 타이어는 양호한가? | | | |
| | 청소상태는 양호하며 차내 환경은 쾌적한가? | | | |
| | 연료는 충분하며 브레이크 상태는 정상인가? | | | |
| | 조향장치, 헤드라이트, 지시표시등은 정상인가? | | | |
| 운행중 점검 | 출발 전 문은 확실히 잠겼는가? | | | |
| | 엔진 및 차체의 잡음은 없는가? | | | |
| | 창문 밖으로 머리, 손을 내미는 아동은 없는가? | | | |
| 운행후 점검 | 주차 브레이크는 정상인가? | | | |
| | 차안에 잠들거나 하차하지 않은 아동은 없는가? | | | |
| 특이사항 | | | | |

※ 상태표시: ○ 양호, × 조치필요

## ▣ 통학버스 안전관리 시스템 점검표

| 번호 | 점검사항 | 그렇다 | 아니다 | 비고 |
|---|---|---|---|---|
| 1 | 어린이통학버스로 등록된 차량이며, 차량 앞 유리에는 어린이 통학버스 신고필증이 부착되어 있다. | | | |
| 2 | 차내 모든 좌석에 3세~5세를 위한 안전벨트와 전 시트가 설치되어 있으며, 원아의 신체에 맞게 조절이 가능하다. | | | |
| 3 | 색상이 황색이다. | | | |
| 4 | 비상사태를 대비하여 차량 내에 구급상자가 비치되어 있다. | | | |
| 5 | 차량 내에 안전수칙이 부착되어 있다. | | | |
| 6 | 차량 내에 날카로운 곳이나 불필요한 물건이 없다. | | | |
| 7 | 차 맨 앞좌석에는 차량용 소화기가 고정되어 있다. | | | |
| 8 | 어린이통학버스 운행 시 반드시 보조교사가 탑승한다. | | | |
| 9 | 긴급 시 연락할 수 있는 휴대용 전화가 있다. | | | |
| 10 | 응급 시 예비차량을 즉시 대치할 수 있다. | | | |
| 11 | 정기적으로 차량 안전점검을 실시하고 있다. | | | |
| 12 | 통학버스 운영위원회를 구성하고 있다. | | | |
| 13 | 통학버스 안전담당자를 지정하고 있다. | | | |
| 14 | 통학버스 운행노선도와 운행시간 계획을 가지고 있다. | | | |
| 15 | 통학버스 운행시간은 운전자가 무리하지 않을 만큼 여유 있게 짜여 있다. | | | |
| 16 | 통학버스의 안전한 승하차 지점과 대기 장소가 명시되어있다. | | | |
| 17 | 승하차시 교통 혼잡이 없는 곳을 버스 승하차 장소로 설정하고 있다. | | | |
| 18 | 비상시 연락망을 유치원(학교) 내 및 통학 버스에 게시하고 있다. | | | |
| 19 | 유치원(학교) 주변의 교통문제를 최소화할 수 있도록 학생들의 통학로를 설정하고, 이를 관리할 수 있는 통학로 지도를 마련하고 있다. | | | |

## ▣ 운전자 및 통학버스 안전담당자 체크리스트

| 번호 | 점검사항 | 그렇다 | 아니다 | 비고 |
|---|---|---|---|---|
| 1 | 운전자는 최근 3년 이내 법규위반이나 사고경력이 없는 사람이다. | | | |
| 2 | 운전자는 적합한 자격을 가진 사람이다(15인승 이상 버스 운전자는 대형 운전면허를 소지하고 있다). | | | |
| 3 | 통학버스 운전자는 통학버스 운행을 위한 교통안전교육을 받은 사람이다. | | | |
| 4 | 운전자 및 통학버스 담당자들은 유사시에 대비한 위기관리 계획의 실행 방법에 대해 훈련이 되어 있다. | | | |
| 5 | 운전자 및 통학버스 담당자들은 운행 일일 안전점검표를 기록하고 있다. | | | |

[붙임 5]

**예시 서식**

# 안전교육 연간계획표(예시)

〈학교안전정보센터 안전교육시간표 작성하기〉

- http://www.schoolsafe.kr/(연결예정)

- 안전교육수업계획표 작성을 시작합니다. 초기 화면은 아래와 같습니다.

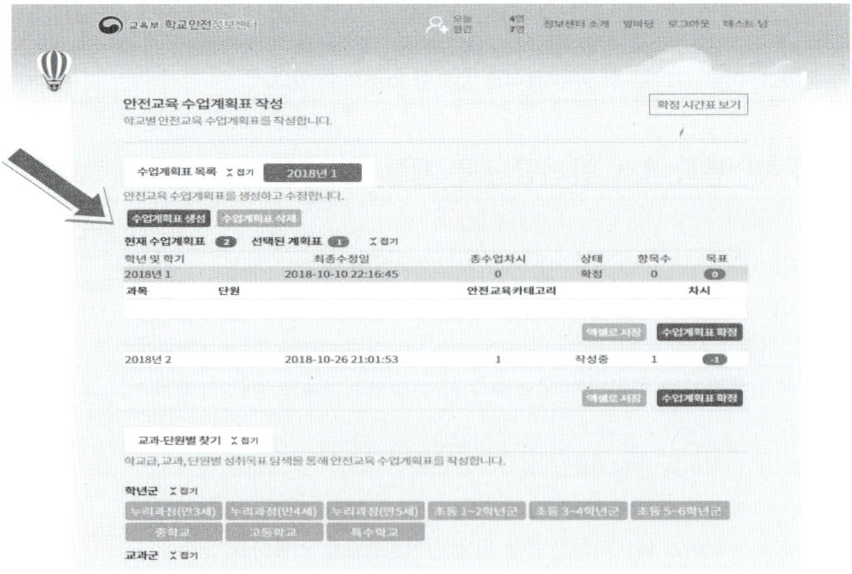

[붙임 6]

**참고 자료 ☞**

# 학교시설 안전관리 업무 관련 점검표

1. 매월 안전점검의 날 체크리스트(근거 :「재난 및 안전관리 기본법」제66조의7, 동법 시행령 제73조의6)

## 1. 교실/특별교실

위치: ______ 학년 ______ 반　　검사년도: __________　　점검자: __________

※ 표시: ○ = 상태좋음 / △ = 전문점검요구 / X = 이상있음 / — = 해당없음

※ 빈칸에 점검자가 표시, 회색칸에 특이사항, 조치사항을 담당자가 기록

| 분야 | 점검항목 | 10월 | 11월 | 12월 |
|---|---|---|---|---|
| 기록 예시 | 유리의 금감/깨짐 | ○ | △/ 청소불량 | ×, 창문 1개 깨짐 |
| | | | | 12/10 교체함 |
| 1. 교실 바닥 | 1) 교실 바닥의 안전 상태(바닥균열/마감재 탈락 및 노후화, 보행장애물 여부) | | | |
| | | | | |
| 2. 교실벽 | 1) 벽체 안전 상태(균열 및 기울임 여부) | | | |
| | | | | |
| | 2) 벽체부착물의 안전상태(칠판, 게시판, 선풍기 등의 고정 상태) | | | |
| | | | | |
| | 3) 콘센트의 안전 상태(먼지/탄자국, 고정불량, 문어발식 사용 여부) | | | |
| | | | | |
| 3. 교실문 | 1) 출입문 안전상태(레일, 손끼임 방지, 부착물 등 상태) | | | |
| | | | | |
| 4. 교실 창호 | 1) 창호 안전 상태(유리, 추락방지 보호시설의 고정 상태) | | | |
| | | | | |
| 5. 천장 | 1) 천장의 마감재 안전 상태(처짐, 파손, 누수흔적 등 상태) | | | |
| | | | | |
| | 2) 천장 부착물 안전 상태(전등, 선풍기, 냉방설비, 빔프로젝트 고정 상태) | | | |
| | | | | |
| 6. 기타 | 1) 책걸상 관리상태(파손, 동작 등) | | | |
| | | | | |

기타사항:

※ 교무실, 행정실, 체육관, 기숙사 등은 위 서식을 준용.

# 2. 공용공간(현관/계단/화장실/옥상/외벽)

위치: (예시) 본관동 검사년도: 점검자:

※ 표시: ○ = 상태좋음 / △ = 전문점검요구 / X = 이상있음 / — = 해당없음
※ 빈칸에 점검자가 표시, 회색칸에 특이사항, 조치사항을 담당자가 기록

| 분야 | 점검항목 | 10월 | 11월 | 12월 |
|---|---|---|---|---|
| 기록 예시 | 유리의 금감/깨짐 | ○ | △/ 청소불량 | ×, 창문 1개 깨짐 |
| | | | | 12/10 교체함 |
| 1. 현관 | 1) 현관 출입문 상태(손끼임방지, 시건장치, 문짝의 고정) | | | |
| | | | | |
| 2. 계단 | 1) 계단 미끄럼방지 장치(논슬립) 탈락상태 | | | |
| | | | | |
| | 2) 난간의 고정 상태 | | | |
| | | | | |
| 3. 화장실 | 1) 내부 칸막이 고정/파손 상태 | | | |
| | | | | |
| | 2) 타일 탈락 상태 | | | |
| | | | | |
| | 3) 위생기구 상태(파손, 동작 등) | | | |
| | | | | |
| 4. 옥상 | 1) 옥상 출입문 상태 | | | |
| | | | | |
| | 2) 옥상 난간대 고정 상태 | | | |
| | | | | |
| | 3) 옥상 바닥 및 배수로(물받이)의 퇴적물 청소 상태 | | | |
| | | | | |
| 5. 외벽 | 1) 선홈통 안전상태(부착상태 및 청소 여부) | | | |
| | | | | |
| | 2) 간판, 전광판 등 부착 상태 | | | |
| | | | | |

기타사항:

# 3. 외부공간(운동장/담장/기타)

위치: (예시) 운동장 검사년도: ________ 점검자: ________

※ 표시: ○ = 상태좋음 / △ = 전문점검요구 / X = 이상있음 / ㅡ = 해당없음

※ 빈칸에 점검자가 표시, 회색칸에 특이사항, 조치사항을 담당자가 기록

| 분야 | 점검항목 | 10월 | 11월 | 12월 |
|---|---|---|---|---|
| 기록 예시 | 유리의 금감/깨짐 | ○ | △/ 청소불량 | ×, 창문 1개 깨짐 |
| | | | | 12/10 교체함 |
| 1. 운동장 | 1) 운동장 전반 평활 상태(패임, 장애물, 트랙 주변 단차이 메꾸기) | | | |
| | | | | |
| | 2) 운동장 배수로 안전 상태(파손, 패임, 퇴적물의 청소 상태) | | | |
| | | | | |
| 2. 담장 | 1) 옹벽, 석축, 교문, 담장의 이상 유무(균열, 처짐, 기울어짐 등) | | | |
| | | | | |
| 3. 기타 | 1) CCTV 안전 상태(파손, 고정, 작동 상태) | | | |
| | | | | |
| | 2) 맨홀 뚜껑 탈락, 파손여부 | | | |
| | | | | |
| | 3) 의자, 가로등, 표지판, 식수대 고장 또는 파손 | | | |
| | | | | |

기타사항:

# 4. 소방/전기/승강기

위치: (예시) 본관동 검사년도: ________ 점검자: ________

※ 표시: ○ = 상태좋음 / △ = 전문점검요구 / X = 이상있음 / — = 해당없음

※ 빈칸에 점검자가 표시, 회색칸에 특이사항, 조치사항을 담당자가 기록

| 분야 | 점검항목 | 10월 | 11월 | 12월 |
|---|---|---|---|---|
| 기록 예시 | 유리의 금감/깨짐 | ○ | △/ 청소불량 | ×, 창문 1개 깨짐<br>12/10 교체함 |
| 1. 소방 분야 | 1) 소화 및 감지설비 안전 상태(소화기, 소화전, 수신반, 감지기 동작 등 상태) | | | |
| | 2) 피난 및 방화설비 안전 상태(피난구, 유도표시 및 방화문 동작, 장애물 등 상태) | | | |
| | 3) 소방점검 용역업체 점검 상태(전월의 지적사항 조치 여부 등) | | | |
| | 4) 소방차 진입로 상태(장애물 존재 등) | | | |
| 2. 전기 분야 | 1) 조명설비 안전 상태(체육관 포함, 동작 · 파손 · 고정 등) | | | |
| | 2) 전열설비 안전 상태(동작, 파손 여부 및 문어발식 사용, 개인전열기 사용 등) | | | |
| | 3) 관리실의 안전 상태(전기실, EPS실, 경고표시-위험 및 접근금지 상태 여부) | | | |
| | 4) 전기점검 용역업체 점검 상태(전월의 지적사항 조치 여부 등) | | | |
| 3. 승강기 | 1) 승강기 등 안전 상태(승강기, 덤웨이터, 비상통화장치 등 동작/파손 등 상태) | | | |
| | 2) 정기점검 용역업체 점검 상태(전원의 지적사항 조치 여부 등) | | | |

기타사항:

# 5. 기계/가스

위치: (예시) 본관동　　　검사년도: ________　　　점검자: ________

※ 표시: ○ = 상태좋음 / △ = 전문점검요구 / X = 이상있음 / — = 해당없음

※ 빈칸에 점검자가 표시, 회색칸에 특이사항, 조치사항을 담당자가 기록

| 분 야 | 점검항목 | 10월 | 11월 | 12월 |
|---|---|---|---|---|
| 기록 예시 | 유리의 금감/깨짐 | ○ | △/ 청소불량 | ×, 창문 1개 깨짐 |
| | | | | 12/10 교체함 |
| 1. 기계 설비 | 1) 냉난방설비 안전 상태(실내기/실외기 동작/파손/부식 등) | | | |
| | | | | |
| | 2) 급수 및 급탕설비 안전 상태(펌프, 보일러, 세면기 등의 동작/파손/부식/누수 등) | | | |
| | | | | |
| | 3) 환기설비 안전 상태(팬, 덕트, 환풍기 등의 동작/파손/부식 등) | | | |
| | | | | |
| | 4) 관리실의 안전 상태(기계실, 보일러실, PS실, 경고표시-위험 및 접근금지 등) | | | |
| | | | | |
| 2. 가스 시설 | 1) 가스설비 안전 상태(용기, 배관, 경보 및 차단설비 등 동작/파손/부식 등) | | | |
| | | | | |
| | 2) 관리실의 안전 상태(가스보관실, 배관분기장소, 경고표시-위험 및 접근금지 등) | | | |
| | | | | |
| | 3) 가스설비 정기점검 상태 | | | |
| | | | | |

기타사항:

# 6. 통학로/통학버스

위치: ____________ 검사년도: ____________ 점검자: ____________

※ 표시: ○ = 상태좋음 / △ = 전문점검요구 / X = 이상있음 / — = 해당없음

※ 빈칸에 점검자가 표시, 회색칸에 특이사항, 조치사항을 담당자가 기록

| 분야 | 점검항목 | 10월 | 11월 | 12월 |
|---|---|---|---|---|
| 기록 예시 | 유리의 금감/깨짐 | ○ | △/ 청소불량 | ×, 창문 1개 깨짐 |
| | | | | 12/10 교체함 |
| 1. 통학로 | 1) 교내 차량 통행로 및 통학로 안전 상태(인도와 차도 구분, 도로파손, 보행장애물 상태) | | | |
| | 2) 학교앞 통학로/도로 안전 상태(보행장애물, 도로/보도블록/과속방지턱 상태) | | | |
| | 3) 학교앞 교통시설물 안전 상태(교통표지판 시야 확보, 볼록거울, 안전휀스 상태) | | | |
| 2. 통학버스 | 1) 어린이통학버스 등록차량 여부 및 차량 앞유리에 통학버스 신고필증 부착 상태 | | | |
| | 2) 차내 모든 좌석의 안전벨트 또는 안전시트의 설치 및 정상 작동 상태 | | | |
| | 3) 광각 후사경 설치유무(의무사항) 및 고정 상태 | | | |
| | 4) 차량 내 날카로운 곳 또는 불필요한 물건의 존치 상태 | | | |
| | 5) 정기적 차량 안전점검 실시 및 기록 상태, 안전수칙 부착 여부, 안전교육 실시 여부 | | | |

기타사항:

# 7. 어린이놀이시설 및 체육시설

위치: ________ 검사년도: ________ 점검자: ________

※ 표시: ○ = 상태좋음 / △ = 전문점검요구 / X = 이상있음 / — = 해당없음
※ 빈칸에 점검자가 표시, 회색칸에 특이사항, 조치사항을 담당자가 기록

| 분야 | 점검항목 | __월 | __월 | __월 |
|---|---|---|---|---|
| 1. 어린이 놀이 시설 (초등 학교) | 1) 어린이놀이시설 안전관리법에 의거한 안전점검/사고보고서/결과대장 관리 여부 | ※ 기 사용중인 양식대로 점검하고 기록을 유지하는 것으로 갈음 (참조: 학생생활안전과-621(2016.1.22.) 2016 어린이놀이시설 안전관리 추진계획) | | |
| | 2) 부적합 시설에 대한 이용금지조치 및 수리 이력 관리대장 작성 여부 | | | |

| 분야 | 점검항목 | __월 | __월 | __월 |
|---|---|---|---|---|
| 2. 체육 시설 | 1) 체육시설의 근본적 낙후/파손 상태 | | | |
| | | | | |
| | 2) 체육시설의 금이 가거나 깨진 부위 존재 | | | |
| | | | | |
| | 3) 금속재질 체육시설의 녹발생, 페인트칠 벗겨짐 여부 | | | |
| | | | | |
| | 4) 체육시설내 전기, 고압선, 유독물질, 유리조각 등 위험물질 존재 | | | |
| | | | | |

기타사항:

# 8. 급식실

위치: ______ 검사년도: ______ 점검자: ______

※ 표시: ○ = 상태좋음 / △ = 전문점검요구 / X = 이상있음 / — = 해당없음

※ 빈칸에 점검자가 표시, 회색칸에 특이사항, 조치사항을 담당자가 기록

일일 위생안전점검표, 주간 청소점검표 작성 및 게시 여부

※ 기 사용 중인 양식대로 점검하고 기록을 유지하는 것으로 갈음

**학교급식 위생.안전 1일 점검표**

**2017년 월 일 요일 날씨 : 점검시간 :**

| 항 목 | 점 검 사 항 | 점검결과 | | 비고<br>(불량시 조치사항) |
|---|---|---|---|---|
| 가스 | 1. 배관이나 호스가 손상된 곳은 없는가? | 양호 ○ | 불량 | * 2번은 주 1회 점검 |
| | 2. 배관 호스의 연결부 비눗물 점검결과 누출된 곳은 없는가 | 양호 ○ | 불량 | |
| | 3. 작업이 끝난 후 각각의 기기의 가스밸브와 중앙 밸브는 꼭 잠갔는가? | 양호 ○ | 불량 | |
| | 4. 가스경보기의 작동상태는 어떠한가? | 양호 ○ | 불량 | |
| 전기 | 5. 전기배전판의 누전차단기가 제대로 작동하는가? | 양호 ○ | 불량 | |
| | 6. 환풍기 작동상태는 어떠한가? | 양호 ○ | 불량 | |
| | 7. 작업이 끝난 후 전체 전원스위치를 OFF 시키고 모든기기의 전원플러그를 모두 빼었는가? | 양호 ○ | 불량 | |
| 화재예방 | 8. 소화기는 제자리에, 눈에 띄게 놓여졌는가?(위치표시 여부) | 양호 ○ | 불량 | * 주1회 소화기 내용물이 굳지 않도록 관리 |
| | 9. 소화기 충전상태(충전표시눈금 확인) | 양호 ○ | 불량 | |
| 안 전 | 10. 문단속, 점검결과? | 양호 ○ | 불량 | |
| | 11. 전기 및 가동되는 기기는 없는가? | 양호 ○ | 불량 | |
| 식품창고 | 12. 식품창고의 정리 및 청소 상태는? | 양호 ○ | 불량 | * 부식창고 청소는 1일 1회 실시 |
| | 13. 식품창고의 환기 실시 여부? | 양호 ○ | 불량 | |
| 화장실휴게실 | 14. 화장실내 수건.비누.화장지.휴지통 준비 및 관리상태는? | 양호 ○ | 불량 | |
| | 15. 화장실(샤워실) 정리상태 및 청소 상태? | 양호 ○ | 불량 | |
| | 16. 휴게실 정리 및 청소 상태? | 양호 ○ | 불량 | |
| | 17. 위생복 및 개인사물함 관리 상태? | 양호 ○ | 불량 | |
| 냉장고 | 18. 냉장고 보관 식품명 :<br>1) 반찬냉장고 | 양호 ○ | 불량 | * 냉장고 보관식품의 밀봉 상태 확인<br>* 원재료와 조리된 음식의 냉장고내 분리저장 여부 확인 |
| | 2) 채소냉장고 | 양호 ○ | 불량 | |
| | 3) 계란냉장고 | 양호 ○ | 불량 | |
| 냉동고 | 4) 육어류냉장고 | 양호 ○ | 불량 | |
| | 19. 냉동고 보관 식품명 | 양호 ○ | 불량 | |
| 위생관리 | 20. 조리실 바닥은 청결히 청소 되었는가? | 양호 ○ | 불량 | |
| | 21. 위생화 세척 및 정리・관리 상태는? | 양호 ○ | 불량 | |
| | 22. 배수구 청소 상태는? | 양호 ○ | 불량 | |
| | 23. 조리대 및 선반 물기 제거 상태는? | 양호 ○ | 불량 | |
| | 24. 청소기구(빗자루,마포걸레,수세미 등) 정리 상태는? | 양호 ○ | 불량 | |
| 기타 | 25. 배기후드의 환풍기의 상태는 양호한가? | 양호 ○ | 불량 | |
| | 26. 조리기계.기구 중 수리를 요하는 것은 없는가? | 있음 | 없음 ○ | |
| 점검자(조리사) : ooo (인), 확인자(영양사) : ooo (인) | | | | |

# 청 소 점 검 표

점검기간 : 20 . . . ~ . .　　　　확인일자 : 20 년 월 일 (인)

| 구 분 | | | 담당자 | 26 | 27 | 28 | 29 | 30 | 지적사항 | 조치사항 | 비고 |
|---|---|---|---|---|---|---|---|---|---|---|---|
| | | | | 월 | 화 | 수 | 목 | 금 | | | |
| 매일 | 급식 조리 기구 | 조리기계(취사기, 국솥 등) | | | | | | | | | |
| | | 조리대(검수대, 작업대, 세정대등) | | | | | | | | | |
| | | 식판, 국그릇,수저, 컵,도마, 칼, 기타 집기류 | | | | | | | | | |
| | 청소세척 도구, 위생복 | 행주, 고무장갑, 수세미, 위생복, 위생모, 위생화, 앞치마 등 | | | | | | | | | |
| | 급식실 내부 | 바닥 | | | | | | | | | |
| | 하수구, 트렌치 | 하수구(배수구), 트렌치 | | | | | | | | | |
| | 식품창고 | 식품창고 이물질 제거 | | | | | | | | | |
| 주별 | 월 | 가스실 / 급식소주변 | | | | | | | | | |
| | 화 | 식당 식탁 및 의자 닦기 | | | | | | | | | |
| | 수 | 유리창청소(1.3주)/ 외부그리스트랩(2.4주) | | | | | | | | | |
| | 목 | 냉장고(조리실.워크인.우유보관용) | | | | | | | | | |
| | 금 | 벽,배기후드(1.3주)/ 조리실 대청소(2.4주) | | | | | | | | | |
| 월 별 | | 식품창소 대청소 | | | | | | | | | |
| | | 벽 | | | | | | | | | |
| | | 가스배관 및 밸브(이상여부확인) | | | | | | | | | |
| | | 천장 | | | | | | | | | |
| | | 각종게시물(액자,거울,시계,온습도계) | | | | | | | | | |
| 연간 | | *개학 및 방학대비 대청소(연4회)<br>*에어컨 점검 및 필터청소(하절기) | | | | | | | * 위생관련 시설, 설비, 기기 점검 보수(방학중)<br>* 방역소독(연6회이상) | | |

*** 청소시 유의 사항 : 전열기구의 코드를 뽑거나 차단기를 내려 감전사고에 유의한다.**
**음식물의 청소 오물에 오염되지 않도록 보관 조치 후 청소한다.**

# 9. 실험실

위치: ______ 검사년도: ______ 점검자: ______

※ 표시: ○ = 상태좋음 / △ = 전문점검요구 / X = 이상있음 / ㅡ = 해당없음

※ 빈칸에 점검자가 표시, 회색칸에 특이사항, 조치사항을 담당자가 기록

실험실 안전관리 점검표 월 1회 작성 및 게시 여부

※ 기 사용 중인 양식대로 점검하고 기록을 유지하는 것으로 갈음

〈양식 1〉 과학실험실 안전 점검표

〈실험실 안전관리 점검표〉

점검일 : 20 . . . 점검자: 과학부장 성명 (인)

확인자: 교 감 성명 (인)

| 영역 | 점검내용 | 점검 결과<br>(이상 유무) |
|---|---|---|
| 안전관리 계획 | 1. 실험실 안전관리에 대한 자체 계획을 수립하여 운영하고 있는가? | |
| | 2. 실험실 안전관리 자체 점검표를 활용하여 정기적으로(월 1회 이상 권장) 점검하며, 점검표를 누계하여 보관하고 있는가? | |
| 안전교육 | 3. 사전 안전교육은 잘 이루어지고 있는가? | |
| | 4. 실험실 내 안전 수칙과 대처 요령이 게시되어 있는가? | |
| | 5. 교육과정 내에 안전교육을 위한 별도의 시간이 편성되어 있는가? | |
| | 6. 실험실 종사자에 대한 안전 교육을 실시하고 있는가? | |
| 안전관리 | 7. 실험복, 마스크, 보안경, 장갑 등 안전 장비가 구비되어 있는가? | |
| | 8. 실험실 내에 소화기, 방화사 등이 비치되어 있는가? | |
| | 9. 전기 시설에 대한 정기적인 점검이 이루어지고 있는가? | |
| | 10. 비상대피로가 확보되어 있는가? | |
| 시약관리 | 11. 밀폐 시약장이 확보되어 있고 환기가 잘 이루어지고 있는가? | |
| | 12. 시약관리에 대한 정기적인 점검이 이루어지고 있는가?<br>• 시약 보관 상태는 안전한가?(시건장치 유무 점검)<br>• 독극물은 특별 관리되고 있는가?(이중 시건, 별도 보관) | |
| | 13. 약품출납대장이 기록되고 있는가? | |
| | 14. 사용한 약품은 지정한 방법에 따라 폐기하고 있는가? | |
| | 15. 관리자 외 학생, 외부인 등의 접근이 통제되고 있는가? | |
| 시설 · 설비 및 기타 | 16. 밀폐 시약장 시건장치는 정상적으로 작동하고 있는가? | |
| | 17. 국소배기장치(훔후드)는 정상적으로 작동하고 있는가? | |
| | 18. 도난방지 시설 및 시건장치는 정상적으로 작동하고 있는가? | |
| | 19. 실험실 정리 정돈 및 청결 상태가 유지되고 있는가? | |
| | 20. 실험실 안전사고를 대비한 비상연락망이 구축되어 있는가? | |

☞ 월 1회 자체 점검 후 점검표를 작성하여 과학실에 게시

## 2. 학교시설안전관리기준 점검표(근거: 「학교안전사고 예방 및 보상에 관한 법률」 제7조)

**참고 자료 ☞**

※ 해당칸에 ✔를 표시

날짜: 2019년 월 일 점검책임자: 소속:

| 분야 | 안전기준 | 양호 | 불량 | 불량사유 |
|---|---|---|---|---|
| 건축물 | 1. 건축물 주변: 학생들의 등 · 하교 길에 안전한 보행과 교통사고 등의 안전사고를 방지하기 위하여 다음 사항을 지켜야 한다. | | | |
| | 가. 차량이 통행하는 교문 및 도로에는 보행로와 차도를 구분한다. | | ✔ | 보차도 미구분 |
| | 나. 보도와 차도를 구분하기 위하여 경계 턱이나 가드레일(guardrail) 등을 설치한다. | ✔ | | ◦ |
| | 2. 교실바닥 | | | |
| | 가. 교실바닥은 튀어나온 부분이 생기지 않도록 하여야 한다. | ✔ | | ◦ |
| | 나. 환기구, 시스템박스 등을 설치할 경우 주변 바닥과 같은 높이로 설치하여야 한다. | | ✔ | 높이 불량 |
| | 3. 교실벽 | | | |
| | 가. 칠판을 설치하는 벽면은 칠판이 떨어지거나 엎어지지 아니하는 구조로 하여야 한다. | □ | □ | ◦ |
| | 나. 석고보드 등의 건식 벽체, 이동식 벽체를 사용하는 경우에는 칠판 등의 부착물을 붙일 수 있도록 보강된 구조로 하여야 한다. | □ | □ | ◦ |
| | 다. 교실에 노출되는 벽 모서리나 기둥 모서리는 안전사고를 최소화하는 형태로 한다. | □ | □ | ◦ |
| | 라. 경계벽은 내화구조로 하고 지붕 밑 또는 바로 상부 층의 바닥판까지 닿게 하여야 한다. | □ | □ | ◦ |
| | 4. 교실문 | | | |
| | 가. 교실문은 될 수 있는 대로 미닫이 구조로 하여야 하며 다음 사항을 지켜야 한다. | | | |
| | 1) 교실문의 유효 폭은 90㎝ 이상으로 한다. | □ | □ | ◦ |
| | 2) 미닫이 구조로 할 경우에는 손이 끼이는 것을 방지하도록 손끼임 방지장치를 설치한다. | □ | □ | ◦ |

| 구분 | 내용 | | | |
|---|---|---|---|---|
| 건축물 | 3) 미닫이 구조 문의 바닥 레일 부분은 튀어나오지 않도록 한다. | □ | □ | ◦ |
| | 4) 미닫이 구조 문의 바닥 문턱은 튀어나오지 않도록 한다. | □ | □ | ◦ |
| | 5) 반대편이 보일 수 있도록 일정 높이에 고정된 유리창을 설치한다. | □ | □ | ◦ |
| | 나. 교실문을 여닫이 구조로 할 경우에는 다음 사항을 지켜야 한다. | | | |
| | 1) 반대편이 보일 수 있도록 일정 높이에 고정된 유리창을 설치하며, 유리는 충격에 의한 관통 및 파손 시 파편의 비산(飛散)이 없도록 한다. | □ | □ | ◦ |
| | 2) 도어체크(문이 자동으로 천천히 닫히게 하는 장치를 말한다)나 경첩 등을 설치하여 문이 닫히는 시간을 여유 있게 한다. 다만, 목재문의 경우에는 재질을 고려하여 설치하지 않을 수 있다. | □ | □ | ◦ |
| | 3) 피난 방향으로 열리도록 한다. | □ | □ | ◦ |
| | 4) 여닫이 구조 문의 바닥 문턱은 튀어나오지 않도록 한다. | □ | □ | ◦ |
| | 다. 피난로에 있는 모든 문은 열었을 때 피난에 장애를 주지 아니하여야 한다. | □ | □ | ◦ |
| | 5. 교실 창호 | | | |
| | 가. 창호를 설치할 경우에는 다음 사항을 지켜야 한다. | | | |
| | 1) 창호의 틀 두께는 벽체의 두께와 같거나 더 얇게 한다. | □ | □ | ◦ |
| | 2) 유리는 강도가 충분한 것을 사용한다. | □ | □ | ◦ |
| | 3) 유리와 창호 간에 이격(離隔)이 발생하지 않도록 한다. | □ | □ | ◦ |
| | 4) 얇은 유리는 필름 부착 등의 조치로 파손 시 파편 비산을 방지할 수 있도록 한다. | □ | □ | ◦ |
| | 나. 외부 창호를 설치할 경우에는 다음 사항을 지켜야 한다. | | | |
| | 1) 창대의 높이가 실내바닥면에서 1.2m 이하인 경우에는 창호 외부로 떨어지는 것을 방지할 수 있는 안전시설을 설치한다. 다만, 해당층이 지표면에 접하는 경우 등 안전에 지장이 없는 경우와 추락방지 기능을 갖춘 창호를 설치한 경우에는 설치하지 않을 수 있다. | □ | □ | ◦ |

| 구분 | 내용 | | | |
|---|---|---|---|---|
| 건축물 | 2) 외부 창호가 바닥보다 아래에 설치되거나 커튼월(칸막이 구실만 하고 하중을 지지하지 않는 바깥벽을 말한다)로서 바닥까지 유리면으로 이루어지는 경우에는 안전시설을 설치한다. | □ | □ | ◦ |
| | 6. 특별교실 | | | |
| | 가. 화학약품을 사용하거나 인화성 물질을 사용하는 특별교실은 바닥 표면을 내화학성(耐化學性)을 지닌 제품이나 불에 잘 타지 아니하는 난연재료(難燃材料) 이상으로 마감하여야 한다. | □ | □ | ◦ |
| | 나. 특별교실과 준비실 사이에는 교사가 관리할 수 있도록 창을 두어야 하며 위험성이 있는 실험재료나 기구 등은 준비실에 교사가 관리하기 위한 공간을 마련하여야 한다. | □ | □ | ◦ |
| | 7. 복도 | | | |
| | 가. 복도와 교실(특별교실을 포함한다) 등의 바닥은 높이 차이를 두지 말아야 한다. 다만, 부득이한 사정으로 높이 차이를 두는 경우에는 경사로를 설치하여야 하며 교실 등의 내부에 충분한 여유 공간을 두어야 한다. | □ | □ | ◦ |
| | 나. 복도 벽에 대하여는 다음 사항을 지켜야 한다. | | | |
| | 1) 복도에 노출되는 벽 모서리나 기둥 모서리는 안전사고를 최소화하는 형태로 한다. | □ | □ | ◦ |
| | 2) 복도의 바닥면은 튀어나온 부분이 생기지 않도록 하여야 한다. | □ | □ | ◦ |
| | 3) 복도에 독립 기둥이 설치된 경우에는 충돌을 방지하기 위한 안전성을 확보한다. | □ | □ | ◦ |
| | 8. 계단 | | | |
| | 가. 계단을 설치할 때에는 다음 사항을 지켜야 한다. | | | |
| | 1) 계단 내의 충돌을 방지하기 위하여 가능하면 왼쪽 회전 계단 형태로 한다. | □ | □ | ◦ |
| | 2) 계단을 갈음하여 설치하는 경사로의 표면은 거친 면으로 하거나 미끄러지지 아니하는 재료로 마감한다. | □ | □ | ◦ |
| | 나. 계단 단 높이에 대하여는 다음 사항을 지켜야 한다. | | | |
| | 1) 챌판(계단 한 단의 수직면을 말한다) 높이는 일정하게 유지한다. | □ | □ | ◦ |
| | 2) 철골조의 경우 계단에는 챌면을 반드시 설치한다. | □ | □ | ◦ |
| | 다. 계단 단 너비에 대하여는 다음 사항을 지켜야 한다. | | | |

| | | | | |
|---|---|---|---|---|
| 건축물 | 1) 초 · 중등학교의 단 너비는 충분히 확보한다. | □ | □ | ◦ |
| | 2) 디딤판의 너비와 챌면의 높이는 고르게 한다. | □ | □ | ◦ |
| | 라. 계단참의 너비는 최소 150cm 이상으로 하여야 한다. | □ | □ | ◦ |
| | 마. 계단 난간에 대하여는 다음 사항을 지켜야 한다. | | | |
| | 1) 높이가 1m를 넘는 계단 및 계단참의 양 옆에는 난간을 설치한다. | □ | □ | ◦ |
| | 2) 너비가 3m를 넘는 계단에는 계단의 중간에 너비 3m 이내마다 난간을 설치한다. | □ | □ | ◦ |
| | 3) 계단이 끝나는 수평 부분에서의 손잡이는 바깥쪽으로 나오도록 설치한다. | □ | □ | ◦ |
| | 4) 계단 난간의 높이는 계단으로부터의 높이에 85cm 이상이 되도록 한다. | □ | □ | ◦ |
| | 5) 계단 난간의 난간살은 난간이 수직재인 경우에는 디딤판 한 단에 2개 이상으로 하고, 수평재인 경우에는 15cm 이하로 한다(난간의 흔들림이 5mm 이내가 되도록 한다). | □ | □ | ◦ |
| | 6) 손잡이는 벽으로부터 5cm 이상 떨어져 설치한다. | □ | □ | ◦ |
| | 9. 화장실: 화장실 바닥에 대하여는 다음 사항을 지켜야 한다. | | | |
| | 가. 바닥표면은 미끄러지지 아니하는 재질로 마감한다. | □ | □ | ◦ |
| | 나. 배수는 항상 잘 되는 구조로 하여 바닥이 항상 건조한 상태가 유지되도록 한다. | □ | □ | ◦ |
| | 다. 난방기기는 통행에 방해되지 아니하는 위치에 받침대를 만들어 설치한다. | □ | □ | ◦ |
| | 10. 그 밖의 사항 | | | |
| | 가. 현관 출입문(유리문)은 손이 끼이는 것을 방지하도록 손끼임 방지장치를 설치하여야 하며, 유리문은 파손이 어려운 강화유리 등을 사용하여야 한다. | □ | □ | ◦ |
| | 나. 천창(天窓)을 설치하는 경우에는 빗물이 새지 않는 구조로 하여야 하며, 유리는 단열 기능이 있고 충격에 의한 관통 및 파편 비산이 없는 제품을 사용하여야 한다. | □ | □ | ◦ |
| 전기 시설 | 1. 수변전설비(受變電設備) | | | |
| | 가. 수변전설비를 옥내에 설치할 경우에는 다음 사항을 지켜야 한다. | | | |
| | 1) 기기 주위에는 유지관리 공간을 확보하여야 한다. | □ | □ | ◦ |
| | 2) 변압기의 발열 등으로 실온이 상승될 염려가 있는 경우에는 환기구멍이나 환기장치 등을 설치한다. | □ | □ | ◦ |

| | | | | |
|---|---|---|---|---|
| 전기 시설 | 3) 습기나 이슬 맺힘 등에 의한 절언 서하의 염려가 있는 경우에는 적절한 대책을 마련한다. | □ | □ | ◦ |
| | 나. 수변전설비를 옥외에 설치할 경우에는 다음 사항을 지켜야 한다. | | | |
| | 1) 지반이 주위보다 높고, 배수가 잘 되는 위치에 설치한다. | □ | □ | ◦ |
| | 2) 전기실에 위험 표시를 하고 일반 사람들이 접근하지 못하도록 하며, 특히 학생들의 출입을 엄격히 통제한다. | □ | □ | ◦ |
| | 2. 분전반: 분전반(分電盤)을 설치할 경우에는 다음 사항을 지켜야 한다. | | | |
| | 가. 구조가 튼튼하고 내구성이 있는 것으로 한다. | □ | □ | ◦ |
| | 나. 분전반은 기판(基板)에 과전류차단기 · 개폐기 등을 배치하고 견고하게 붙여 보호판 등에 의하여 조작하기에 안전한 구조로 한다. | □ | □ | ◦ |
| | 다. 분전반 상자를 구성하는 각 부분은 견고하게 조립한다. | □ | □ | ◦ |
| | 라. 분전반에 시설하는 기구와 전선은 쉽게 점검할 수 있도록 한다. | □ | □ | ◦ |
| | 3. 전기배선: 전기배선 시에는 다음 사항을 지켜야 한다. | | | |
| | 가. 배선에 사용되는 전선은 벗겨진 것을 사용하지 말아야 한다. | □ | □ | ◦ |
| | 나. 배선에 사용되는 절연 전선 · 케이블 및 캡타이어 케이블은 시설 장소에 적합한 거죽을 씌운다. | □ | □ | ◦ |
| | 다. 전선의 접속은 전선로의 자기저항 · 절연저항 · 인장강도의 저하가 발생하지 않도록 시행한다. | □ | □ | ◦ |
| | 라. 전선과 기구 단자와의 접속, 전기기계 기구 단자와의 접속은 접촉이 완전하여 헐거워질 우려가 없도록 한다. | □ | □ | ◦ |
| | 4. 조명설비: 조명설비 시에는 다음 사항을 지켜야 한다. | | | |
| | 가. 등(燈)기구의 설치는 전구의 교체 등 유지관리가 쉽고, 등 기구 몸체의 교체와 철거가 쉽도록 설치한다. | □ | □ | ◦ |
| | 나. 소켓은 규격에 맞고 진동 · 충격 등에 의하여 등의 탈락이나 파손 등이 생기지 아니하는 것으로 한다. | □ | □ | ◦ |
| | 다. 옥외에 시설하는 전구는 빗방울로 인하여 파손되는 것을 방지하기 위하여 갓이나 글로브 등을 사용하여야 하며, 먼지 · 벌레 · 물방울 등이 등 기구 내부로 들어가지 않도록 한다. | □ | □ | ◦ |

| | | | | |
|---|---|---|---|---|
| 전기 시설 | 라. 조명설비는 건축구조물에 견고하게 붙인다. | □ | □ | ◦ |
| | 마. 화장실이나 식당 등 습기가 많은 곳에 사용하는 기구는 될 수 있는 대로 방수형으로 한다. | □ | □ | ◦ |
| | 5. 전열설비: 콘센트를 설치할 경우에는 다음 사항을 지켜야 한다. | | | |
| | 가. 기둥이나 벽에 설치하는 경우에는 건축물의 구조적 문제, 벽의 두께, 교구(敎具) 배치, 칸막이 등을 고려한다. | □ | □ | ◦ |
| | 나. 바닥에 콘센트를 설치하는 경우에는 교구의 배치, 예상 통로 등을 고려하며, 물기가 많은 장소에 설치하지 아니하여야 한다. | □ | □ | ◦ |
| | 다. 콘센트 설치의 일반적인 높이는 벽인 경우에는 바닥 위 300mm, 작업대가 있는 경우에는 작업대 위 100~300cm 정도로 하고, 기계실 · 전기실 · 주차장의 경우는 바닥 위 500~1,000cm 정도로 한다. | □ | □ | ◦ |
| | 라. 한 개의 전용회로에 연결되는 콘센트는 10개 이하로 한다. | □ | □ | ◦ |
| | 마. 전기 용량이 30~50A 이상인 기기에 전력을 공급하는 콘센트는 전용회로로 구성한다. | □ | □ | ◦ |
| 설비 시설 | 1. 냉난방설비 | | | |
| | 가. 교실의 실내 온도 및 습도는 교육활동에 지장을 주지 않도록 일정 온도와 습도를 유지하여야 한다. | □ | □ | ◦ |
| | 나. 난방 기구의 표면 온도가 높아 학생들의 안전사고가 발생하지 않도록 하여야 한다. | □ | □ | ◦ |
| | 다. 천장이나 벽에 설치하는 선풍기는 건축구조물에 견고하게 붙여야 한다. | □ | □ | ◦ |
| | 2. 환기시설 | | | |
| | 가. 환기용 창 등을 수시로 개방하거나 기계 환기 설비를 수시로 가동하여 교육활동에 지장이 없도록 하여야 한다. | □ | □ | ◦ |
| | 나. 실험실 후드 등에서 배출되는 공기는 재순환되지 않도록 하여야 한다. | □ | □ | ◦ |
| | 다. 실험실 후드나 국소 배기설비의 덕트는 불연 재료를 사용하여야 한다. | □ | □ | ◦ |
| | 라. 실험실 배기설비의 덕트 속도는 배기설비 내에서 물질의 퇴적을 최소화하기 위하여 충분히 빨라야 한다. | □ | □ | ◦ |
| | 마. 후드 · 후드 배기설비 · 국소 배기설비는 매년 1회 이상 점검 · 시험하여야 한다. | □ | □ | ◦ |

| | | | | |
|---|---|---|---|---|
| 설비 시설 | 3. 급배수설비 등 | | | |
| | 가. 급수시설 · 설비는 항상 위생적으로 관리하여야 하며, 물탱크는 매월 1회 이상 정기점검과 연 2회 이상 청소를 실시하여야 한다. | □ | □ | ◦ |
| | 나. 지하수 등을 먹는 물로 사용하는 경우에는 원수의 수질 안정성을 확보하기 위하여 노력하여야 하며, 정기적으로 소독을 실시하여야 한다. | □ | □ | ◦ |
| | 다. 급탕(給湯)의 경우 학생 및 교사의 화상 사고를 고려하여 용도별로 적정한 급탕 온도를 유지하도록 한다. | □ | □ | ◦ |
| | 라. 모든 위생 기구는 적당한 수량으로 사용 목적에 적합한 합리적인 간격과 높이로 설치하여야 한다. | □ | □ | ◦ |
| 소방 시설 | 1. 자동화재탐지설비 등 | | | |
| | 가. 자동화재탐지설비와 비상경보설비의 작동 상태를 주기적으로 점검하여야 한다. | □ | □ | ◦ |
| | 나. 감지기는 벽이나 보(洑)로부터 0.6m 이상 떨어진 곳에 설치하여야 한다. | □ | □ | ◦ |
| | 다. 실내에는 그 용도(교실 · 합숙소 · 급식실 등)에 적합한 감지기를 설치하여야 한다. | □ | □ | ◦ |
| | 2. 옥내소화전설비 등 | | | |
| | 가. 소화기는 교실에 한 군데 이상, 복도 및 계단에는 보행거리 20m마다 1개소 이상을 설치하여야 한다. | □ | □ | ◦ |
| | 나. 급식실 · 보일러실 등 발화위험성이 높은 실내에는 자동확산소화기를 설치하여야 한다. | □ | □ | ◦ |
| | 다. 옥내소화전설비는 각 부분으로부터 방수구까지의 거리가 25m 이하가 되도록 하고, 호스는 각 부분을 유효하게 방수할 수 있도록 설치하여야 한다. | □ | □ | ◦ |
| | 3. 피난설비 | | | |
| | 가. 유도등 전원배선을 전용으로 하고, 비상전원(축전지)은 유도등을 최소 20분간 동작시킬 수 있어야 한다. | □ | □ | ◦ |
| | 나. 비상구 유도등을 바닥으로부터 1.5m 이상의 높이에 설치하고, 30m 거리에서 문자와 색채를 쉽게 알아볼 수 있어야 한다. | □ | □ | ◦ |
| | 다. 통로 유도등은 바닥으로부터 1m 이하의 높이에 설치하며, 통로 유도등은 바로 아래에서 0.5m 떨어진 지점에서 1럭스(Lux) 이상으로 하여야 한다. | □ | □ | ◦ |

| | | | | |
|---|---|---|---|---|
| 가스 시설 | 1. 저장시설: 액화석유가스 저장설비를 설치할 경우 다음 사항을 지켜야 한다. | | | |
| | 가. 용기 보관실은 통풍이 잘 되게 한다. | □ | □ | ◦ |
| | 나. 용기 보관실 주위에서는 화기(火器) 취급을 금지한다. | □ | □ | ◦ |
| | 다. 경계 표지는 출입구 등이 잘 보이는 곳에 설치한다. | □ | □ | ◦ |
| | 라. 용기 보관실 바닥은 지면보다 높게 하여 빗물 등이 고이지 않도록 한다. | □ | □ | ◦ |
| | 마. 용기 보관실의 출입문은 잠금장치를 설치한다. | □ | □ | ◦ |
| | 2. 배관: 가스배관을 설치할 경우에는 다음 사항을 지켜야 한다. | | | |
| | 가. 건축물 내의 배관은 단독 피트 내에 시공하거나 노출하여 시공한다. | □ | □ | ◦ |
| | 나. 건축물 벽을 관통하는 부분의 배관에는 보호관 및 부식방지 피복 조치를 한다. | □ | □ | ◦ |
| | 다. 배관용 호스와 중간밸브 및 연소기와의 접속 부분은 호스밴드 등으로 견고하게 한다. | □ | □ | ◦ |
| | 3. 가스기기: 가스기기를 설치할 경우 다음 사항을 지켜야 한다. | | | |
| | 가. 가스온수기나 가스보일러는 환기가 잘 되는 장소에 설치한다. | □ | □ | ◦ |
| | 나. 배기통의 재료는 불연성 재료로 하고, 배기통이 가연성 물질로 된 벽 또는 천장 등을 통과할 때에는 금속 외의 불연성 재료로 단열조치를 한다. | □ | □ | ◦ |
| | 다. 자연배기식 반밀폐형 및 밀폐형 연소기의 배기통 끝은 배기가 방해되지 아니하는 구조이고, 장애물이나 바깥 공기의 흐름에 의해 배기가 방해 받지 아니하는 위치에 설치한다. | □ | □ | ◦ |
| | 라. 가스기기가 설치된 공간에는 환풍기나 환기구를 설치한다. | □ | □ | ◦ |
| 실험 실습 시설 | 1. 실험실습 설비 및 비품 | | | |
| | 가. 취급주의를 요하는 실험기구 · 전기기기 · 화공약품 등에 대하여는 반드시 취급주의 안전표시를 붙여야 한다. | □ | □ | ◦ |
| | 나. 실험실습대와 실험공구는 외관이나 기능이 안전한 구조이어야 한다. | □ | □ | ◦ |
| | 다. 인화성 물질(알코올 · 가스 등)을 사용하는 실험실은 환풍이 잘 되어야 하고, 항상 소화기와 모래주머니를 비치하여야 한다. | □ | □ | ◦ |

| | | | | |
|---|---|---|---|---|
| 실험 실습 시설 | 라. 비상시 대피할 수 있는 비상동로 · 비상문 등을 확보하여야 하며, 이들 설비는 정기적으로 점검하여야 한다. | □ | □ | ◦ |
| | 마. 실험실습 시 안전관리를 위하여 준수하여야 하는 사항을 내용으로 하는 안전수칙을 학생과 교사가 쉽게 알 수 있도록 제작 · 비치하여야 한다. | □ | □ | ◦ |
| | 2. 약품보관설비 | | | |
| | 가. 유해 · 위험한 물질의 보관설비는 환기기능이 달린 구조로 하는 등 그 물질의 누출 등을 확인하기 쉬운 구조이어야 한다. | □ | □ | ◦ |
| | 나. 발화점이 낮은 물질(인 · 황 등)을 보관하는 설비는 직사광선을 피하고 잠금장치가 있어야 한다. | □ | □ | ◦ |
| | 다. 화공약품 등 실험약품은 반드시 라벨을 붙이고, 실험 후 남은 시약(試藥) 등 폐시약은 지정된 용기에 분리하여 폐기물 전문가에 의해 배출될 때까지 별도 설비에 보관하여야 한다. | □ | □ | ◦ |

[붙임 7]

**예시 서식 ☞**

# 학교안전 자가점검표

※ 해당칸에 ✔를 표시

| 기본계획 각호 | 법제도 | 세부점검내용 | 계획수립[1] | | 전년도 실적[2] | | | 추진실적 세부내용[3] |
|---|---|---|---|---|---|---|---|---|
| | | | ○ | × | ○ | △ | × | |
| 1. 예방정책의 기본방향 및 목표 | 기본계획, 지역계획, 학교계획 | 학교계획 수립 시 안전담당 뿐만 아니라 다양한 교직원들이 함께 참여하였는가? | ✔ | | | ✔ | | • 등하교 시 교통안전지도<br>• 스쿨존 내 안전시설 점검을 통한 미흡시설 개선 추진 |
| | | 학교계획에서 안전업무와 관련하여 관련 교직원들의 역할과 책임에 대하여 명확히 기술하였는가? | ✔ | | | ✔ | | |
| | | 학교안전계획의 취지와 목표를 학교실정에 맞게 적절히 설정하였는가? | | | | | | |
| | | 우리 학교는 학교와 주변지역의 위험성을 파악한 후, 이에 적합한 학교안전계획을 수립하였는가? | | | | | | |
| | | 학교안전계획은 교직원들 간에 명확히 공유되었는가? | | | | | | |
| | | 안전업무 수행에 필요한 자원(시간, 정보, 인원, 예산 등)과 수행절차는 파악되었는가? | | | | | | |
| 2. 교육활동 운영의 기본지침 | 학사일정별 학교안전 | 학사일정별 연간 안전관리계획 〈별첨6〉은 각 계절별 재난 요소를 적절히 고려하였는가? | | | | | | • 매월 안전점검의 날에 훈련 중심의 대피훈련 실시<br>• 불시 훈련을 통한 안전의식 고취 및 대응 능력 훈련<br>• 교직원대상 심폐소생술 연수 실시 |
| | | 체험과 실습 중심의 안전교육을 계획하였는가? | | | | | | |
| | | 안전학습 관련 컨텐츠는 적절하고 풍부하게 준비하였는가? | | | | | | |
| | | 시기, 활동, 행사별로 발생하기 쉬운 사고나 취약 학생 혹은 구역을 파악하여 예방조치를 할 계획을 세웠는가? | | | | | | |
| | 외부체험활동 안전 | 현장체험학습 계획 시 현장체험학습 지침 〈별첨5〉의 사항들을 교사들에게 공지하고, 계획에 게재하였는가? | | | | | | |

| 기본계획 각호 | 법제도 | 세부점검내용 | 계획수립[1] | | 전년도 실적[2] | | | 추진실적 세부내용[3] |
|---|---|---|---|---|---|---|---|---|
| | | | ○ | × | ○ | △ | × | |
| 2. 교육활동 운영의 기본지침 | 학교주변 안전관리 | 학교안전의 강화를 위해 지역사회(유관기관지자체, 소방서, 경찰서 등) 간 협력 계획이 마련되었는가? | | | | | | |
| | | 스쿨존 정비 방법은 마련되었는가? | | | | | | |
| | 안전약자 안전대책 | 요양호자(안전약자)를 파악하고, 안전약자 안전대책 〈별첨3〉에 따른 대책을 수립하였는가? | | | | | | |
| 3. 학교안전 교육 | 예방 및 학교안전 교육 | 안전교육 연간 계획표에서 학교와 학교 주변에 존재하는 위험요인들에 대한 정보를 교육 계획에 포함시켰는가? | | | | | | • 학교구성원이 함께하는 '학교안전점검의 날'운영(매월 4일) |
| | | 안전약자 및 소수자에 대한 배려도 교육에 포함시켰는가? | | | | | | |
| | | 학생 참여형 안전교육을 준비했는가? | | | | | | |
| | | 안전교육 교사연수 연간계획은 준비되었는가? | | | | | | |
| | | 안전사고 유형별 교육 내용이 포함되어 있는가? | | | | | | |
| | | 교과 연계 방법이 수립되었는가? | | | | | | |
| | | 안전 전문가 초빙 계획이 수립되어 있는가? | | | | | | |
| | 정기훈련 | 학교구성원 모두 체험할 수 있는 훈련계획을 수립하였는가? | | | | | | |
| | | 훈련은 구체적 목표 및 평가 방법을 가지고 있는가? | | | | | | |
| | | 훈련은 체험형 · 토의형으로 수립하였는가? | | | | | | |
| | | 학교에서 일어날 위험이 높은 재난 유형을 고려하여 재난대비훈련을 계획했는가? | | | | | | |
| | | 심폐소생술의 이론과 방법에 대한 교육과 훈련 계획이 수립되었는가? | | | | | | |
| | | 안전약자를 포함한 훈련계획을 수립하였는가? | | | | | | |

| 기본계획 각호 | 법제도 | 세부점검내용 | 계획수립[1] | | 전년도 실적[2] | | | 추진실적 세부내용[3] |
|---|---|---|---|---|---|---|---|---|
| | | | ○ | × | ○ | △ | × | |
| 4. 학교시설 안전점검 · 관리 및 안전조치 | 매월 안전점검의 날(제6조) | 매월 안전점검의 날 〈별첨10〉에 따른 학교시설 안전점검계획을 수립하였는가? | | | | | | • 학교생활 속에 스며드는 안전 문화 조성 |
| | 안전관리 (제7조)실시 | 학교시설안전관리기준 〈별첨11〉에 따른 학교시설 안전점검을 계획 · 실시하였는가? | | | | | | |
| | CCTV 관리 | CCTV 관리 업무 분장은 명확한가? | | | | | | |
| 5. 학교 안전문화 확산 | | 안전사고 및 재난으로 인한 피해를 기록하고 자료를 기록해서 공유하며 개선하는 내용이 포함되어 있는가? | | | | | | |
| | | 각종 안전관련 자료를 체계적으로 분류 · 공유 · 적용하고, 자주 사용하는 자료는 정기적으로 갱신, 정비하여 손쉽게 찾아 쓸 수 있게 준비하였는가? | | | | | | |
| | | 학교 구성원의 안전 관련 행동, 실천, 태도 등에 대해 인정과 격려를 해 줄 수 있는 학교 풍토가 조성되어 있는가? | | | | | | |
| | | 학교안전은 학교 구성원의 적극적인 참여로 확보될 수 있다는 가치관 확산을 위한 홍보 · 협업 등의 계획을 수립하였는가? | | | | | | |
| | | 안전관리활동에 따른 성과를 정기적으로 확인할 방안을 마련했는가? | | | | | | |
| | | 학교구성원이 학교안전의 성과를 높일 수 있는 창의적 아이디어를 도출했을 때 이를 반영할 수 있는 방법이 마련되어 있는가? | | | | | | |
| 6. 기타 사항 | | 재난과 학교안전사고의 보고와 보상에 관한 절차와 업무 처리에 관한 사항을 명확히 마련해 놓았는가? | | | | | | |

주) 1. 계획 수립: ○ - 반영, × - 미반영
2. 전년도 실적: ○ - 잘 추진했음, △ - 보통이다. × - 보통 이하로 추진
3. 기본계획 각 호별로 전년도 해당학교의 주요 학교안전 추진 실적을 기재

# 참고문헌


경찰청(2011). 2011 경찰백서.

곽은복(2000) 유아 안전교육 프로그램의 구성 및 효과에 관한 연구. 중앙대학교 대학원 박사학위 논문.

곽은복(2008). 교사를 위한 아동안전교육. 서울: 창지사.

곽은복(2008). 아동안전관리. 서울: 학지사.

교육부 고시 제2017-121호 학교안전교육 실시 기준 등에 관한 고시 개정안 [별표 1], [별표 2]

김성희(2000). 유아안전교육. 서울: 창지사.

김성희 · 허혜경(2002). 유아발달. 서울: 교육과학사.

도로교통공단(2010~2011). 신호등지.

박진원(2010). 가정과의 연계를 통한 안전교육이 유아의 안전지식과 문제해결능력에 미치는 영향. 인천대학교 교육대학원 석사학위 논문.

서영임(2019). 만2세 영아의 안전교육프로그램 개발 및 효과. 전남대학교 대학원 박사학위논문.

신명희 · 강소연 · 김은경 · 김정민 · 노원경 · 박성은 · 서은희 · 원영실 · 황은영(2011). 교육심리학. 서울: 학지사.

아동복지법 시행령 [별표6] 교육기준(제28조 제1항 관련) 〈개정 2018. 3. 6.〉

양진희(2005). 상황중심 안전교육 프로그램이 유아의 안전지식 및 안전문제 해결사고에 미치는 효과. 아동학회지, 26(6), 367-383.

오효선(2012). 농촌지역 특성을 반영한 유아안전교육 프로그램 개발 및 효과. 전남대학교 대학원 박사학위논문.

이기숙 · 장영희 · 정미라 · 배소연 · 박희숙(2004). 영유아를 위한 안전교육. 경기: 양서원.

이기숙 · 장영희 · 정미라 · 배소연 · 박희숙(2008). 영유아를 위한 안전교육과 응급처치. 경기: 양서원.

이원영(2010). 빗길 안전운전 요령.

이원영(2011). 노인운전자 사고 예방법.

이화영(2008). 유아교육기관의 놀이안전교육을 위한 기초조사 및 프로그램 개발. 덕성여자대학교 대학원 박사학위논문.

정은주(2017). 문제해결중심의 유아 생활안전교육 프로그램 개발 및 적용. 공주대학교 대학원 박사학위논문.

채범석(2009). 여성운전자 사고 예방법.

최상복(2004). 산업안전대사전. 서울: 골드.

학교안전공제중앙회(2011). 학교안전사고 통계 체계 개선 및 학교안전교육 활성화 방안 연구.
학교안전정보센터(2016). [유치원]학교안전교육 7대 표준안 수정본 - 약물 및 사이버 중독 예방.
한국소비자보호원(2010). 어린이안전사고 실태조사.
한국소비자원(2019). 2018년 어린이 안전사고 동향 분석. 위해정보국 위해예방팀.
한명옥(2015). 유아안전교육을 위한 상황중심 수업모형 개발 및 적용. 강릉원주대학교 일반대학원 박사학위논문.
행정안전부(2009). 엄마, 아빠와 함께하는 어린이 안전 365일.
허억(1995). 엄마는 교통안전 선생님.
허혜경 · 김성희(2003). 아동건강교육. 서울: 창지사.
허혜경 · 김성희(2009). 영 · 유아 건강교육. 서울: 창지사.
환경부(2010). 어린이와 화학물질.

BabyTimes(2019). [안전칼럼] 어린이의 발달적 특성과 안전. 베이비타임즈(http://www.babytimes.co.kr)
Maslow, A. H. (1954). Motivation and personality. New York: Harper & Row
Morrison, G. S. (1998). Early childhood education today(7th ed.). NJ: Prentice-Hall Inc.
Pickle, B. (1989). Increasing safety awareness of preschoolers through a safety education program. Nova University.

개인정보종합포털. https://www.privacy.go.kr
경제협력개발기구(OECD). www.oecd.org
경찰청. www.police.go.kr
국가건강정보포털 의학정보. http://health.cdc.go.kr/health/Main.do
국민재난안전포털. http://www.safekorea.go.kr
대한소아청소년정신의학회. http://www.kacap.or.kr
대한심폐소생협회. http://www.kacpr.org
도로교통공단. www.rota.or.kr
보건복지부산하 중앙 아동보호전문기관. http://korea1391.go.kr
세계보건기구(WHO). www.who.int
세이프키즈코리아. www.safekids.or.kr
심리학용어사전 2014. 4. 제공처 한국심리학회. http://www.koreanpsychology.or.kr
안전생활실천시민연합. www.safelife.or.kr
어린이 환경과 건강포털. http://www.chemistory.go.kr
어린이안전학교. www.go119.org
초록우산 실종아동전문기관. http://www.missingchild.or.kr

통계청. www.kostat.go.kr
학교안전정보센터. http://www.schoolsafe.kr
한국소비자원 소비자위해감지시스템. https://www.ciss.go.kr/www/contents.do?key=190
한국소비자원 위해감시시스템 https://www.ciss.go.kr
한국소비자원. www.kca.go.kr
한국어린이안전재단. http://www.childsafe.or.kr
한국중앙교육개발센터. http://kcedc.co.kr
행정안전부 어린이 놀이시설 안전관리 시스템. http://www.cpf.go.kr
환경부. https://www.me.go.kr
e나라지표. http://www.index.go.kr/. 「자연재난 발생현황」
JIBS뉴스. http://www.jibs.co.kr/news

## 저자소개


### ■ 허혜경(許惠卿)

이화여자대학교 사범대학 교육학과(학·석사)
건국대학교 대학원 교육학과(박사)
가천대학교 교양학부장
University of Virginia, University of Massachusetts Boston, visiting scholar
가천대학교 교육대학원장, 교육과학연구소장, 생애초기연구소장, 중앙도서관장
現 가천대학교 유아교육학과 교수
  한국영유아교육지원학회장


저서 및 논문

『현대사회와 아동발달』, 『청년발달심리학』, 『평생교육학개론』, 『현대교육과정요론』, 『유아교육개론』, 『영유아 건강교육』, 『누리과정에 기초한 영유아과학교육』
Vygotsky의 ZPD이론에 기초한 교수-학습 방법, 평생교육의 교육적 효율성 제고를 위한 전생애 발달심리학적 방안에 관한 연구, 유아과학 교과내용의 실천적 지식이 과학교수 효능감 및 과학적 태도에 미치는 영향, I hope Korea will be reunified again: Listening to Korean Children, 학교학습준비도 개념의 진화와 효과적인 유아-초등교육 전이 외 다수


### ■ 임진경(林珍敬)

가천대학교 유아교육학과(학사)
가천대학교 대학원 유아교육학과(석사)
가천대학교 대학원 유아교육학과(박사)
가천대학교 유아교육학과, 가천대학교 교육대학원 유아교육 전공, 오산대학교 유아교육과, 전남도립대학교 유아교육과, 동덕여자대학교 보육교사교육원 등 외래교수, 부천미리내유치원 교육컨설턴트, 서울위례별유치원, 김포한강유치원 등 교원, 법무법인 길도 교육자문위원 등
現 가천대학교 글로벌미래교육원 아동학과 외래교수
  한국영유아교육지원학회 이사
  부영예술유치원 교원


저서 및 논문

『누리과정에 기초한 영유아 과학교육』, 『영유아를 위한 과학교육의 이론과 실제』
어머니의 기질과 양육행동이 유아의 놀이성에 미치는 영향, 교육조력자로서의 어머니 특성변인이 유아의 놀이성에 미치는 영향, 유아의 생태소양 척도 개발 및 타당화 예비연구: 국외 유·아동용 생태적 태도 척도의 비교, 국외 유·아동용 생태적 태도 척도의 비교와 2-MEV 척도의 국내적용 타당도 검증, 유아 생태소양척도 개발 및 타당화 연구, 몽골어머니의 정체성 형성을 위한 지원방안 연구, 유아 생태소양척도 개발, 델파이 기법을 활용한 유아 생태소양 평정척도 검사도구 개발 연구, 생태소양 개념화 연구 외 다수

# 영유아 안전교육

**초판 1쇄 인쇄** / 2020년 1월 3일
**초판 1쇄 발행** / 2020년 1월 8일

•

**공저자** / 허혜경 · 임진경
**발행인** / 이 중 수
**발행처** / **동 문 사**

•

서울특별시 서대문구 홍제원 1길 12
(홍제동 137-8)
Tel : 02)736-3718(대), 736-3710, 3720
Fax : 02)736-3719
**등록번호** : 1974.04.27. 제9-17호
**가격** : 18,000원

•

ISBN : 979-11-6328-110-8 (93370)
E-mail : dong736@naver.com
www.dongmunsa.com